基于工匠精神培育的高职高专思政课改革创新研究

梁丽华　杨兴江　应丽卿　等著

浙江大学出版社

·杭州·

图书在版编目（CIP）数据

基于工匠精神培育的高职高专思政课改革创新研究 / 梁丽华等著. -- 杭州：浙江大学出版社，2025.1.
ISBN 978-7-308-25841-8

Ⅰ. G711

中国国家版本馆 CIP 数据核字第 202539NW13 号

基于工匠精神培育的高职高专思政课改革创新研究

梁丽华　杨兴江　应丽卿　等著

责任编辑	范洪法　樊晓燕
责任校对	王　波
封面设计	雷建军
出版发行	浙江大学出版社
	（杭州市天目山路148号　邮政编码310007）
	（网址：http://www.zjupress.com）
排　　版	杭州好友排版工作室
印　　刷	杭州捷派印务有限公司
开　　本	710mm×1000mm　1/16
印　　张	16.25
字　　数	240千
版 印 次	2025年1月第1版　2025年1月第1次印刷
书　　号	ISBN 978-7-308-25841-8
定　　价	74.00元

版权所有　侵权必究　印装差错　负责调换

浙江大学出版社市场运营中心联系方式：(0571) 88925591；http://zjdxcbs.tmall.com

国家社科基金高校思想政治理论课研究专项项目
"基于工匠精神培育的高职高专思政课改革创新研究"
（批准号：20VSZ097）研究成果

序

党的十八大以来，党中央大力倡导在全社会弘扬工匠精神。党的十九大报告明确提出："建设知识型、技能型、创新型劳动者大军，弘扬劳模精神和工匠精神，营造劳动光荣的社会风尚和精益求精的敬业风气。"党的二十大报告将大国工匠、高技能人才纳入国家战略人才力量，充分彰显加强新时代高技能人才队伍建设的重要性。2024年3月5日，习近平总书记参加十四届全国人大二次会议江苏代表团审议时指出，"大国工匠是我们中华民族大厦的基石、栋梁"，"我们要实实在在地把职业教育搞好，要树立工匠精神，把第一线的大国工匠一批一批培养出来"[①]。拥有现代科技知识、精湛技艺技能和较强创新能力，同时具备"执着专注、精益求精、一丝不苟、追求卓越"工匠精神的技术技能人才是新时代推动经济高质量发展的关键。

高职院校是技术技能人才培养的主阵地。高职院校的思政课程肩负着培养工匠精神的重要使命。然而工匠精神为何，如何融入思政课教学，如何评价工匠精神，这一系列问题是摆在高职院校思政课面前的重大理论与现实问题。浙江经济职业技术学院马克思主义学院洞悉工匠精神培育的重大需求，充分利用与世界五百强企业——物产中大集团的良好合作关系，以研究的精神推进教育教学改革。为了推动工匠精神的研究，学院成立了国企党建研究中心、劳模精神、工匠精神研究中心、红色管理协同创新

---

① 人民日报.习近平总书记在参加江苏代表团审议时的重要讲话引发代表委员热烈反响——因地制宜发展新质生产力(奋进中国式现代化)[EB/OL]. https://politics.gmw.cn/2024-03/07/content_37190848.htm.

中心等研究机构。院长梁丽华教授还亲自领衔申报了国家社科基金高校思想政治理论研究专项项目——"基于工匠精神培育的高职高专思政课改革创新研究",实现了高职院校同类课题立项的历史性突破。如今这一项目已经形成了系列的研究成果,极大地推动了高职院校思政课工匠精神的研究与教学改革。

该书在深入研究工匠精神的源起、演变和新时代工匠精神的内涵、时代价值、评价指标体系、定量评价方法以及培养体系构建的基础上,具有如下鲜明特征。

一是理论与实践相结合。该书既有对工匠精神的内涵、评价指标、测度方法、培养模式的理论研究,阐明了高职院校思政课新时代工匠精神培养的路径与意义,也有全国各地11所高职高专院校关于工匠精神培育的典型案例,积极探索培育新时代大国工匠的可借鉴路径。在理论方面,该书从国内外相关学术研究现状和发展趋势入手,指出了高职高专院校思政课工匠精神培育的时代价值,探讨了思想政治理论课在高职院校工匠精神培育中的重要作用,分析了高职高专思政课工匠精神培育的目标指向。

二是定量与定性相结合。该书基于教育学理论,对工匠精神内涵开展定性探讨,并且运用定量研究方法,测度了工匠精神的各个影响因素的贡献,构建了客观科学的评价指标体系,进行了7000个大样本数据的科学评价,实现了研究范式的创新与突破;构建了高职高专学生工匠精神测量理论模型,包括敬业精神、求精精神、创新精神、执着坚持、责任担当和善学勤研共6个维度,基于构建的6维度理论模型,形成了38个体现工匠精神各个维度核心要素的词语,并结合高职学生的日常典型行为特点编制了77个初始题目;在此基础上经过研究人员"背对背"分析、2名专家评估和小范围学生试测,最终确定了46个题目,形成了高职高专学生工匠精神测度初始量表;后续对高职高专学生工匠精神假设模型进行了修正,最终确定了善学求新、责任担当、精益求精和专注敬业4个维度共25个题目;基于SPSS软件的频数分析、多重响应分析、多元线性回归分析等方法,进一步分析高职高专学生工匠精神培育的影响因素,构建了高职高专思政课学生工匠精神培育模型。

三是系统推进与重点突破相结合。该书既有关于产教融合推动思政课与工匠精神深度结合的整体性的顶层设计的思考,也有关于工匠精神培养重点突破策略。该书系统构建了大思政课背景下高职院校融"课堂、实践、文化"于一体、以"理论教化、环境融化、实践悟化"为具体路径的"三位一体、'三化'合力"工匠精神培育创新模式,体现了顶层设计谋划的系统性、全面性。该书也结合"思想道德与法治""毛泽东思想和中国特色社会主义理论体系概论"和"形势与政策"三门思政课,探讨了工匠精神融入思政课的路径,将工匠精神内涵自然融入,形成工匠精神融入思政课的维度和模块,抓住了工匠精神培养的关键与要害。

作为在梁丽华教授培养下成长起来的青年学者和浙江经济职业技术学院的兼职教授,我有幸参与了该院工匠精神培育的相关顶层设计、课题研究、实践落地。我向课题组所取得的丰硕的研究成果表示热烈祝贺,也乐意向广大工匠精神研究者推荐这一研究成果。希望这一成果能够推动高职院校马克思主义学院思政课程教学改革与实践进一步深化。

钱志权

2024 年 6 月 13 日

目 录

引 言 …………………………………………………………………… 1

第一章 研究综述 ……………………………………………………… 5

  一、工匠精神的内涵界定研究 ……………………………………… 5

  二、工匠精神的历史沿革研究 ……………………………………… 9

  三、工匠精神的测量维度研究 ……………………………………… 11

  四、工匠精神的培育路径研究 ……………………………………… 12

  五、思政课视域下的工匠精神培育研究 …………………………… 13

  六、研究简评 ………………………………………………………… 14

第二章 高职高专院校思政课工匠精神培育的时代价值 ………… 17

  一、为中国式现代化道路提供人才支撑 …………………………… 17

  二、为高职高专院校整体工作的开展提供重要抓手 ……………… 21

  三、为培养德艺(技)双馨青年英才提供关键导向 ………………… 25

第三章 高职高专院校思政课工匠精神培育的目标指向 ………… 29

  一、工匠精神的文化根源 …………………………………………… 29

  二、工匠精神的形成脉络 …………………………………………… 38

  三、工匠精神的国际比较 …………………………………………… 48

第四章　高职高专学生工匠精神核心指标与测度量表的编制 ………… 58
　　一、高职高专学生工匠精神核心指标的构建 ……………………… 58
　　二、高职高专学生工匠精神核心指标的验证 ……………………… 65

第五章　高职高专学生工匠精神培育现状分析 ………………………… 82
　　一、高职高专学生工匠精神整体状况基本分析 …………………… 82
　　二、高职高专学生工匠精神个体差异比较 ………………………… 83
　　三、不同类型高职高专院校学生工匠精神差异比较 ……………… 105
　　四、不同区域高职高专院校学生工匠精神差异比较 ……………… 115

第六章　高职高专思政课工匠精神培育的机理探析与路径创新 …… 143
　　一、高职高专学生工匠精神培育影响因素基本分析 ……………… 143
　　二、基于多元回归模型的高职高专思政课工匠精神培育机理探析
　　　 ………………………………………………………………………… 150
　　三、高职高专思政课工匠精神培育创新路径探究 ………………… 161

第七章　高职高专思政课工匠精神培育的实践探索 ………………… 170
　　一、理论引领：工匠精神融入思政课育人全过程 ………………… 170
　　二、实践悟化：工匠精神融入实践育人全维度 …………………… 175
　　三、环境营造：工匠精神融入环境育人全场景 …………………… 180

第八章　高职高专思政课工匠精神培育典型案例述评 ………………… 185
　　案例一："寻匠悟道"——深圳职业技术大学 ……………………… 185
　　案例二："五阶三维"——浙江工商职业技术学院 ………………… 191
　　案例三："文化"引领、"三匠"育人——重庆工业职业技术学院 … 196
　　案例四：德技并修，育训融合——广西水利电力职业技术学院 … 203
　　案例五："传承与守望"——杭州万向职业技术学院 ……………… 206

案例六:"多维联动""五匠育人"——浙江经济职业技术学院 …… 211

案例七:厚德强技,匠心育人——台州科技职业学院 ………… 217

案例八:"之江匠心"——浙江机电职业技术大学 ……………… 220

参考文献 …………………………………………………………… 228

附录1 高职高专学生工匠精神及培育现状调查问卷 ………… 235

附录2 工匠精神培育现状调研 ………………………………… 241

后　记 …………………………………………………………… 245

引 言

工匠精神是中国特色社会主义新时代背景下,中华民族走向伟大复兴征程中不可或缺的精神品质。它不仅是中国制造不可或缺的精神之钙,也是中国崛起不可或缺的精神力量,关乎社会主义现代化强国建设战略目标的实现,关乎人民对美好生活的向往,关乎新时代人才的德智体美劳全面发展。工匠精神是一种创造的精神,是一种促进世界更快发展与进步的工作精神。工匠精神的巨大力量经过了历史的检验。2023年,日经BP咨询周年商业实验室(以发布经济信息为主的世界最大的综合信息机构日本经济新闻集团)对全球各国经营超过100年和超过200年的公司数量进行了调查。调查数据显示,日本拥有100年历史的企业数量最多,为37085家,占全球经营时间超过100年企业总数(74037家)的50.1%。美国公司位居第二,占比29.5%。第三是德国,有5290家企业,占比7.1%。在全球2129家超过200年历史的企业中,日本以1388家的企业数量位居第一,这一比例为65.2%。美国以265家的企业数量位居第二,占比12.4%。德国以223家的企业数量位居第三,占比10.5%。英国以81家的企业数量位居第四,占比3.8%。这些企业有一个共同的特点,他们都在传承着一种精神——工匠精神。

在2016年全国两会上,时任国务院总理李克强在政府工作报告中提出了"培育精益求精的工匠精神"的战略任务。近年来,我国的政府工作报告连续部署"培育和弘扬工匠精神"重大任务,将弘扬工匠精神提升到空前重要的地位。2020年11月24日,习近平总书记出席全国劳动模范和先进工作者表彰大会并发表重要讲话,他强调要大力弘扬劳模精神、劳动精神、工匠精神。劳模精神、劳动精神、工匠精神是以爱国主义为核心的民族精神和以改革创新为核心的时代精神的生动体现,是鼓舞全党全国各族人民风雨无阻、勇敢前进的强大精神动力。在党和国家的高度重视下,大国工匠、技能大师不断涌现。2022年4月27日,习近平总书记在致首届大国工匠创新交流大会的贺信中强调,我国工人阶级和广大劳动群众要大力弘扬劳模精神、劳动精神、工匠精神,适应当今世界科技革命和产业变革的需要,勤学苦练、深入钻研,勇于创新、敢为人先,不断提高技术技能水平,为推动高质量发展、实施制造强国战略、全面建设社会主义现代化国家贡献智慧和力量。

寻访工匠大师、开展实证研究、探析工匠精神培养的内在机理,是当前亟待研究的重要课题。在党的十九大报告中,习近平总书记曾指出,弘扬劳模精神和工匠精神,必须把教育事业放在优先位置。"发扬工匠精神"在党的二十大报告中被多次提及,这就要求承担着技术技能人才培养主阵地的高职院校将工匠精神培育作为教育教学改革的重点。工匠精神不仅体现在专业技术上,而且更多体现在精神层面上;不仅要求技工人才专业技术过硬,而且还要求其对工作专注,干一行爱一行。工匠精神是不断追求卓越的一种品质。工匠精神在境界提升上要求"执着专注"。"执着专注"指引新时代劳动者对新质生产力理论做到学思用贯通、知信行统一,体现为坚守崇高职业道德、发展新质生产力,就是要用高尚的职业道德指引新时代劳动者下苦功、练真功、敬业精业。工匠精神在践行过程中要求"精益求精",要求劳动者不仅要集中精力进行技术创新和应用,还要精准对接高科技、高效能、高质量的特征,做到善于学习,成为知识型劳动者;善于实践,成为技能型劳动者;善于钻研,成为创新型劳动者。工匠精神在实践行动上要求"一丝不苟",要求新时代劳动者对新质生产力理论要真学、真懂、真信、真用。工匠精神在目标追求上要求"追求卓越",充分体现德才优异的劳动者、动能优秀的生产资料、禀赋优质的劳动对象三者的相互统一,还体现为引领世界科技发展的方向,从科技发展的跟跑者、并跑者成为领跑者,掌握新一轮全球科技竞争的战略主动权。

2020年3月,中共中央、国务院发布的《关于全面加强新时代大中小学劳动教育的意见》明确提出学校要加强劳动教育。思政课是校园中开展劳动教育的重要依托,充分利用劳动教育这一载体进行高职高专院校思政课教学模式的改革,在思政课堂中讲好马克思主义劳动观,能更好助力学生的劳动精神、劳模精神和工匠精神的养成。近年来,在习近平新时代中国特色社会主义思想的指引下,高职高专院校思政课教师开展的工匠精神理论研究和教育实践,取得了扎实成效。以现有经验为基础,探析工匠精神在高职高专院校思政课中的培育路径,是当前高校人才培养研究的重要任务,也是"提升思想政治教育亲和力和针对性"的关键突破。

本研究的最终目标是找到高校思政课教学视域下新时代高职高专学生工匠精神培育的现实路径。为此需要研究以下六个紧密关联的问题:高职高专思政课工匠精神培育的时代价值如何?高职高专思政课工匠精神培育的目标指向是什么?高职高专学生工匠精神的核心指标有哪些以及如何开发量表进行测度?高职高专学生工匠精神培育现状如何?如何分析高职高专思政课工匠精神培育的内在机理?思政课视域下新时代高职高专学生工匠精神培育的现实路径有哪些?本研究拟在对当前应用型高校新时代大学生工匠精神培育现状进行深入调研的基础上,解构思政课视域下新时代高职高专学生工匠精神的核心内涵,探究对高职高专学生工匠精神测度的有效方法,研究思政课视域下新时代高职高专学生工匠精神培育的实现机理,科学设计思政课视域下新时代高职高专学生工匠精神培育的创新路径。

本研究创新了相关学术研究的视角与方法。一是独特的研究视角。本研究关注工匠精神的前因变量,视角从获得当前学术界较多关注的宏观层面转移到微观层面,具体探析个人层面的政治觉悟、理想信念、价值取向、道德水平等因素对于工匠精神的驱动和影响,并在高职高专思政课视域下提出工匠精神的提升策略。二是新颖的研究方法。本研究注重理论研究与实证研究相结合,同时展开高职高专院校调研与企业调研。以杰出工匠、技能大师为研究对象,分析其共性特征,同时以当前各高职高专思政课中工匠精神培养现状为考察对象,研究高职高专学生工匠精神培养的基本规律。本研究注重定性研究与定量研究相结合,科学划分工匠精神的维度,遵循规范的量表开发程序设计工匠精神的测量量表,通过里克尔特量表法和基于 SPSS 软件的独立样本 T 检验方差分析、多元线性回归分析等方法,定量测度与分析工匠精神及其培养成效。

　　本研究具有深远的时代价值蕴意。人才建设是我国为实现"中国梦",从"制造大国"向"智造大国"转变,成为世界强国的重要因素之一。具有工匠精神的技术人才是发展新质生产力的战略性资源。科学设计融工匠精神培育于其中的新时代高校思想政治理论课教学模式,将工匠精神培育和立德树人任务有机融合,构建与发展新质生产力适配的高质量教育体系,提升高校思政课的实效性、针对性,可以使高校真正成为培养和输出工匠人才的重要源头。

　　此外,本研究还为企业、政府部门和其他机构提供了咨询服务。本项目所建设的全国高职院校工匠精神资源库,所研究的工匠人才共性特征、形成规律和培养办法等结论,所开发的工匠精神测量量表,有助于各个层面、各个层次工匠人才的培养,可以为企业、政府部门和其他机构提供工匠精神培养效果评估与决策咨询服务。

第一章 研究综述

尽管从具体内涵上来看,中国古代和西方的工匠精神与我们当前研究的工匠精神存在一定的差异,但在核心价值理念上,两者无疑是相通的。国外学术界的相关研究以"德国工匠精神"和"日本职人精神"的研究最具代表性。马克斯·韦伯在《新教伦理与资本主义精神》中提出的以"天职观"为核心的新教伦理观念对德国工匠精神影响深远。韦伯呼吁现代人依靠使命式的热情重获内心的自由,强调工匠精神培育背后的人文关怀,关心人的理想信念追求与意义自觉,在工具理性和价值理性之间保持适当的张力。"双元制"教育体系为现代德国工匠精神教育提供了制度保障。日本将"工匠精神"称为"职人精神",并将其作为职业生涯教育的指导思想和主要的培养目标。中国也是匠人之国,早在我国商周时期后母戊大方鼎的铸铜技术,春秋战国时期穿越千年仍能吹毛断发的越王勾践之剑,正是如《墨子》中谈到的"崇德尚技,述而且作,尚巧达善"的工匠精神的体现。又如举世闻名的五大名窑(汝窑、官窑、哥窑、钧窑、定窑)、技艺精湛的刺绣、横亘在中国北方的万里长城、宏伟壮丽的紫禁城等,以及两宋时期的很多文献都谈到的技艺精湛的工匠,如欧阳修在《归田录》中记载的预浩、沈括在《梦溪笔谈》中谈到的毕昇等,都是工匠精神在中国源远流长最好的佐证。

一、工匠精神的内涵界定研究

从工匠一词本身来看,"工"即工人,"匠"指技艺,其包含专业、技能、精巧之意。《汉语大辞典》对于"匠"有如下解释：一是有手艺的人，对自己有着严格的要求，如木匠、铁匠；二是巧妙的意思，如独具匠心；三是指某一方面才力过人，但没有新意，呆板，如匠气。在美国畅销书作家亚克力·福奇看来，能够成为工匠的都是那些有好的想法并为之努力，拼尽全力地去实现的人。由此看来，工匠精神就是凝结在匠人身上的一种态度与品质。

学界普遍认为工匠精神的内涵包含了"爱岗敬业、精益求精、追求卓越、持续专注"等特征。也有一些学者从其他视角进行分析。潘墨涛认为，工匠精神是工匠追求完美，精益求精，执着追求的信念[①]。李宏伟和别应龙认为，工匠精神应该包含有尊师重教的师道精神、一丝不苟的制造精神、求富立德的创业精神、精益求精的创造精神和知行合一的实践精神五个方面[②]。徐耀强指出，工匠精神应当体现创新性特征，注重产品的推陈出新[③]。刘志彪认为，工匠精神应包含用户至上的观念[④]。匡瑛认为，智能化制造背景下，工匠精神被赋予了勇于突破、协同合作的新时代意涵[⑤]。江延球认为，受儒家"止于至善"和"仁、义、礼、智、信"等道德标准的熏陶，新时代工匠群体已逐渐形成"德艺兼修、以德为先""精益求精、止于至善"为代表的工匠精神[⑥]。叶盛认为，新时代所提倡的工匠精神，不仅是传统道德理念在个人精神层面的回归，而且是市场化背景下对社会浮躁风气的一种修正[⑦]。白少君认为，工匠精神从企业层面看是一种"厚德诚一"的企业文化。精益求精体现在企业要求员工具有卓越的专业素养，对产品质量高度重视，敬业体现为企业对员工道德素养的培育以营造一种责任文化。由

---

① 潘墨涛.政府治理现代化背景下的"匠人精神"塑造[J].理论探索，2015(6):83-86.
② 李宏伟，别应龙.工匠精神的历史传承与当代培育[J].自然辩证法研究，2015,31(8):56-61.
③ 徐耀强.论"工匠精神"[J].红旗文稿，2017(10):25-27.
④ 刘志彪.工业化与创新驱动：工匠精神与企业家精神的指向[J].新疆师范大学学报（哲学社会科学版），2018,39(3):35-40.
⑤ 匡瑛.智能化背景下"工匠精神"的时代意蕴与培育路径[J].教育发展研究，2018,38(1):39-45.
⑥ 江延球.工匠精神、劳模精神与企业家精神的内在一致性[J].企业改革与管理，2001(8):190-191.
⑦ 叶盛.新时代劳模精神和工匠精神和传承与弘扬[J].城市公共交通，2024(1):21-22.

此看来,工匠精神越来越被赋予时代发展的特征①。

关于工匠精神和职业精神的关系,学者们大多认同工匠精神本质上就是一种优秀的职业精神。胡冰和李小鲁认为,工匠精神是专业精神、职业态度、人文素养三者的高度统一②。也有学者对两者进行了区分。张健指出,工匠精神和职业精神有一定的交集共性,但也存在明显的差异③。匡瑛认为,两者有着必然的联系,但智能化背景下的工匠精神更强调融技术与精神于一体的完全的职业人④。张文和谭璐认为,两者既有相似性,又存在差异,新时代工匠精神更体现循美至善和精益求精的人生境界⑤。蒋炜认为,工匠精神融合了职业精神,工匠精神是专注坚守的职业品质,是追求卓越的职业信念⑥。

关于工匠精神与劳模精神的关系,有少数文献进行了探讨,基本上都认为两者之间具有较大的相似性和一定的差异性。常晓媛认为,两者之间在发展劳动观和重视道德培养上具有一致性,而在产生条件、内涵价值导向以及外在表现形式上则存在差异性⑦。彭维锋认为,劳模精神和工匠精神代表了劳动精神的不同阶段,从劳动精神到工匠精神再到劳模精神是一种发展过程⑧。刘燕认为,劳动精神为劳模精神、工匠精神的形成奠定基础,劳模精神引领劳动精神、工匠精神的发展,三者相辅相成⑨。乔东认为,劳模精神、工匠精神作为劳模、工匠身上的优秀品质,是劳模、工匠成功

---

① 白少君,刘欢,张曼,等.企业家、工匠精神对先进制造业企业高质量发展的影响机制[J].科技进步与对策,2024,41(17):151-160.
② 胡冰,李小鲁.论高职院校思想政治教育的新使命——对理性缺失下培育"工匠精神"的反思[J].高教探索,2016(5):85-89.
③ 张健.工匠精神与职业精神的比较与澄明[J].职业技术教育,2017,38(15):52-55.
④ 匡瑛.智能化背景下"工匠精神"的时代意蕴与培育路径[J].教育发展研究,2018,38(1):39-45.
⑤ 张文,谭璐.新时代职业教育工匠精神的新内涵、价值及培育对策[J].教育与职业,2020(7):73-80.
⑥ 蒋炜.当代工匠精神的缺失及培育[J].设计艺术(山东工艺美术学院学报),2017(1):6-11.
⑦ 常晓媛.论工匠精神与劳模精神[J].中国劳动关系学院学报,2019,33(1):112-117.
⑧ 彭维锋.新时代劳模精神、劳动精神、工匠精神的理论内涵与实践导向[J].江西社会科学,2021,41(5):208-217.
⑨ 刘燕.劳模精神、劳动精神、工匠精神融入高职院校思政课教学的思考[J].思想理论教育导刊,2021(11):109-112.

的精神密码,两者相互作用,互为补充①。叶盛认为,工匠精神是劳模精神在实践层面的再次塑造,劳模精神是工匠精神在思想层面的再次升华②。

关于工匠精神与企业家精神的关系,刘远举认为,工匠精神是企业家精神在制造产品上的体现③。李政认为,企业家精神包括了工匠精神④。李旭认为,两者既有联系又有区别,工匠精神和企业家精神的形成是工匠与企业家们的自我激励,是精神产生与发扬的内生动力,企业家们的创新精神诱导着工匠的创新精神,区别在于工匠精神最明显的表现是"精益求精",是产品或服务质量的最根本保障,企业家精神的主要表现是创新、协作、诚信,是企业产生和发展的核心动力⑤。江延球指出,坚持工匠精神与企业家精神之间的内在一致性,应切实关注如何正确处理创新与创业的矛盾,创新需要更多的工匠精神,创业需要更多的企业家精神⑥。程海水和徐莉认为,工匠精神是企业家精神的基本内涵和实质⑦。彭花等认为,工匠精神与企业家精神有着紧密的联系,企业家精神是企业管理者对企业发展的自我贡献,工匠精神是企业一线员工所具备的工作理念和态度⑧。白少君等认为,企业家精神在战略层面体现为对企业的管理,而工匠精神在执行层面体现为产品和服务的精益求精,两者如同"汽车"与"车轮"的关系,缺一不可,唯有共同发力,"汽车"才能前行,因此需要考虑企业家精神和工匠精神的协同作用⑨。

---

① 乔东.推进中国式现代化要大力弘扬劳模精神、劳动精神、工匠精神[J].思想政治工作研究,2024(1):39-40.
② 叶盛.新时代劳模精神和工匠精神的传承与弘扬[J].城市公共交通,2024(1):21-22.
③ 刘远举.工匠精神离不开企业家精神[J].同舟共进,2017(1):12.
④ 李政.新时代企业家精神:内涵、作用与激发保护策略[J].社会科学辑刊,2019(1):79-85.
⑤ 李旭.基于企业文化视角的工匠精神、劳模精神和企业家精神关系分析[J].中小企业管理与科技,2019(10):90-91.
⑥ 江延球.工匠精神、劳模精神与企业家精神的内在一致性[J].企业改革与管理,2021(8):190-191.
⑦ 程海水,徐莉.新时代企业家精神:内涵、影响因素及培育路径[J].企业经济,2022,41(7):87-93.
⑧ 彭花,贺正楚,张雪琳.企业家精神和工匠精神对企业创新绩效的影响[J].中国软科学,2022(3):112-123.
⑨ 白少君,刘欢,张曼,等.企业家、工匠精神对先进制造业企业高质量发展的影响机制[J].科技进步与对策,2024,41(17):151-160.

二、工匠精神的历史沿革研究

学界研究表明,我国自古就是"匠人大国"。我国自春秋战国时期起,就开始了对工匠精神的诠释(《墨子》)。两宋时期有很多文献谈到了技艺精湛的工匠(《归田录》《梦溪笔谈》)。工之能力企及,匠之细致巧妙,工匠则德才兼备。工匠在中国自古就有之,民间社会普遍认为拥有一门手艺比手握金钱更能保障自身的生活。"工匠精神"日渐成为中华民族文化的脊梁。如《庄子·徐无鬼》记载,匠石用斧头削去郢人鼻子上如苍蝇翅膀般薄的白粉,而没有损伤郢人鼻子,以此来形容其技艺精湛;北宋李格非造访洛阳园林时,用巧匠来形容造园的艺术和手法的精巧和高超;《核舟记》中的匠心精神孕育出了为后世所称道的精妙核舟。由此可见,中国从来都不缺工匠,更不缺工匠精神,古代工匠们留传的德艺兼备的工匠精神,成就了大国工匠,使中华工匠文明绵延不断。

新中国成立后,对工匠精神的研究始于全国劳模评选制度(田罗银[①])。在新时代制造业转型升级的背景下,国内学界普遍认为工匠精神包含"爱岗敬业、精益求精、追求卓越、持续专注"等内涵,其逐渐成为推动伟大中国梦实现的强大精神力量(林柏成等[②];江延球[③]),当代价值不断得以展现(刘建军[④];过旻钰等[⑤]),新时代工匠精神正在重构(叶龙等[⑥];王帮

---

① 田罗银.全国劳模及历史作用研究(1950—1980)——基于政治符号理论的解读[D].上海:上海交通大学,2013:40-42.
② 林柏成,陈树文.实现中国梦进程中的工匠精神研究[J].商丘师范学院学报,2017,33(8):23-26.
③ 江延球.工匠精神、劳模精神与企业家精神的内在一致性[J].企业改革与管理,2021(8):190-191.
④ 刘建军.工匠精神及其当代价值[J].思想教育研究,2016(10):36-40.
⑤ 过旻钰,朱永跃,赵雷.制造业新生代农民工工匠精神形成的动力与路径——基于德胜洋楼的案例研究[J].管理评论,2024,36(9):274-288.
⑥ 叶龙,王蕊,唐伟.以"思"为生:技能的本质与新时代工匠精神的重构[J].清华大学学报(哲学社会科学版),2019,34(4):125-202.

俊等①；白少君等②）。此外，关于工匠精神与职业精神、劳模精神、企业家精神的交集与差异，亦有学者做了有益探讨（胡冰和李小鲁③；张健④；匡瑛⑤；叶龙等⑥；叶盛⑦）。

国外工匠精神研究以"德国工匠精神"和"日本职人精神"最具代表性。德式"工匠精神"最突出的特点是慢工出细活，可以用超过600年的时间打造出精美的科隆大教堂。日本工匠将产品质量不好视为耻辱，很多工匠用一生的时间专注做好一件事，无时不在体现日本工匠对制作产品的极致追求。再看看其他一些国家。例如创新是美国"工匠精神"最核心的力量，从本杰明·富兰克林、托马斯·爱迪生和怀特兄弟，再到乔布斯，"发明创新"是美国工匠的标志。再如瑞士的"学徒精神"，对于工匠技艺的专注和崇拜是其能淬炼出高品质产品的重要保证。捷克虽然是一个小国，但却是世界知名的工业强国，其"工匠精神"中严谨是基础、认真是核心、关键的法宝是坚持。

第二次世界大战之后许多学者开始深入研究工匠精神，并不断丰富与延伸其内涵：在生产活动中不断学习，通过使用和发展判断力、知识、技能和灵巧来进行生产，将其与实际生产活动充分结合。著名作家理查德·桑内特在《匠人》一书中提到，"为了把事情做好而好好工作的欲望"就是匠人精神的价值所在。为自己的工作而骄傲是匠艺活动的核心所在，是技能和投入的回报。⑧ 马修·克劳福德在《摩托车修理店的未来工作哲学：让工

---

① 王帮俊，冯朝磊，朱荣.大师是如何炼成的：扎根理论视角下工匠大师成长核心要素解构[J].中国矿业大学学报（社会科学版），2021，23(4)：143-160.

② 白少君，刘欢，张曼，等.企业家、工匠精神对先进制造业企业高质量发展的影响机制[J].科技进步与对策，2024，41(17)：151-160.

③ 胡冰，李小鲁.论高职院校思想政治教育的新使命——对理性缺失下培育"工匠精神"的反思[J].高教探索，2016(5)：85-89.

④ 张健.工匠精神与职业精神的比较与澄明[J].职业技术教育.2017，38(15)：52-55.

⑤ 匡瑛.智能化背景下"工匠精神"的时代意蕴与培育路径[J].教育发展研究，2018，38(1)：39-45.

⑥ 叶龙，王蕊，唐伟.以"思"为生：技能的本质与新时代工匠精神的重构[J].清华大学学报（哲学社会科学版），2019，34(4)：125-202.

⑦ 叶盛.新时代劳模精神和工匠精神的传承与弘扬[J].城市公共交通，2024(1)：21-22.

⑧ 理查德·桑内特.匠人[M].李继宏，译.上海：上海译文出版社，2015：367.

匠精神回归》中以他的亲身经历告诉大家,真正获得劳动幸福感的源泉是学会把一件事情做到精美绝伦,达到一定的境界[①]。

当前,随着新质生产力理论的提出,发展新质生产力与弘扬工匠精神二者相互统一。新质生产力以创新引领实践;工匠精神则是在合理吸收中华民族传统工匠文化、致力于高质量发展实践中凝结而成的宝贵品质,是新质生产力的精神动力和价值指引。发展新质生产力和弘扬工匠精神相互促进,贯穿于贯彻落实新发展理念的整个过程中,不断建构以高质量发展推动中国式现代化建设的现实图景。

三、工匠精神的维度研究

目前学界对工匠精神的维度研究取得了积极进展,大多认为工匠精神是三维、四维的结构。例如,喻文德基于伦理文化视角分析认为,工匠精神包括敬业、专一、严谨三个方面[②]。张敏和张一力基于企业家典型案例研究,归纳得到工匠精神的三个核心维度:规范化、控制力和创业自我效能感[③]。祁占勇和任雪园从匠技、匠心、匠魂三个维度剖析工匠精神的内涵与表现[④]。此外,也有少数学者认为工匠精神是二维、五维或六维的结构。总体来看,工匠精神的维度划分主观性较大,不够科学严谨,且尚未达成共识。虽然有很多学者研究了工匠精神的构成维度,但基本上都是定性分析,并未开发相应的测量量表进行实证检验,仅有极少数学者对工匠精神的测量进行了探索。方阳春和陈超颖、叶龙等针对工匠精神的三个维度开

---

① 克劳福德.摩托车修理店的未来工作哲学:让工匠精神回归[M].粟之敦,译.杭州:浙江人民出版社,2014:10.
② 喻文德.工匠精神的伦理文化分析[J].伦理学研究,2016(6):69-73.
③ 张敏,张一力.从创业学习者到网络主宰者:基于工匠精神的探索式研究[J].中国科技论坛,2017(10):153-159.
④ 祁占勇,任雪园.扎根理论视域下工匠核心素养的理论模型与实践逻辑[J].教育研究,2018,39(3):70-76.

发了测量量表[1][2]。乔娇和高超针对工匠精神的四个维度开发了测量量表[3]。

四、工匠精神的培育路径研究

学界研究表明,工匠精神受到宏观和微观层面的制度与文化、生产模式、学校人才培养机制以及领导和员工个人等多种因素的影响。刘志彪、肖薇薇和陈文海、叶龙等就政府、企业层面,从营造文化氛围,建立激励机制、健全法律保障等角度探讨工匠精神的培育策略[4][5][6]。张文和谭璐从"以双轮(学校育人和企业育人)驱动为导向""以三元文化(产学文化、工学文化、工匠文化)为依托""以四进工程(工匠精神进校园、进课堂、进教材、进社团)为载体""以五位合一(教师与师傅合一、产与学合一、学与做合一、课堂与车间合一、榜样示范与自我践行合一)为保障"等四个方面探讨工匠精神的培育路径[7]。

从个体层面探讨工匠精神培育的研究很少。李宏伟和别应龙、程迪、张业华从应用型高校的视角切入对工匠精神培育的现实路径进行了探

---

[1] 方阳雪,陈超颖.包容型人才开发模式对员工工匠精神的影响[J].科研管理,2018,39(3):154-156.

[2] 叶龙,刘园园,郭名.包容型领导对技能人才工匠精神的影响[J].技术经济,2018,37(10):125-132.

[3] 乔娇,高超.大学生志愿精神、创业精神、工匠精神与感知创业行为控制的关系研究[J].教育理论与实践,2018,38(30):20-22.

[4] 刘志彪.工匠精神、工匠制度和工匠文化[J].青年记者.2016(16):34-40.

[5] 肖薇薇,陈文海.工匠精神衰微的现代性困境与超越[J].职业技术教育.2016,37(25):13-18.

[6] 叶龙,刘园园,郭名.传承的意义:企业师徒关系对徒弟工匠精神的影响研究[J].外国经济与管理,2020,42(7):125-132.

[7] 张文,谭璐.新时代职业教育工匠精神的新内涵、价值及培育对策[J].教育与职业,2020(7):73-80.

索[1][2][3]。韩美凤等从使用教材、教学辅助资料、专业人才培养规划、教学过程、能力评价过程、师资队伍建设等几个方面进行了研究[4]。于忠武和范锐彦从课程教学、学生活动、学生社会实践三个角度进行了实践研究,但以理论分析为主,实际操作层面的路径研究尚显不足[5]。蒋炜和马丽梅从育人目标、育人主体、培育机制、培育平台四个方面进行了实践路径的探究[6]。

五、思政课视域下的工匠精神培育研究

高校的思政课教学在培养技能人才工匠精神方面的重要作用引起了学界的广泛关注。胡冰和李小鲁认为,理性缺失使工匠精神培育面临着困境,技术理性、价值理性的回归成为思想政治教育的新使命[7]。钱俊和钱琛从设立特色教学目标、加强学生专业文化教育、找准共同的契合点和完善思政教育体系等方面,探讨了将工匠精神融入职业院校思政教育的路径[8]。

工匠精神与高校思想政治教育融合研究多以应用型高校为研究对象,较具代表性观点有:工匠精神具有价值观念引导、思想意识凝聚等思想政

---

[1] 李宏伟,别应龙.工匠精神的历史传承与当代培育[J].自然辩证法研究,2015,31(8):54-59.
[2] 程迪.高职院校思想政治教育培育工匠精神的现状与路径研究[J].兰州教育学院学报,2018,34(6):118-122.
[3] 张业华.工匠精神视角下大学生创新意识的培养[J].西部素质教育,2017,3(12):82-86.
[4] 韩美凤,高小涵,徐春明.新时代工匠精神融入高校创新创业教育的策略研究[J].沈阳建筑大学学报(社会科学版),2021,23(5):513-518.
[5] 于忠武,范锐彦.高职院校劳模精神、劳动精神、工匠精神融合培养路径研究[J].天津职业院校联合学报,2022,24(8):3-9.
[6] 蒋炜,马丽梅.协调育人视域下高职德育实践中工匠精神的培育策略[J].江苏经贸职业技术学院学报,2023(2):73-76.
[7] 胡冰,李小鲁.论高职院校思想政治教育的新使命——对理性缺失下培育"工匠精神"的反思[J].高教探索,2016(5):85-89.
[8] 钱俊,钱琛.工匠精神融入职业院校大学生思政教育的路径探究[J].学校党建与思想教育,2018(18):19-20.

治教育功能(李艳①);主张将工匠精神的培育贯穿于就业创业指导课程以及思想政治教育课程(于洪波和马立权②);工匠精神融入思想政治教育要坚持恰当、适时、适度原则(陈爱华③);负哲等则主张要通过完善课程体系、建立评价机制等方式加强二者融合④;尹秋花认为加快推进产教融合、现代学徒制等方式是培育高职学生工匠精神重要的切入点⑤;刘燕认为应从人才培养方案、专业建设方案、课程改革方案和教学设施等方面进行融合式改革和创新⑥。黄超提出了从"四个三,即三引(精神引领、内容引导、制度引航)、三课(思政课、专业课、实践课)、三方(校方、学生、企业)、三化(校园文化、网络化、日常化)"进行融合式创新模式研究⑦。可见,学术界大多认为工匠精神与思想政治教育密不可分,但在具体的融合方式与机制上见仁见智。

六、研究简评

由上可见,国内学界围绕工匠精神展开了大量研究,取得了较为丰硕的成果。然而,由于研究时间较短,相关研究总体上还处于起步和探索阶段,亟须在以下方面加以改进。

1. 工匠精神的内涵要义需要进一步拓展

工匠精神是指工匠以追求极致的态度和信念将自己的产品仔细雕琢,

---

① 李艳.高职学生"工匠"精神素质培养"五心"构成要素分析[J].高教学刊,2016(23):259-260.
② 于洪波,马立权.高职院校培育塑造学生工匠精神的路径探析[J].兰州教育学院学报,2016,32(8):110-112.
③ 陈爱华."工匠精神"融入高职思想政治教育探究[J].广东轻工职业技术学院学报,2018,17(2):26-28.
④ 负哲,胡师,刘远嘉.工匠精神在高职学生思想政治教育中的渗透[J].智库时代,2019(4):80-82.
⑤ 尹秋花.高职院校工匠精神培育的现实困境与实践路径[J].教育与职业,2019(6):38-41.
⑥ 刘燕.劳模精神、劳动精神、工匠精神融入高职院校思政课教学的思考[J].思想理论教育导刊,2021(11):109-112.
⑦ 黄超.工匠精神融入职业院校大学生思想政治教育研究[J].江苏高职教育,2023,23(1):80-86.

精益求精,使之更加完美的精神理念。中国古代对工匠精神一直以来都是围绕着传统造物的"技""艺""道"三方面展开的。在造物过程中,"技"是"道"的基础,"道"通过"技"才得以实现,优秀的作品既精于"技",又重于"道"。匠人将理想、目标、追求甚至是对人、物、对生活的感悟投注于作品之中,便形成了作品中的"道"之隐喻[①]。

建设"制造强国",迫切需要培育具有工匠精神的高素质技术技能人才,同时也是培育社会主义事业的合格建设者和接班人。新时代的工匠精神与社会主义核心价值观本质上是契合的,故应更充分挖掘其爱国奉献、忠诚担当等红色基因。工匠精神内蕴在高素质劳动者的政治思想、科学世界观和道德情操、社会风尚之中。发展新质生产力和弘扬工匠精神相互促进,贯穿于贯彻落实新发展理念的整个过程,不断建构以高质量发展推动中国式现代化建设的现实图景。一方面,新时代劳动者的创新实践彰显了中国式现代化的价值取向;另一方面,有品质的生活与高质量发展充分体现了人类文明新形态的美好向度。

现有的研究结合新时代背景进行深度挖掘的较少,滞后于生产端和需求端的深层变革。同时,对工匠精神内涵的界定较为宽泛,研究结论之间存在较大的共性,鲜有围绕不同行业、职业或岗位的属性和特点进行深入、有针对性的分析,也缺乏对员工个体、组织和社会等不同层面工匠精神内涵的差异化分析。此外,工匠精神与职业精神、劳模精神和企业家精神等相关概念之间究竟有何异同,相关研究的深度和规范性均显不足,尚需要借鉴有关理论并采用更加多元的方法进行深入比较。

2. 工匠精神的培养成效需要科学定量

关于工匠精神的维度构成,很多学者基于不同的研究视角提出了各自的看法,从二维到六维的划分都有,研究结论之间既有共性也存在差异性。工匠精神培育本质上是一个实践问题。前期研究以逻辑推演、理论推导的

---

① 段卫斌.解构与重塑——工匠精神在设计教育中的价值认知与实践研究[D].杭州:中国美术学院,2018:60-66.

定性研究居多，定量研究极少，绝大多数的研究得出的都是定性结论，主观性较大，理论性和规范性较弱，鲜有研究从管理学、心理学等学科视角，将工匠精神视为一个规范的研究变量，科学地对其进行维度分析。工匠精神培养的效果评估尚缺，制约了工匠精神培养的深化。同时，现有的少数工匠精神测量量表，开发的规范性和理论基础薄弱，制约了相关领域定量研究的开展。因此，在今后的研究中，需要针对不同行业、职业、岗位或层面的工匠精神的内涵，将定性分析与定量研究相结合，科学划分工匠精神的维度，并在此基础上遵循规范的量表开发程序设计工匠精神的测量量表。

3. 工匠精神的培养载体需要进一步融合

相关研究对工匠精神的驱动因素和影响因素的分析总体上较为宏观，提出的工匠精神提升策略也大多从政府层面和学校层面展开，突出政府和职业院校在工匠精神培育中的关键性作用，比较符合我国的国情。同时，也有少量研究从企业层面和员工个体层面提出了相应的策略。总体来看，针对组织层面和个体层面的策略研究较少，且较为宽泛和分散，缺乏坚实的理论基础和实践依据。在未来的研究中，需要对组织和员工自身在培育工匠精神中的作用给予更多关注，将理论研究与实证研究相融合，深入分析如何通过优化组织中的领导、文化、管理机制等情境条件以及激发员工自身的内在动机等，促使员工表现出工匠精神，进而推动组织工匠文化的形成。

第二章　高职高专院校思政课工匠精神培育的时代价值

中国特色社会主义进入新时代,我国正阔步迈向高质量发展的新阶段,对高品质"中国制造"的需求日益凸显。因此,构建一支高素质的技能人才队伍显得尤为迫切。高职高专院校作为专科层次的普通高校,在优化高等教育结构、推动高等教育大众化以及高技能人才培养等方面,发挥着不可或缺的重要作用。工匠精神的核心内涵表现为"执着专注、精益求精、一丝不苟、追求卓越"[①]。在新时代新征程中,应积极倡导和弘扬工匠精神,以之为指导,营造崇尚敬业、尊重劳动的良好社会风气。因此,在高职高专人才培养的过程中,必须将培育工匠精神与提升职业技能相结合,充分利用思想政治理论课(以下简称"思政课")的平台,深入开展相关教育活动,引导学生深刻认识工匠精神的重要性。这对于推动中国式现代化道路的行稳致远、高职高专院校的整体工作推进,以及培养德艺(技)双馨的青年英才都具有重要价值。

一、为中国式现代化道路提供人才支撑

党的二十大报告强调:科技是第一生产力,人才是第一资源,创新是第

---

① 习近平.在全国劳动模范和先进工作者表彰大会上的讲话[N].人民日报,2020-11-25(02).

一动力①。2024年的政府工作报告指出:"大力推进现代化产业体系建设,加快发展新质生产力。"②争取高层次人才,不仅是应对国际高阶竞争的关键,更是发展新质生产力的必然要求。青年是人才的核心力量,是影响时代发展进程的重要力量。高职高专学生作为青年人才的重要组成部分和"大国工匠"的后备军,肩负建设"制造强国""科技强国"的使命。培育其工匠精神,不仅对中国式现代化建设至关重要,还能激发其创造活力、提升其技能、增强其责任感与使命感,并塑造良好社会风尚。

(一)激发青年创造力,响应中国式现代化探索的历史号召

习近平总书记明确指出,"实践充分证明,中国青年是有远大理想抱负的青年,是有深厚家国情怀的青年,是有伟大创造力的青年。无论过去、现在还是未来,中国青年始终是实现中华民族伟大复兴的先锋力量"③,并鼓励青年要敢于有梦、勇于追梦、勤于圆梦,要求为广大青年放飞青春梦想、实现人生出彩搭建舞台、提供服务,"让青春在祖国和人民最需要的地方绽放绚丽之花","用青春的能动力和创造力激荡起民族复兴的澎湃春潮"④。同时,发展新质生产力的特点就是创新。基于此,青年人才要勇于创新、敢于创新、善于创新,让创新助力实现自身价值、增进大众福祉,为此就要弘扬伟大的民族精神和时代精神。而新时代工匠精神正是以爱国主义为核心的民族精神和以改革创新为核心的时代精神的生动体现,是激发青年的能动性和创造力的重要法宝。工匠精神以"精益求精""追求卓越"为价值内核,激励青年人才敢于突破陈旧的思路和方法,善于发现新情况、提出真问题、想出好办法,不断回应新时代、新形势、新发展的新需要,为实现高水平科技自立自强、推动创新强国建设注入创新动能。

---

① 习近平.高举中国特色社会主义伟大旗帜 为全面建设社会主义现代化国家而团结奋斗——在中国共产党第二十次全国代表大会上的报告[M].北京:人民出版社,2022.
② 政府工作报告(2024)[M].北京:人民出版社,2024:12.
③ 习近平.在纪念五四运动100周年大会上的讲话[N].人民日报,2022-5-11(01).
④ 习近平.在庆祝中国共产主义青年团成立100周年大会上的讲话[N].人民日报,2022-5-11(01).

(二)提升青年技能性,助力中国式现代化道路行稳致远

中国式现代化道路是一个系统工程,内涵丰富、外延广阔,其实现的关键在于坚实的人才保障,在于培育多层次、多类型、技能丰富、德才兼备的人才。高职高专学生并非"高考落榜生"的代名词,而是有一技之长的人才,他们发挥主观能动性,以娴熟技能换来的丰富成果服务社会,更是对社会和他人做贡献。

随着我国经济由高速增长阶段转向高质量发展阶段,制造业的科技含量越来越高,工艺流程更加精细复杂,对供给侧结构性改革提出了新的需要,也对高职高专技能型人才的劳动素养提出了更高要求。全国职业教育大会创新性地提出了"构建技能型社会"的核心理念与发展战略,强调国家应高度重视技能,推动社会形成崇尚技能的良好氛围。同时,要"整合科技创新资源,引领发展战略性新兴产业和未来产业,加快形成新质生产力"[1]。在我国经济高质量发展的宏观背景下,"工匠精神"在新时代扮演着举足轻重的角色,它无疑成为推动新动能增长、促进产业转型升级、推动发展新质生产力的关键。而作为精神层面的关键要素,"工匠精神"正在深度赋能推动新时代劳动者的成长,助力其形成"敬业、精益、专注、创新"的品质要素。

因此,高职高专学生不仅需要扎实的理论知识储备和较强的实践操作能力,更需要有良好的职业操守和职业精神。对于高职高专学生来说,工匠精神是一种精神力量,在内化于心、外化于行的过程中可转化为物质力量,不仅有助于提升不忘初心、敬业奉献的职业操守,还有利于强化专业知识和专业技能,推动其不断成长为我国建设制造业强国的国之栋梁。要推动工匠精神的培育,就要从中华优秀传统文化中汲取精神营养,发挥历史上典型"工匠"的榜样引领作用来激励高职高专学生自觉强化专业技能。例如,技艺精湛的鲁班、"游刃有余"的庖丁等人就是我国历史上工匠精神的人格化身;还须将"尊重劳动、崇尚劳动"的价值观教育深度融合其中,响

---

[1] 政府工作报告(2024)[M].北京:人民出版社,2024.

应党中央对于"建设知识型、技能型、创新型劳动者大军,弘扬劳模精神和工匠精神"[①]的号召,扭转社会大众将工匠精神培育视同于技术技能培训的错误认知和重技术、轻人文的错误导向,在全社会营造尊重劳动、尊重人才、尊重知识、尊重创造的良好氛围。

(三)增强青年使命感,促进中国式现代化奋斗目标的实现

包括高职高专学生在内的当代青年是社会发展的中坚力量,其成长过程与"两个一百年"奋斗目标的实现具有高度的契合性,他们既是这一伟大历史进程的见证者,也是参与者和创造者。然而,现实生活中,一些高职高专学生与"有理想、敢担当、能吃苦、肯奋斗的新时代好青年"的要求还有一定的距离,其中仍存在"佛系"青年、"躺平"等现象。习近平总书记常劝勉青年"处优而不养尊,受挫而不短志"[②]。但一些高职高专院校的学生却把所学专业知识和职业技能定义为"就业工具",很难仅仅通过内在自觉而将拟从事的职业升华为一种志业、一种使命、一种信仰。因此,社会各界亟须为高职高专学生注入"责任基因",使高职高专学生真正做到"正其心""乐其学",唤醒学生面向社会、服务大众的思想自觉和行动自觉。

工匠精神在工作态度上强调敬业乐群,对于个人而言是"干一行爱一行,钻一行精一行"的敬业精神,对于行业而言是"守专长、制精品、创技术、建标准,持之以恒、精益求精、开拓创新"的组织文化,对于社会而言是"讲合作、守契约、重诚信、促和谐,分工合作、协作共赢、完美向上"的社会风气。对高职高专院校而言,工匠精神培育正是增强青年责任感和使命感的重要抓手。因而,要通过思政课,引导学生把工匠精神转化为青年自身成长发展、为民族复兴、为国家崛起而奋斗的强大势能,将个人发展与社会、国家发展联系起来,才能真正发挥时代赋予的"先锋""桥梁""生力军"作用,才能不负党和人民的殷切期望。

---

① 习近平.决胜全面建成小康社会 夺取新时代中国特色社会主义伟大胜利——在中国共产党第十九次全国代表大会上的报告[N].人民日报,2017-10-18(01).
② 习近平.论党的青年工作[M].北京:中央文献出版社,2022:158.

(四)营造社会新风尚,推动中国式现代化建设走在前列

良好的社会风尚是社会文明程度的重要标志,是为青年人才提供广阔奋斗热土和幸福乐土的前提条件,也是推动中国式现代化建设干在实处、走在前列的软实力支撑。然而,当前社会的部分领域、部分区域在人才培养上仍存在对高职高专学生的偏见和歧视态度,这与理想的社会文明新风尚要求存在一定差距,仍需要以不断强化的精神文明教育来不断传递正能量,纠正社会层面对高职高专学生的错误价值取向。

要推动中国式现代化新实践,培育社会新风尚和新生态,需培育和发扬"工匠精神"。应积极运用社会主义核心价值观来凝聚人心、汇聚力量。工匠精神,作为一种体现中国精神的具体价值观,与社会主义核心价值观紧密相连、相辅相成。"爱国、敬业、诚信、友善"是社会主义核心价值观在个人层面的价值取向,与工匠精神中"敬业、精益、专注、创新"的核心要求具有高度的契合性。要厚植中华优秀传统文化的土壤。古人常言:"苟有恒,何必三更眠五更起;最无益,莫过一日曝十日寒。"敬业、坚持的工匠精神是中华优秀传统文化的重要内容和宝贵财富,是推动人类进步的重要力量,也成为当今实现制造业转型升级的重要基础。应以新时代"工匠精神"的楷模为榜样,积极向其看齐。榜样是优秀品质的具象化体现,它将抽象的说教转化为生动、温暖的实践行动,能够为人们提供持续的价值引领和情感滋养。正如2015年我国"两会"提出的"我们要用大批的技术人才作为支撑,让享誉全球的'中国制造'升级为'优质制造'"[1],这对同处于技能型行业的高职高专生也起到激励作用。

二、为高职高专院校整体工作的开展提供重要抓手

在高职高专院校思政课中培育工匠精神,是解决职业教育人才培养供

---

[1] 中国政府网.李克强:让"中国制造"升级为"优质制造"[EB/OL].(2014-06-23)[2023-12-01]. https://www.gov.cn/guowuyuan/2014-06/23/content_2706734.htm.

求不对等问题,增强高职高专院校的整体吸引力,推动职业教育高质量发展的必然路径。

(一)工匠精神是引导高职高专院校优化顶层设计的"导航仪"

首先,培育工匠精神是明确高职高专院校培养目标定位的需要。大多数高职高专院校有着鲜明的行业特点和地方特色,而其人才培养的目标定位从根本上是一致的。从社会大系统来看,高职高专院校从属于教育体系,始终应践行教育"立德树人"的根本宗旨。"立德"回答"用什么培养人","树人"回答"培养什么样的人",而培养什么人、怎样培养人、为谁培养人,是高校思想政治工作的根本问题。从教育子系统来看,高等职业教育在类型上既属于职业教育又属于高等教育,必然要培养高层次的技能人才。因而,高职院校的培养目标定位应该是高层次技能人才。其次,工匠精神是高职高专学生理想信念教育的重要抓手和理念指引,也是高层次技能人才的核心要素,是高职高专院校人才培养的关键指标。最后,培育工匠精神,是完善高职高专院校人才管理制度的需要。习近平总书记指出:"劳动者素质对一个国家、一个民族发展至关重要。技术工人队伍是支撑中国制造、中国创造的重要基础,对推动经济高质量发展具有重要作用。"[1]因此,"要健全技能人才培养、使用、评价、激励制度,大力发展技工教育,大规模开展职业技能培训,加快培养大批高素质劳动者和技术技能人才。要在全社会弘扬精益求精的工匠精神,激励广大青年走技能成才、技能报国之路。"[2]

(二)工匠精神是贯穿高职高专院校管理教学体系的"生命线"

教学、科研、校园文化、社会服务是高校工作的主要内容,都与人才培养和工匠精神有直接联系。因此,需要将工匠精神培育贯穿于教学体系、教材体系、管理体系当中,增强吸引力、感染力、说服力。

---

[1] 习近平.论党的青年工作[M].北京:中央文献出版社,2022:108.
[2] 习近平.论党的青年工作[M].北京:中央文献出版社,2022:108.

基于高职高专院校的四项职能,应探索全员、全过程、全方位育人的"工匠精神"融入路径,形成矩阵式育人格局。在教学层面,工匠精神应是内化于教学内容、外化于教学体制的要求。一方面,新质生产力的发展要求劳动者不仅要集中精力进行技术创新,还要精于实践,更要善于学习和接受新技术、新要素,成为知识型劳动者、技能型劳动者和创新型劳动者。对此,要精准对接高职高专学生与社会大市场的需求,要侧重于产学研一体化,使高职高专院校教学成为蕴含工匠精神在内的教学。另一方面,习近平总书记强调:"要适应新一轮科技革命和产业变革的需要,密切关注行业、产业前沿知识和技术进展,勤学苦练、深入钻研,不断提高技术技能水平。"[①]因而要紧密联系时代,不断优化完善教材和教学方式,探索中国特色学徒制,注重学生工匠精神和精益求精习惯的养成。

在科研层面,习近平总书记强调:"标准决定质量,有什么样的标准就有什么样的质量,只有高标准才有高质量。"[②]"一丝不苟"同样也是新时代工匠精神的重要内涵。因此,需要紧密结合学生所在的专业领域以及其所掌握的技能,开展针对性的科研活动,实现"以研促教"。具体而言,应当从制约新质生产力发展的关键领域和核心环节入手,对存在的短板、弱项和漏洞进行全面梳理和查漏补缺,以期实现新质生产力的突破性进展。这样才能增强高职高专院校科研工作的不可替代性,才能彰显高职高专院校科研的特色和水平。

在校园文化层面,各高职高专院校可根据自身特色打造"工匠园""工匠文化长廊"等校园文化景观,或开发利用学校官网、微信公众号等新媒体平台来宣传工匠精神;要引导新时代青年学生增强过硬的本领担当,培养刻苦钻研、敏而好学、勇于创新的实践精神和爱岗敬业、守时守法、敢于担当等职业素养以及意志坚强、诚实守信、乐于奉献等职业品质;还可在校园

---

① 习近平.在全国劳动模范和先进工作者表彰大会上的讲话[M].北京:人民出版社,2020:7-8.
② 习近平总书记在河北、兰考两地调研指导党的群众路线教育实践活动报道集[M].北京:人民出版社,2014:22.

内建立"大师工作室"①,营造学生个体习惯养成的良好环境。

在社会服务层面,习近平总书记强调:"当代工人不仅要有力量,还要有智慧、有技术,能发明、会创新,以实际行动奏响时代主旋律。"②高职高专院校要明确"大职业教育"办学要求,真正实现产学研深度融合,解决工程技术人才培养与生产实践脱节的突出问题,追求卓越,培养更多高素质劳动者和技术技能人才,才能与国家和社会的期望和要求相吻合。

人才是发展新质生产力的战略性资源。高职高专院校是具有独特育人职能的重要场域,应充分彰显其在培养应用型人才方面的非对称优势和不可替代性。要将培育工匠精神作为彰显高职高专院校职能特色的"金钥匙","要牢牢把握服务发展、促进就业的办学方向,深化体制机制改革,创新各层次各类型职业教育模式,坚持产教融合、校企合作,坚持工学结合、知行合一,引导社会各界特别是行业企业积极支持职业教育,努力建设中国特色职业教育体系"③,以工匠精神推动学生增强学习力和社会适应力。

(三)工匠精神是推动高职高专院校思政课程改革的"催化剂"

思政课程与工匠精神培育在教育目标上具有一致性,在教育价值上具有统一性。工匠精神作为新时代中国精神的鲜活展现,其所蕴含的"精神品格"教育为传统思想政治教育内容注入了新的活力与内涵。因此,工匠精神在推动高职高专思政课程改革中发挥着重要的"催化剂"作用。

工匠精神融入课程教学主渠道,是推动理论知识内容更新、活化课程素材的需要。一方面,可将工匠精神的时代内涵与思政理论课的知识点相衔接,推动思政理论知识与时俱进。高职高专院校思政课中的职业技能、职业道德、人生价值、道德情操、职业理想等模块,都与工匠精神直接相关。另一方面,可将践行工匠精神的实践案例引入课堂教学,实现"思政小课堂"与"社会大课堂"的有机结合。为诠释"天下大事,必作于细"的道理,可

---

① 张健.黄炎培职业教育思想下高职学生工匠精神培育研究[J].教育与职业,2023(7):102-106.
② 习近平.习近平谈治国理政(第一卷)[M].北京:外文出版社,2018:47.
③ 习近平.论党的青年工作[M].北京:中央文献出版社,2022:103.

将情境化教学引入思政课堂。例如,"95后"邹彬为了砌好一面墙而反复推倒重来多次,使他从一名农民工成长为"全国技术能手"等生活中的实例,是丰富工匠精神教育内容的鲜活素材。

工匠精神融入实践教学新场域,是促进学生增强实践能力、实现融合育人的需要。从发展新质生产力的视角审视之,就是要以新质生产力的新技术、新动能、新业态赋能思政课改革创新,推动思政课的各类教学要素不断延展,进而打造思政课的新质生产力。一方面,可引导高职高专学生参与实践、融入实践。如通过参与"大国工匠"的事迹分享、角色扮演等,增强青年大学生对工匠、工匠精神及其价值的认知和认同,引导青年主动选择用社会主义先进文化筑牢理想信念之基,提升面对文化虚无主义的鉴别力和免疫力。另一方面,广大教师应以身作则地践行"工匠精神"。提升言行素养,不断感化学生,成为教育领域的"大先生",才能践行好铸魂育人的使命,提升高职高专学生的学习效能。

三、为培养德艺(技)双馨的青年英才提供关键导向

以思政课为主阵地培育高职高专学生的工匠精神,让工匠精神顺应时代发展趋势,对提升学生的综合素质、培养德艺(技)双馨的青年英才大有裨益。

(一)强化立德树人的价值目标,促进青年全面发展

习近平总书记强调:"新形势下,我国工人阶级和广大劳动群众要继续学先进赶先进,自觉践行社会主义核心价值观,用劳动模范和先进工作者的崇高精神和高尚品格鞭策自己,焕发劳动热情,厚植工匠文化,恪守职业道德,将辛勤劳动、诚实劳动、创造性劳动作为自觉行为。"[1]工匠精神的深刻内涵,不仅彰显了人们对工作态度的严谨追求与职业素养的持续提升,

---

[1] 习近平.在全国劳动模范和先进工作者表彰大会上的讲话[M].北京:人民出版社,2020:9.

更是个人美德与职业道德的集中体现。其中,职业道德的培养尤为关键,旨在引导青年学生树立爱岗敬业、遵纪守法的职业观念。然而,许多高职高专的学生选择学习电商、营销、管理、人力资源等专业,想在毕业后成为一名白领。相对而言,他们对自动化、机械制造等专业存在偏见,认为学习这类专业毕业后只能去车间做"不体面"的一线工人,进而缺乏对爱岗敬业精神的认同。

要想从根本上扭转学生的这种思想误区,就要加强对青年学生进行工匠精神培育。随着时代进步,社会和企业对于人才的要求愈发提高,对于高职高专学生而言,不仅需要专业技能过硬,还要具备良好的职业精神与职业素质,这样才能更好地在激烈的市场竞争中站稳脚跟。在这一过程中,工匠精神是其强有力的内在驱动力。在高职高专思政课中融入工匠精神的内容,有利于促进学生专业技能与职业精神的提升,促进青年全面发展。

(二)传承中国精神的内在品质,涵养青年精神品格

工匠精神作为中华民族优秀传统的体现,不仅蕴含着勤劳勇敢、自强不息的精神风貌,更凸显出锐意进取、不断创新的价值追求,这构成了中国精神的核心要义之一。因此,应充分利用高职高专院校的思政课,致力于传承中国精神的内在品质,以弘扬和传承工匠精神这一宝贵的精神财富。

一方面,传承中华民族崇尚辛勤劳动的精神。正如习近平总书记所指出的:"发展中的各种难题,只有通过诚实劳动才能破解;生命里的一切辉煌,只有通过诚实劳动才能铸就。"[①]在劳动中体验和升华人生意义与价值,是工匠精神的题中应有之义。通过思政课,引导学生学习各类社会科学知识,提升个体的文化品位、审美情趣、心理素质、情感态度、道德修养等,进而丰富专业知识和专业素养,使其成为本专业、本行业的行家里手。

另一方面,传承中华民族追求卓越与敢于创新的精神。追求卓越与敢于创新不仅是中华民族之卓越品格,亦为新质生产力发展之核心品质,对

---

① 习近平.习近平著作选读(第一卷)[M].北京:人民出版社,2023:134.

工匠精神的培育具有举足轻重的意义。习近平总书记指出:"要增强'四个自信',以关键共性技术、前沿引领技术、现代工程技术、颠覆性技术创新为突破口,敢于走前人没走过的路,努力实现关键核心技术自主可控,把创新主动权、发展主动权牢牢掌握在自己手中。"① 工匠精神不是一种新的生产理念,而是促进我国制造业转型、推进经济改革的强大力量。回顾人类科技发展史可以看出,科学技术的发展进步同工匠精神的继承、发展息息相关,工匠精神所蕴含的巨大精神力量是科学技术革新的强大动力。随着时代的不断发展,各种新技能层出不穷,社会对高职高专学生的职业技能也有了更新、更高的要求。这就需要高职高专学生不断提升自身专业能力与职业技能。将工匠精神融入高职高专学生自我发展与自我提升中,有利于促进学生专业技能与职业精神的提升,使学生逐渐成长为潜心钻研、一丝不苟、追求卓越、独具匠心的新时代匠人,实现岗位需求与个人发展的有效衔接。

(三)推动精神品质的现实转化,激励青年躬行实践

高职高专院校的思政课不仅承担着引导青年学生形成对工匠精神的客观认识、发挥工匠精神对青年学生发展的积极指导作用,而且要推动青年学生将工匠精神内化于心、外化于行,自觉主动地在各类实践中将个人成长同国家发展紧密联系起来,为实现中国梦贡献青春智慧和年轻力量。对青年而言,明确前进方向和人生目标,需要做到奋发有为,不只是坐而论道,还要起而行之,躬身入局,跟上新时代中国特色社会主义的行进步伐,尽快确立清晰而坚定的职业理想,联通个人和社会,将个人理想同社会理想相联系。

伟大事业孕育伟大精神,伟大精神引领伟大事业。习近平总书记强调:"全社会要崇尚劳动、见贤思齐,加大对劳动模范和先进工作者的宣传力度,讲好劳模故事、讲好劳动故事、讲好工匠故事,弘扬劳动最光荣、劳动

---

① 中共中央党史和文献研究室.习近平关于防范风险挑战、应对突发事件论述摘编[M].北京:中央文献出版社,2020:88.

最崇高、劳动最伟大、劳动最美丽的社会风尚。"①在高职高专院校的工匠精神培育中,要着重讲好工匠故事。例如,中航工业沈阳飞机工业(集团)有限公司的高级技师方文墨,仅凭一双手、一把锉刀和一方小小的操作台,便实现了 0.00068 毫米的加工公差,这一成就堪称精湛技艺的典范。同样,高级技师周家荣三十年如一日地钻研钢丝绳技术,其团队的产品广泛应用于全世界的许多大桥中。这些工匠们凭借坚韧不拔的毅力和精益求精的精神,在各自领域取得了卓越成就。因此,工匠精神培育有助于推动青年学生练就过硬本领、锤炼品德修为,从脑体分离走向脑体并用,促进学生的精神成长。同时,引导学生从被动接受走向积极体验,获得自觉发展的动力,进而对事业、理想保持"择一事、终一生"的坚守。在工匠精神的引领下,青年学生能甘坐"冷板凳",耐得住寂寞,厚积薄发,才可能成为行业领域的引领者。

---

① 中共中央党史和文献研究室.习近平关于社会主义精神文明建设论述摘编[M].北京:中央文献出版社,2022:299.

第三章　高职高专院校思政课工匠精神培育的目标指向

深入探究中国工匠精神的基本内涵、明确工匠精神培育的目标指向是推进高职高专院校工匠精神培育工作的重要前提。2020年11月24日，习近平总书记在全国劳动模范和先进工作者表彰大会上指出，在长期实践中，我们培育形成了"执着专注、精益求精、一丝不苟、追求卓越的工匠精神"①。习近平总书记关于工匠精神内涵的论述，是对我国长期以来形成的工匠精神的总结，也是我们思政课开展工匠精神培育的理论依托。习近平关于工匠精神的论述是马克思主义基本原理同中国具体实际相结合、同中华优秀传统文化相结合的宝贵精神财富，在中国共产党领导中国人民长期以来形成的精神结晶。对我国工匠精神内涵的理解应始终围绕中国特色社会主义伟大事业的发展和推进，植根于中华民族几千年的历史进程和灿烂的工艺文明；紧密结合中国共产党人的百年征程中一批又一批在革命、建设和改革中执着卓越、勇于奉献的能工巧匠们的精神风貌；并学习借鉴国外工匠文化。

一、工匠精神的文化根源

中华民族有着久远深厚的"工匠文化"传统。在5000年光辉文明史的

---

① 习近平.在全国劳动模范和先进工作者表彰大会上的讲话[M].北京：人民出版社，2020：4.

进程中,中国的手工业领导域涌现出大批能工巧匠,推动了我国历史的发展,也为世界文明留下了许多传世经典。中国传统工匠们以远离浮躁、气定神闲的心态,精益求精地雕琢他们的作品,并不断追求创新,打造出具有重大历史传承价值的惊世之作。兵马俑、赵州桥、地动仪、唐三彩,都是中国杰出匠人的精工制造。中国古代的四大发明,都是源于匠人长期的实践探索。这些来自久远年代的文物和发明无声地述说着中国古代匠人的创造故事,是匠人品质和能力的集中体现,是中国古代工匠精神的重要载体。

中国古代工匠精神萌芽于原始社会时期。《史记·本纪》记载了不少工匠人物,如黄帝、禹、舜、女脩、公刘、西门豹、勾践、徐伯表、周勃、蒙恬、傅说、郑国等。《史记》卷二十八《封禅书》记载:"黄帝采首山铜,铸鼎於荆山下。""舜耕历山,渔雷泽,陶河滨,作什器于寿丘,就时于负夏。"[①]专门从事手工劳动的生产者,也就是现在所说的工匠,出现在原始社会末期。当时,人类社会经历了第二次社会大分工,手工业从农业中脱离了出来。中国古代第一部科技著作《周礼·考工记》是专门讨论"百工之事"的著作,大量记载了秦汉以前中华工匠的内容。《考工记》写道:"国有六职,百工与居一焉。或坐而论道,或作而行之,或审曲面埶,以饬五材,以辨民器,或通四方之珍异以资之,或饬力以长地财,或治丝麻以成之。坐而论道,谓之王公;作而行之,谓之士大夫;审曲面埶,以饬五材,以辨民器,谓之百工。"[②]"百工"是指能审视与考察材料的外在特征和内部特性、制造民生器具的人。这些从事制造活动的人也就是我们所说的工匠。用"百",意指工匠种类繁多,说明先秦时代中国的制造业已具有高度的部门分工。《考工记》还讲述了评判工匠的等级标准:"故可规、可万、可水、可县、可量、可权也,谓之国工。"[③]意思是说,造出的车轮形状符合规范、测量时各项指标达标的工匠,是国家级工匠,可见工匠的等级与其产品的质量直接挂钩。掌握好技术、练就好手艺,是古代工匠艺人谋生的必备条件。春秋战国时期,先秦儒、道、墨三家对于工匠精神都有着深刻的阐述。这些价值取向和伦理规范,

---

① 司马迁.史记[M].北京:中华书局,2006:5.
② 闻人军.考工记译注[M].上海:上海古籍出版社,2008:1.
③ 闻人军.考工记译注[M].上海:上海古籍出版社,2008:28.

经过三千年的传承和发展,升华为有着特定气质的中国古代工匠精神。

(一)切磋琢磨,乃成君子,追求理想人格

切、磋、琢、磨,原指器物加工的工艺名称。《尔雅·释器》:"骨谓之切,象谓之磋,玉谓之琢,石谓之磨。"[1]骨头、玉石从原本天然的形态磨制成或具有捕猎作用的骨刺,需要一个长时间的磨制过程。"切磋琢磨"反映了先民们对完美工艺的追求,对高超技术的向往。已出土的距今4500~5300年的良渚玉器大多数制造非常精美,做工细致。可以看出,其工艺非常复杂,每道工序都需要花费很多功夫,一件玉器打造成型最少需要几个月,多的则需要几年的反复琢磨。良渚遗址出土的最为精美的玉器之一——玉琮最具代表性。良渚玉琮由软玉雕琢而成,从外观上看呈外方内圆、上大下小的形状。最精巧的地方是其表面细密的阴纹线刻技艺,在现今社会仍很难做到。良渚玉琮四面中间立槽,槽两边基本等距,误差仅在1毫米左右,每节的上下间距几乎完全相等,玉琮兽面纹的构图基本相同。每个面的转角上有半个兽面,与其相邻侧面转角上的半个兽面一起组成一个完整的兽面。良渚玉器精美绝伦的背后体现的是良渚匠人对器物的崇拜,对制造物品的讲究。我们至今仍难以想象在原始文化遗产中竟有如此巧夺天工的物件,它们凝聚着中华民族先民们的聪明才智,是我国灿烂工匠文明的历史物证。

《卫风·淇奥》中写道"有匪君子,如切如磋,如琢如磨",以玉的加工程序论述君子美好人格的形成,认为君子也要同玉石一般被切磋磨炼,才能成就自身。《论语·学而》篇中的一段师生应答,对于透过日常生活里的实践工夫来完成人格的完善,有清晰的阐释。子贡曰:"贫而无谄,富而无骄,何如?"子曰:"可也,未若贫而乐,富而好礼者也。"子贡曰:"《诗》云'如切如磋,如琢如磨',其斯之谓与?"子曰:"赐也?始可与言诗已矣!告诸往而知来者。"[2]从孔子对子贡的称赞中我们可以看出孔子对于"切磋琢磨"、雕琢

---

[1] 王思雯.切磋琢磨,乃成君子——从"切磋琢磨"看《论语》中的君子形象[J].文教资料,2016(19):3-5.
[2] 杨伯峻.论语译注[M].北京:中华书局,2015.

自身的重视程度。先秦儒学思想家经常以技艺活动论证治国之道,认为工匠活动虽是"小道"亦"必有可观者"。荀子就以技术规范对于工艺技术活动的重要性类比说明"礼"对于制约影响人类社会活动的重要性:"离娄之明,公输子之巧,不以规矩,不成方圆。"

事实上,儒家虽然自己不从事工匠技术活动,但他们充分认识到工匠技术活动的社会价值。《礼记·中庸》是儒家的经典,其中提出九条治国方略:"凡为天下国家有九经,曰:修身也,尊贤也,亲亲也,敬大臣也,体群臣也,子庶民也,来百工也,柔远人也,怀诸侯也。"[1]这里提出的治国"九经"把发展工匠技术作为其中之一,足见对工匠技术的重视。"君子不器"是《论语·为政》中独立成段的一句话,因为缺少上下文的背景和语境,它历来被用于论证儒家不重视技能和工匠。孔子办学,有其明确的培养目标,培养的是能参与国家管理的人才,他不希望学生们过多地关注具体的技艺,但不能就此认定孔子不重视制造活动和工匠人才。正所谓"百工居肆以成其事,君子学以致其道。"工匠居住在作坊里从事自己的技术活动,君子通过学习获得治国之道,二者各有专攻而已。

孔子充分承认知识技能的重要性,但是他也认识到知识技能本身的局限性,那就是知识技能必须借助正确的价值取向,才能给个人和社会带来福祉。因此孔子说:"志于道,据于德,依于仁,游于艺。"[2]另一方面,如果仅仅执着于知识技能的追求,而忽略了人生之超越价值的实现,那么人就是实现某项具体制造目的的工具而已,人变成了某种特定的工具和机械。人与其他生命现象最显著的区别就在于人是精神性的存在。为此,人必须立足于物质层面又超脱于物质层面。通过对生命本身的精神建构以抵达主体自由,是优秀传统文化的价值指向。换言之,"君子不器"的基本意蕴在于追求主体人的思想塑造与自身完善,实现生命的意识自觉,成就整体的人格和促进人的全面发展。"君子不器"造物的过程是人的主体性实现过程的外显,是工匠内心意志的实现。以本原于"于穆不已"之道德理性的

---

[1] 朱熹.四书章句集注[M].北京:中华书局,1983:29.
[2] 李泽厚.论语今读[M].天津:天津社会科学院出版社,2008:127.

人文精神贯通于知识技能的学习和制造活动的过程，以超越的仁道为志向，突破形下世界的局限，实现人生的超越性意义，这是中国古代工匠精神的鲜明气质。

（二）道法自然，道进乎技，强调至诚如神

"道"意蕴着天地与人间社会的规律或准则，是中国道家哲学的最高概念。在道家学说看来，道既是思维所能达到的最高概念，同时也是万物存在的总体之理。"匠工蕴道"所讲的道，是技艺之道，同时也是天理之道。在《庄子》的多篇文章中，表达了对道法自然，道进乎技，至诚如神等工匠精神的本质意蕴的追求。庄子笔下的工匠大多取法自然，依乎天理，"天道自虚而万物成"，而"大匠取法焉"（《庄子·天道》）；他们的匠艺活动和合阴阳、化育万物，既自然无为，同时又能无为而无不为。他们的"从水之道而不为私焉""依乎天理""因其固然"，是对自然规律的掌握与遵循；他们的"以天合天"，是主体与客体、人与自然的合拍与统一；他们的"指与物化"，是主体与工具、对象的共鸣与合奏；而他们的"恢恢乎其于游刃必有余地""为之踌躇满志"，则是这种目的性、规律性相统一的技术实践活动给工匠带来的自由的、审美的心理感受。[1]

庄子用多个寓言说明劳动实践顺应自然之道的重要性。庄子认为自然非常复杂，需要反复实践，只有掌握其中的自然之道，才能顺其自然，运用自如。庖丁在解牛过程中依照牛的天然结构和肌理组织，顺着骨节间的空处来进刀，"依乎天理，批大郤，导大窾，因其固然"，从而"恢恢乎其于游刃必有余地矣"[2]。梓庆"然后入山林，观天性。形躯至矣，然后成见鐻，然后加手焉。不然则已。则以天合天"[3]。通过观察、了解、研究各种木料的天然质地，选择最适合制作木鐻的材料，按照材料的自然天性，制作出巧夺

---

[1] 程军.现代"工匠精神"的传统道家思想来源——基于《庄子》匠人寓言的解读[J].理论月刊，2020(9):144-15.
[2] 郭庆藩.庄子集释[M].北京:中华书局，2006:112.
[3] 郭庆藩.庄子集释[M].北京:中华书局，2006:111.

天工的木鐻。吕梁丈夫"与齐俱入,与汩偕出,从水之道而不为私焉"[①]。正是由于对当地的水势以及水流规律的熟稔掌握和主动遵循,他才能在急流险滩中蹈水如同游戏一样轻松写意。相反,如果无视或违背自然规律,超越自然条件所许可的限度,就必然会造成技术实践的失败。《庄子·达生》中东野稷败马的寓言故事,就是一个反面例子。东野稷以御见庄公,进退中绳,左右旋中规。庄子以为文弗过也,使之钩百而反。颜阖遇之,入见曰:"稷之马将败。"公密而不应。少焉,果败而反。公曰:"子何以知之?"曰:"其马力竭矣,而犹求焉,故曰败。"[②]即使东野稷的驾车技术高超无比,但是让他驾车在同一地点上来回绕上一百圈,无疑超越了马的自然能力之限,违背了自然规律,失败自然难以避免。

如何才能顺乎天理?《庄子》以"庖丁解牛""痀偻承蜩""工倕旋而盖规矩""匠石斫垩""大马锤钩""吕梁丈夫蹈水""津人操舟若神"等生动事例告诉世人,只有心无旁骛、坚持不懈、持之以恒地练习,对自己所干事业怀有无比坚定的信心和决心,才能合乎自然之"道",顺应天然之理,并使技艺达到炉火纯青的地步。庖丁以 19 年解牛数千之功力,技法能够以神遇而不以目视,才达到"官知止而神欲行,依乎天理"的境地。一个人如果不能坚持自己所学,浅尝辄止抑或是三心二意,那就不能真正学到技艺,更别说达到炉火纯青的地步了。《列子·黄帝篇》中,庄子借"尹生向列子求学"的故事,说明了每一个人成功的背后都是坚守和用功,需要勤学苦练,持之以恒。列子跟随夫子学道,"三年之后,心不敢念是非,口不敢言利害,始得夫子一眄而已。五年之后,心庚念是非,口庚言利害,夫子始一解颜而笑。七年之后,从心之所念,庚无是非;从口之所言,庚无利害,夫子始一引吾并席而坐。九年之后,横心之所念,横口之所言,亦不知我之是非利害欤,亦不知彼之是非利害欤;亦不知夫子之为我师,若人之为我友:内外进矣……尹生甚怍,屏息良久,不敢复言。"列子学艺的过程向我们展示了专注之重要、成功之不易。他跟随夫子学习,九年之后,才达到"内外进矣""心凝形释,

---

① 郭庆藩.庄子集释[M].北京:中华书局,2006:115.
② 郭庆藩.庄子集释[M].北京:中华书局,2006:114.

骨肉都融"的境界,最后乘风而回。①

专注是一种巨大的力量,是达到以天合天的前提。《列子·黄帝篇》中"列子学射"的故事形象地说明了一个道理:列御寇为伯昏瞀人射,引之盈贯,措杯水其肘上,发之,镝矢复沓,方矢复寓。当是时也,犹象人也。伯昏瞀人曰:"是射之射,非不射之射也。当与汝登高山,履危石,临百仞之渊,若能射乎?"于是瞀人遂登高山,履危石,临百仞之渊,背逡巡,足二分垂在外,揖御寇而进之。御寇伏地,汗流至踵。伯昏瞀人曰:"夫至人者,上窥青天,下潜黄泉,挥斥八极,神气不变。今汝怵然有恂目之志,尔于中也殆矣夫!"列子射箭的本领很高,在正常情况下可以发挥到极致,但当伯昏瞀人把他带到悬崖边时,他吓得胆战心惊,站不起来,只能伏在地上,汗流浃背。伯昏瞀人说列御寇"是射之射,非不射之射也",是说列御寇只是在技艺上极其精熟而已,但这种"射之射"没有超越"射"的技艺限制,而"不射之射"是指超越技艺限制,是道进乎技,技已进入以天合天的状态。庖丁解牛、梓庆制鐻则达到了道进乎技、以天合天的状态。"庖丁为文惠君解牛,手之所触,肩之所倚,足之所履,膝之所踦,砉然响然,奏刀騞然,莫不中音;合于《桑林》之舞,乃中《经首》之会。文惠君曰:'嘻,善哉!技盖至此乎?'庖丁释刀对曰:'臣之所好者道也,进乎技矣。'"(《庄子·养生主》)"梓庆削木为鐻,鐻成,见者惊犹鬼神。鲁侯见而问焉,曰:'子何术以为焉?'对曰:'臣工人,何术之有!虽然,有一焉。'"(《庄子·达生》)②梓庆和庖丁都是不断地把影响心志的纷扰排除掉,以达到能一心一意的状态。梓庆用了三天排除了庆赏爵禄的念想,到第五天排除了毁誉巧拙的担心,第七天排除了自己的身体限制,这就进入痀偻丈人总结捕蝉的经验时所说的"用志不分,乃凝于神"的状态。

这些工匠在工作时,把全部的心志和注意力从纷繁芜杂的外在事物转移、收敛、聚焦到工作对象上,形成高度专注的知觉状态。伴随着静如止水的心理状态和高度凝聚的精神状态而来的是"吾处身也,若厥株拘;吾执臂

---

① 杨伯峻.列子集释[M].北京:中华书局,1979:46-48.
② 郭庆藩.庄子集释[M].北京:中华书局,2006:117.

也,若槁木之枝"。(《庄子·达生》)诚心是悟道的根本途径,所谓"心诚则灵",人在心灵在达到一定境界之时,能合于道,与物合而为一,所做之物能合乎自然之道,达至尽美尽善。工匠们用审美的情怀面向对象,通过以技体道来消解劳动的异化倾向,通过"由技入道"来解放自我、超越自我,实现艺术化的生命状态。这是一种哲学意义上的审美活动,具有与人的生命价值相关的形而上的意义。

(三)注重实效,倡导为民,反对奇技淫巧

中国传统文化中的民本思想、实用思想孕育出并影响着"实用主义"的工匠理念,强调制作器物和技术活动遵循经世致用原则,反对追求奇技淫巧和华而不实。"奇技淫巧"一词最早出现在《尚书·周书·秦誓下》中,是周武王揭露商纣王一系列暴行的其中一项内容:"郊社不修,宗庙不享,作奇技淫巧以悦妇人。"[①]对于"奇技淫巧",宋人蔡沈的解释是:"奇技,谓奇异技能。淫巧,为过度工巧。"[②]可见,古人反对的"奇技淫巧"专指无益于国计民生、蛊惑人心或只是取悦于人的技法。反对"奇技淫巧"作为一种中国主流的造物观念,发轫于三代,成熟于先秦时期,已内生为具有民族文化烙印的制造价值观。

墨子是一个从工匠中诞生的思想家,墨家中人大部分都是手工业者,是工匠。墨子对劳动、技术、技艺非常看重,在数学、力学、光学、军事学各方面都有独特的思考和论述,《墨子》一书里详细介绍了城门悬门的安装与掌控的技术,水道和地道的构筑技术,桔槔、弩等各种防御工具的制造工艺。

作为一位能工巧匠,墨子提出了观点鲜明的工匠思想。"兼相爱,交相利"是墨子思想的核心内容,是否有利、有用则是墨家衡量工匠技巧和创造价值的根本原则。在《墨子·鲁问》篇中有这样的记载:"公输子削竹木以为鹊,成而飞之,三日不下,公输子自以为至巧。子墨子谓公输子曰:'子之

---

① 孔安国.尚书正义[M].孔颖达,黄怀信,整理.上海:上海古籍出版社,2007:416.
② 李民,王健.尚书译注[M].上海:上海古籍出版社,2004:101-102.

为鹊也,不如匠之为车辖。须臾斫三寸之木,而任五十石之重。故所为功,利于人谓之巧,不利于人谓之拙。'"①公输子用竹木制造了一只'鹊',这只鹊在空中可以飞三天而不掉下来,公输子自认为巧妙之极。但墨子却认为公输子的鹊不如工匠制造的车辖精巧。

"利于人谓之巧,不利于人谓之拙",墨子认为工匠的技巧和创造只有放在"利人""民用"的标准下才能判断其"巧"抑或是"拙",工匠的技能发挥、技术运用应当以"奉给民用"为优先。公输子用竹木制作的飞鸟,可以在空中飞三天不落下来,可见鲁班当时的技艺是非常高超的。但墨子关心的是兴天下之利,认为一个工匠要把自己的手艺用在有意义的事上,公输子把自己的木工技艺发展到不适合民用的求奇求新的方向上去了,这就不是"开物成务、兴天下之利",而是追求"奇技淫巧"。墨子认为这种"奇技淫巧"哪怕再精巧,也不能算是真正的"巧",因为它对百姓没有什么好处。墨子在《节用》篇中,非常清楚地讲明:"诸加费不利于民利者弗为",那些花费很大又不利于老百姓的器物都不要做。墨子追求重利贵用的工匠精神,是墨子兼爱思想在制造活动价值评价中的反应,强化了工匠的道德责任。

道家对"奇技淫巧"是极力反对的。道家对于工匠的"巧",总体的要求是"因自然而成器",强调只有使人们回归本心本性才能拥有真正的"明""巧"。《老子》第二十五章:"人法地,地法天,天法道,道法自然。"《庄子·山水》:"既雕既琢,复归于璞。"这都是要求工匠的造作要自然、淳朴,反对过分地人为雕琢,推崇一种自然之美。所以《老子》又道:"大巧若拙。"王弼对这句话的注解是:"大巧因自然而成器,不造为异端,故曰拙也。"即真正的"大巧"是器物的制作中进行过度的人为雕琢、修饰,而是遵循自然的规律,这种巧是朴实无华、浑然天成,看起来像"拙",却是真正的大巧。

儒家对于"奇技淫巧",也是坚决反对的,"卑其宫室,节其服御,车不雕玑,器不彤镂,食不二味,心不淫志,以与万民同利"②是孔子所推崇的古明王之礼。"是月也,命工师效功,陈祭器,按度程,毋或作为淫巧,以荡上

---

① 吴毓江.墨子校注[M].北京:中华书局,2006:724.
② 迟双明.孔子家语全鉴[M].北京:中国纺织出版社,2016:29,233.

心"。这里,"淫巧"指"奢为怪好",而"荡"则指淫巧之物易使人摇动而生奢淫之心。孔子对"作淫声,造异服,设伎奇器"的态度很坚决,那就是"杀无赦"。《礼记·王制》中也说:"作淫声、异服、奇技、奇器以疑众,杀。"

中国传统文化反对奇技淫巧,实质是反对生产奢侈产品和上流社会过着腐败奢靡的生活。值得注意的是,传统优秀文化反对奇技淫巧,并非反对工匠的巧干会干,《淮南子》有云:"是故农与农言力,士与士言行,工与工言巧,商与商言数。是以士无遗行,农无废功,工无苦事,商无折货,各安其性,不得相干。"①中国传统工匠文化一方面从防止上位者心摇神荡,而提出反对奇技淫巧;另一方面,强调统治阶层应当更关注大众的生活。中国传统思想强调技术进步要为黎民百姓服务,而不是为了取悦于上层阶级或统治者。借"奇技淫巧"之论审视中国传统工匠精神,我们所要传承的是其中所蕴含的伦理道德观念,在技巧上追求精益求精但不指向穷奢极欲,在意趣上追求高雅和美而拒绝病态媚俗。

中华优秀传统文化的精神究其根源是一种道德的精神,这种道德精神是中国人内心追求的成人的理想标准,是中国人渴望并积极争取达到的一种理想人格。"工匠精神"是中华优秀传统文化的核心精神,体现着我国古代造物思想的独特观念,展现了中华工匠们的价值观、操守观、道德观,凸显了中华民族的文化信仰与价值观念。中华优秀传统文化熏陶下的工匠们把道德修养或修为融进了自己的技艺,从做工做事最后变成了做人,这是符合我们传统思想的精神气质。思政课开展工匠精神教育,应积极融入以儒道墨三家为代表的中国传统工匠文化,将重"艺"而崇尚"君子不器",重"技"而强调"道进乎技",尚"巧"而反对"奇技淫巧"这种具有鲜明中国文化印记的工匠精神通过思政课传授于新时代青年学子。

二、工匠精神的形成脉络

中国当代的工匠精神孕育于革命战争年代,形成于社会主义革命和建

---

① 何宁.淮南子集释(中)[M].北京:中华书局,1998:810.

设时期,发展于改革开放时期,光大于中国特色社会主义新时代。党带领广大人民群众的劳动创造史,是工匠精神形成和发展的历史。工匠精神与我们共产党人精神谱系中的一座座"精神标杆",共同为立党兴党强党提供了丰厚滋养,成为党从孕育诞生到发展成熟的辉煌历程的重要精神支柱。革命文化、社会主义先进文化是对中华优秀传统文化和民族精神的继承和升华。在中国共产党领导的血与火的革命中,在如火如荼的建设中,在意气风发的改革中,涌现了一大批为民族独立、国家富强和人民幸福而辛勤付出、无私奉献甚至牺牲生命的工匠。他们爱国敬业、敢于牺牲、甘于奉献,秉持精益求精的理念,在伟大实践中谱写了一首又一首动人心弦的赞歌,促使具有无产阶级和社会主义性质的工匠精神应运而生。中国共产党领导人民群众在实践中铸就的工匠精神,是劳动人民的先进精神,是一种具有社会、政治属性的革命精神。中国当代工匠精神的内涵,与中国传统的和西方的工匠精神同条共贯,但呈现出了辩证唯物主义和历史唯物主义的独特哲学品质,丰富了工匠精神的文化内涵,思政课开展工匠精神培育需用好这些红色资源,使之具有红色烙印、体现民族精神,上升到集体主义道德的高度。

(一)工匠精神孕育于革命战争年代

在新民主主义革命时期,党带领人民开辟了革命根据地。革命根据地的手工业、工业生产成为工匠精神弘扬的实践场域。革命根据地往往地处偏远,几乎没有现代工业生产条件,加上敌人严密封锁,军民的生产生活条件极端困苦。党在根据地开展了大生产运动和劳动竞赛等促进生产的活动,随着军需工业和民用工业的建立与发展,涌现出了以赵占魁、吴运铎为代表的一大批卓越工人,他们的生产成果为新民主主义革命的胜利奠定了重要物质基础。

中央苏区是土地革命战争时期全国最大的革命根据地,是全国苏维埃运动的中心区域。国民党对中央苏区进行连续不断的军事"围剿"("杀死政策")和严密的经济封锁("饿死政策")。所谓经济封锁,是指不仅禁止军用品,而且还特别严禁盐、布等生活必需品输入根据地。如此严密的封锁,使得根据地人民陷入了"不能存一粒米、一撮盐、一勺水的补给"绝境,根据地经济几近崩溃。加上投机商人的投机行为,哄抬物价,人民根本无力购买生活的必需品。根据地军民的生存举步维艰。就拿缺盐来说,中央苏区当时缺盐的程度是难以想象的。面对缺盐的严峻形势,当时中国共产党和政府组织了群众性的熬硝盐运动。一方面责成各级合作社组织熬盐厂,另一方面号召人民群众人人动手熬硝盐。群众性的硝盐运动在中央苏区全面展开,这是在艰苦绝卓的环境下被逼出来的法子。在这个过程当中,涌现了熬制硝盐的模范区和技术能手。"当时,于都领背区硝盐熬制得好,产盐多,技术好,质量高,颗粒大,白净无杂质,并能供给胜利、会昌、瑞金等县会熬制的熟练技术工人。"[①]《红色中华》第5期专门发表题为《于都领背区是熬盐的示范区》的文章,号召推广熬制硝盐的经验,以改善军民群众的生活,彻底打破敌人的封锁。熬硝盐是中央苏区军民自力更生、用于创新、艰苦奋斗的生动剪影,他们就地取材、不断钻研琢磨熬盐技术,是工匠精神在那个年代的生动体现。

1941年5月,中共中央颁布《关于党员参加经济和技术工作的决定》,要求党员干部要重视并且要参与经济技术工作。广大党员干部积极响应号召进行生产,周恩来就曾参与过在枣园举行的纺线比赛,纺线过程中,他一丝不苟,纺出的线又细又长,赢得了大家的赞扬。在大生产运动和劳动竞赛等群众性经济建设活动中,涌现了大批技术能手和劳动模范,其中包括劳动英雄赵占魁。赵占魁是陕甘宁边区农具厂化铁工人,1938年,他到延安参加抗日并加入中国共产党,被毛主席称为中国式的"斯达汉诺夫",并多次被评为边区模范工人、边区特等劳动英雄,被誉为"边区工人的一面旗帜"。1950年,他又被授予"全国劳动模范"称号。在高达2000℃的高热熔炉面前,赵占魁不畏高温,在没有任何保护措施的情况下坚持作业。他每天都想着如何提升炼铁技术,想着如何能够提高成品的完成率,想着如何提高产品的质量。经过探索,原来只能化1公斤铁的1公斤焦炭,能化到2.5斤公铁了。在赵占魁的领导下,工人们不断革新技术,把铁水练得

[①] 中国老区促进会.中国革命老区[M].北京:中共党史出版社,1997:44.

更清了,把芯子和模型制造得更加精确了,成品的完好率也从原来的40%左右提高到75%;将焦炭面改成石炭面,制造出来的犁铧又光滑又好用;经过技术改造,原本只能化2~3次铜的坩土罐子可以化到6次了。他对徒弟循循善诱,从来没有打骂过。在他的精心栽培下,三四年后好几个学徒都成了熟练工人。赵占魁这种琢磨技艺、尽心传授的精神,实际上就是一种工匠精神。

忆峥嵘岁月,有一名模范工匠的名字不能不提,那就是吴运铎。他是我国著名的兵工专家,制造研发的武器在抗日战争和解放战争中发挥了至关重要的作用。他被誉为"中国的保尔·柯察金"和新四军的"枪炮大王",被评为"100位为新中国成立作出突出贡献的英雄模范人物。"1951年9月,吴运铎作为全国劳动模范代表受邀到北京参加了国庆观礼,毛泽东、周恩来亲自接见了他。后来,在全国总工会的要求下,吴运铎在苏联留学期间写作了《把一切献给党》,记录了他从矿井到新四军的经历和在他带领下工人们研发和制造武器的细节。在抗日战争时期,敌后根据地武器弹药匮乏,当时新四军没有自己的兵工厂,大部分是靠缴获的武器作为自己的装备,如果能够自己修理甚至制造武器,这对提升战斗力具有非常重要的意义。建立自己的兵工厂迫在眉睫,吴运铎临危受命。"那里散乱地堆着搜集来的许多破铜废铁,也有钢轨,也有铁板。我们的子弹厂就要从这堆废铁里诞生出来。"吴运铎在书中如此回忆。只有小学文化的吴运铎带着学徒,从自主设计子弹开始,反复试验、反复探索,研制出了新四军兵工厂的第一颗子弹,走出我国兵工事业的第一步。在制造枪榴弹的手,一开始枪榴弹的射程很短,只有三四十米。吴运铎很是苦恼,经过日思夜想,终于相处了解决方案;他把火药倒出来碾碎,使得火药燃烧得更加快一些,这样就能增加高压气体的推动力。果然,枪榴弹的射程达到了540米,并且弹道也变得十分稳定!在吴运铎的兵工生涯中,还有无数次这样的发明创造,充分体现了开拓进取、追求卓越的精神品格。

(二)工匠精神形成于社会主义革命和建设时期

新中国成立后,人与人之间、职业与职业之间建立起同志式的团结平等合作互助的关系。社会主义社会各种职业活动的目的是为满足人民群众生产和生活的需要,而不再是旧社会那种为满足个人获利服务,一切以人民利益为重,以国家、集体利益为上。为巩固新政权、建设新社会,全国各族人民以饱满的热情积极投身于社会主义建设,涌现出了一大批劳动模范和先进工作者,其中有"高炉卫士"孟泰、"铁人"王进喜、"两弹元勋"邓稼先、"宁肯一人脏、换来万人净"的时传祥等。这些劳动模范和先进工作者以"全心全意为人民服务"的宗旨来要求自己,为全社会树立了热爱劳动、艰苦奋斗、甘于奉献的社会主义职业道德观念。

新中国成立后所取得的这些伟大成就到处都闪耀着工匠精神的光辉,其中,南京长江大桥的建成,充分诠释了社会主义建设时期大桥建设者对工匠精神的追求和传承。20世纪70年代,周恩来总理曾经自豪地告诉国际友人:"新中国有两大奇迹,一个是南京长江大桥,一个是林县红旗渠。"作为第一座由中国人自行设计,自主建造的双层式公铁两用特大型桥梁,南京长江大桥以气吞山河的民族气概和气贯长虹的"中国跨度",成为中华民族的一座重要精神坐标。它是一个特定时代的伟大奇迹和历史象征。它的建成,是一位位精益求精的大桥建设者辛勤工作的结果,是社会主义建设时期工匠将神的完美体现。从1956年,经国务院批准,南京长江大桥拉开了建设的序幕,到1968年12月底,大桥全部建成通车,其间经历了12年。大桥建设历经坎坷,困难重重。南京长江大桥是站起来的中国人民靠自己的智慧和力量建成的一座争气桥。五六十年前,在大江大河上能建设如此规模的公铁两用桥梁,全世界没有可供我们借鉴的先例。面临西方阵营全面封锁的国际环境,我们很难从发达国家获得物资和技术上的帮助。此前帮助我国建设武汉长江大桥的苏联专家也因为中苏关系的恶化而全部撤回,已经谈好的从苏联购买的高强度钢材、水泥等重要物资的订购协议也被苏联拒绝履行。当时正好碰上三年困难时期,缺乏建筑材料,连简单的工棚也无法搭建。在党的坚强领导下,广大干部、工程技术人员、工人和人民解放军官兵进驻压力,排除干扰,甚至不顾个人安危,集中攻关,紧密合作,大桥终于得以建成。新中国成立后,大桥的建设史就是一部持续填补"中国空白"乃至"世界空白"的科技创新史。南京长江大桥是20世纪

60年代世界最长的公铁两用桥,建成后很快就被载入吉尼斯世界纪录大全。其自然地理条件之复杂、施工技术难度之大,连国际上的顶尖专家都认为此地不具备建桥条件。但是,广大建设者始终坚持"领导、技术人员和工人三结合",坚持解放思想,群策群力,积极创新。他们勇于攀登科技高峰,攻克了一个又一个技术难关,战胜了一个又一个施工困难,创造了这一人间奇迹。直到今天,南京长江大桥已经投入运行了数十年,但它的雄姿并不因为时间的流逝而丝毫逊色。即便从20世纪80年代起,它就受远超设计流量的车辆的长年碾压,但主体结构仍然安全无虞。到现在,它仍然是连通长江天堑的南北交通大动脉,是中国桥梁建设历史的一个里程碑,代表着新中国社会主义建设事业的一项重大成就。① 南京长江大桥建设的高质量,诠释了大桥建设者精益求精的工匠精神。

(三)工匠精神发展于改革开放时期

在1978年召开的全国科学大会上,邓小平同志强调:我们向科学技术现代化进军,要有一支浩浩荡荡的工人阶级的又红又专的科学技术大军,要有一大批世界第一流的科学家、工程技术专家。为了挖掘树立更多的先进典型,发挥榜样示范引领作用,1994年,第一届全国职工职业道德建设评选表彰活动启动,每两年评选一次。中国社会涌现了大批的现代化"工匠",他们将专业专注、精益求精的理念和要求融入技术、产品、质量、服务的每一个环节,创造了无数的中国奇迹。改革开放时期涌现了一批传承工匠精神的优秀代表。产业发展离不开能工巧匠,社会进步离不开工匠精神。改革开放以来,"汉字激光照排系统之父"王选,"中国第一、全球第二"的充电电池制造商"王传福",金牌工人许振超,从事高铁研制生产的铁路工人和从事特高压、智能电网研究运行的电力工人等都是工匠精神的忠实传承者和践行者,他们为中国创新正名,不仅深深地影响了全中国,也影响了全世界。

---

① 陈向阳.让南京长江大桥精神成为强富美高新江苏建设的强大精神力量[J].档案与建设,2019(3):1,4.

工匠精神要求必须把创新融入每一项工作中。"汉字激光照排系统之父"王选可以说是中国自主创新的典范,他把工匠精神演绎得淋漓尽致。王选是著名的计算机文字信息处理专家、计算机汉字激光照排技术创始人和技术负责人、当代中国印刷业革命的先行者。他所领导的科研集体研制出的汉字激光照排系统为新闻、出版全过程的计算机化奠定了基础,被誉为"汉字印刷术的第二次发明"。作为改革开放新时期的一位"匠人",王选在自己的手艺的基础上不断地进行创新,对整个世界产生了重大的影响。这正是工匠精神的集中体现。刚开始研制原理性样机时,开发条件极其简陋,只有一台计算机,而且国产集成电路质量差,每次开机、关机都会损坏一些元器件,严重影响进度。为此,大家只好采取不关机的办法,昼夜工作,并忍受着夏天蚊虫叮咬、冬天寒冷刺骨的痛苦和煎熬。王选负责整个系统和硬件的设计调试,工作量极大,他把一天分成三段,上午、下午、晚上分时段工作。很多设计就是在晚上、节假日完成的。住在北大蔚秀园的一位老师每晚在院子里散步时,总能看到王选在窗前埋头工作。王选在设计一开始就给自己定了目标:努力做到一次成功。由于工作严谨,整个设计错误很少,同事们纷纷表示惊讶和叹服。除了设计,王选还要做大量字模查对工作,以检查是硬件设计问题还是字模制作错误。这是一项异常细致烦琐的工作。密密麻麻的设计手稿,反复检查的改错笔迹,无不映射出王选一丝不苟、刻苦踏实的工作态度。经过大量研究调查之后,王选跳过日本、欧美流行的前三代照排机,创新地研制出了当时世界上最先进的第四代激光照排系统。王选带领他的团队走完了西方几十年才完成的技术改造道路,被公认为继毕昇发明活字印刷术后,中国印刷技术的第二次革命,引起了世界印刷界的惊叹。

改革开放以来,除了王选、王传福、徐振超等许多大国工匠,作为个体在用自己的实际行动积极践行工匠精神之外,还有诸如高铁工人、特高压电网工人等群体在向人们诠释着"工匠"的精髓和实质。随着高速铁路的不断发展壮大,从事高铁研制生产的铁路工人群体也在不断扩大。中国高铁能实现技术的追赶和超越,实现逆袭之路,离不开工匠精神。

（四）工匠精神光大于中国特色社会主义新时代

党的十八大以来,习近平总书记多次点赞各行各业涌现出的先进典型和模范,讴歌工匠精神:2016年4月强调应当弘扬工匠精神;2017年在山西考察时,指出企业应当弘扬工匠精神;在同年前往内蒙古考察时,强调干部对工作也要有"工匠精神",擅长在精细中出彩。党的十九大报告指出,在未来的发展过程之中应当注重对工匠精神以及劳模精神的弘扬。2022年习近平总书记在写给首届大国工匠创新交流大会的贺信中再次强调,我国工人阶级和广大劳动群众要大力弘扬劳模精神、劳动精神、工匠精神,适应当今世界科技革命和产业变革的需要,勤学苦练、深入钻研,勇于创新、敢为人先,不断提高技术技能水平[①]。党的二十大报告强调,"加快建设国家战略人才力量,努力培养造就更多大师、战略科学家、一流科技领军人才和创新团队、青年科技人才、卓越工程师、大国工匠、高技能人才"[②],将大国工匠、高技能人才列为国家战略人才。

习近平总书记在2020年全国劳动模范和先进工作者表彰大会上,精辟论述了"执着专注、精益求精、一丝不苟、追求卓越"的工匠精神,是高技能人才群体专业素质与职业精神的生动写照[③]。习近平总书记从专、精、细、新等四个角度,表达具体、语义明确,结构完整地概括了工匠精神。

执着专注是指"择一事,终一生",对所从事的工作和岗位锲而不舍、专心致志,是优秀工匠所必须具备的品质,也是令人钦佩的魅力所在。大国工匠大都是始终坚守一项事业、把工作做到极致的人。中国航天科技集团高级技师高凤林,用自己的努力,为火箭铸"心",为民族筑梦。这些年,他的名字不断出现在大型项目攻关中:在国家某重点型号发射车研制中,高凤林出色解决了一系列部组件的生产工艺难题,提高工效5倍以上;在国

---

① 习近平致信祝贺首届大国工匠创新交流大会举办 强调勤学苦练深入钻研 勇于创新敢为人先 为推动高质量发展实施制造强国战略贡献智慧和力量[N].人民日报,2022-04-28(1).
② 习近平.高举中国特色社会主义伟大旗帜 为全面建设社会主义现代化国家而团结奋斗——在中国共产党第二十次全国代表大会上的报告[M].北京:人民出版社,2022.
③ 习近平.在全国劳动模范和先进工作者表彰大会上的讲话[M].北京:人民出版社,2020.

家一系列高新武器和撒手锏武器研制生产中,高凤林多次受命攻克难关,保证了我国重点型号的顺利研制;高凤林出色完成亚洲最大的全箭振动试验塔的焊接攻关、修复苏制图 154 飞机发动机……的确,三十多年来,高凤林只专注于一件事——在厚度、薄度均在毫厘之间的管壁上,一次次攻克发动机喷管焊接技术难关,被称为焊接火箭"心脏"的人,我国发射的 100 多枚长征系列运载火箭,都是依靠他焊接的发动机成功推向太空的。[①] 高凤林认为,工匠精神主要包括三个方面:"第一,思想层面的爱岗敬业、无私奉献。没有对岗位的热爱,没有倾情的投入,没有一种无私奉献、忘我的精神状态,原动力就不会产生。第二,在行为方面,持续专注,开拓进取。需要持续地前进,持续地进步,持续地在真理领域中驰骋,要以一种不断创新的姿态去审视每天的工作,并从行为层面持续专注、开拓进取。第三,工匠精神的核心,叫精益求精、追求极致。从目标导向或者结果层面的精益求精、追求极致,以最大的能力、能量投入产品制造过程中。"[②]

精益求精是指坚持不懈、持之以恒、持续改进、追求完美的精神,是工匠精神的基本内涵和突出特征。"做事情要做到极致、做工人要做到最好。"[③]这是"七一勋章"获得者、大国工匠艾爱国一生都在坚守的信条。"当工人,就要当个好工人",具体来说,就是对每件产品、每道工序努力做到凝神聚力、精益求精、追求极致。20 世纪 80 年代,艾爱国攻克了氢弧铝筷合金的难关,又成功焊接了从德国引进的一台制氧机中近两万道的管道焊缝。90 年代,他又先后攻关了多项国家工程技术难点,并将宝贵经验上升到理论高度。随着国家重大工程建设的不断铺开,新型行业不断兴起,各种类型的技术难关相继出现,在冶金、矿山、机械、电力等多个行业艾爱国克服了一个又一个难关,服务于国家战略发展。从世界最长的跨海大桥——港珠澳大桥,到亚洲最大的深水油气平台——南海荔湾综合处理平台,再到目前正在进行的国家重点工程——深中通道,艾爱国都参与并完成了攻坚难题。攻克 400 多项难关、改进 120 多项工艺、撰写多本理论著

---

① 仲实.高凤林:甘做航天焊接事业"孺子牛"[J].中国品牌,2016(7):22-23.
② 刘维涛.让工匠精神涵养时代气质[N].人民日报,2016-06-21(20).
③ 新华社.大国工匠艾爱国:当工人就要当一个好工人[J].工会博览,2022(9):45-47.

作、获得一项发明专利,数据忠实地记录了一位焊接领域"领军人"的成长轨迹,也记录下一位大国工匠在服务国家战略发展过程中焕发出的魅力。在"七一勋章"颁授仪式上,习近平总书记语重心长地对在焊工岗位奉献50多年的艾爱国说:"大国工匠,国家就需要你这样的人。"①

一丝不苟是指认真细致、注重细节、遵守规范,落实规范。在四川广汉三星堆博物馆内,一棵高约4米的商青铜神树吸引了无数游客为之驻足。很难想象,在出土之初,它竟是200多块青铜残段,毫无完整性可言。将其化腐朽为神奇的人,就是三星堆博物馆文保中心副主任、文物修复师郭汉中。商青铜神树仅是郭汉中的代表作品之一。从业38年里,郭汉中修复的文物多达6000余件。清洁、拼接、整形、补配、随色、做旧等6大工艺环环相扣,每一步都需要过硬的技艺、十足的耐心与专注,这其中还涉及多学科、多工种的融合。而仅有初中学历的郭汉中,却在各个环节的文物修复技术方面,都有自己的独门绝技,成为省内外文物修复界公认的顶尖工匠,着实不易。"所有的文物都是不可再生的,'沉睡'千年以后已经十分脆弱。修复时必须过细再过细,要最大可能地避免对其造成二次伤害"②,郭汉中说。文物修复技术的习得并不容易。

追求卓越是指拥有技术热忱,勤学苦练,追求进步,守正创新。竺士杰就是这样的大国工匠,在岗25年,他始终扎根码头等生产一线,初心不变,坚持创新,自创出一套"稳、准、快"的"桥吊竺士杰操作法",将桥吊一次着箱命中率提升7%以上。每当有了新船型、新设备,或在操作中有了新感悟、新体会,他都会悉心记录下来,不断打磨完善。经过手写版、2.0汇编版等阶段,在适应超大型船舶作业、困难船舶作业等需求过程中,"桥吊竺士杰操作法"从原先8000余字"扩容"到3万余字,升级到3.0版本。2020年,以竺士杰名字命名的书《竺士杰工作法》出版并向全国推广,得到了全国港口同行的高度评价。当前,即将推出的"桥吊竺士杰操作法4.0版"将进一步助力智慧化港口建设。2020年3月29日,习近平总书记来到宁波

---

① 刘维涛,李易禹,亓玉昆.总书记这样礼赞劳动创造[J].工会博览,2023(30):6-10.
② 许然.三星堆国宝修复大师郭汉中[J].廉政瞭望,2023,592(5):46-48.

港穿山港区视察,在与职工交流时嘱托竺士杰"发挥好劳模作用,带出更多劳模"。① 竺士杰表示:"总书记的嘱托,让我感到身上的责任沉甸甸的,也给了我无尽的信心和力量!"

三、工匠精神的国际比较

在西方,工匠精神最早萌芽于古希腊—罗马时期,此时的工匠精神被看作是一种"非利唯艺"的纯粹精神。哲学家柏拉图这样解释这种"非利唯艺"的精神,那就是工匠从事产品制造的目的是追求作品本身的完美与极致,而不是单纯为了获取经济利益,工匠所具有的技艺并不是挣钱之术,"医术产生健康,而挣钱之术产生了报酬,其他各行各业莫不如此——每一种技艺尽其本职,使受照管的对象得到利益"。② 也就是说,工匠精神的终极目的在于发挥出自身最好的技艺,用最好的作品或服务,让服务对象获得最完美的体验。对于"善"的追求是工匠精神的重要价值理念。在柏拉图的学生亚里士多德看来,"对于一个吹笛手、一个木匠或任何一个匠师,总而言之,对任何一个某种活动或实践的人来说,他们的善或出色就在于那种活动的完善"。③ 对工匠精神而言,这种善体现在对产品的精雕细琢以及对技艺的精益求精之上。到了中世纪,工匠精神被赋予更多的神学色彩。马克斯·韦伯指出:"基督教从一开始就是手工业者的宗教,这是它的突出特征"④。因为宗教信仰的加入,人们从根本上转变了对劳动的看法,工匠群体的技艺劳动成了通往救赎之路的大门。宗教改革和手工业行会制度的建立,促进了工匠精神的发展。宗教信仰成了工匠群体的精神支柱,他们被赋予了极大的精神力量,认为上帝为自己安排了最合适的工作,耐心、专业地做好本职工作是完成上帝赋予的世俗任务,也是净化灵魂和

---

① 董娜.对话竺士杰:一流技术,赋能一流强港[N].宁波日报,2023-04-15(1).
② 柏拉图.理想国[M].郭斌和,张竹明,译.北京:商务印书馆,1986:26.
③ 亚里士多德.尼各马可伦理学[M].廖申白,译.北京:商务印书馆,2003:12.
④ 马克斯·韦伯.经济与社会(第一卷)[M].阎克文,译.上海:上海人民出版社,2010:612.

精神的修行。与此同时,随着工艺流程、手工业行业标准等的确定,工匠群体逐渐养成了标准意识、质量意识,形成了以质取胜、至善尽美的制造精神。在德国、日本、美国等一些制造业比较发达的国家,工匠精神得到了重视和推崇,在现代企业中被发挥得淋漓尽致。在日本,工匠精神被称为"职人气质",在德国,工匠精神被称为"劳动精神",在美国,工匠精神被称为"职业精神"。虽然提法不同,但含义相近,这些精神都具有严谨、细致、专注、精益、创新等特点。本节主要通过讲述日本、德国、美国这三个国家的工匠精神,来分析国外工匠精神的培育经验、教育理念和工作方法,以及对推进高职高专院校工匠精神培育的启示和借鉴意义。

(一)日本工匠精神的特征

在日本,"工匠精神"被表述为"职人气质",亦作"职人魂",意思是指工匠须尽分守职、体现出与工作相应的精神风貌。日本工匠精神的源头是中国文化。唐代中国佛教的东传,中国的器物以及相应的技术、宗教、思想、制度传进日本,为日本工匠精神得以形成提供了思想基础和技术前提。日本工匠精神的形成经历了漫长的历史,其启蒙于奈良时代,初步形成于中世,确立于江户时期。在日本近代及战后经济腾飞时期,工匠精神作为一种具有普遍价值的信仰力量,起到了至关重要的作用。第二次世界大战结束后,日本作为战败国,经济上一度崩溃。在艰难的复建时期,日本将制造业作为重振国民经济的起点,开始模仿欧美发展"日本制造"。最早的日本制造,在欧美市场上意味着山寨泛滥、质差价廉。经过20余年的锐意进取、不断创新,"日本制造"逐渐克服了产品低劣的负面形象。到20世纪六七十年代,日本成长为世界经济巨人,"日本制造"也开始进入黄金时代。以索尼、丰田、松下等为代表的"日本制造"品牌开始走向全世界,技术也一再达到世界高峰,甚至创造了"日本第一"的神话。"日本制造"走向辉煌,其背后重要的精神力量就是以敬畏职业、淬炼心性,注重细节、追求完美,敢于模范、勇于超越等为特征的"职人气质"。

敬畏职业,淬炼心性。日本知名实业家稻盛和夫提出:"工作场所就是修炼精神的最佳地方,工作本身就是一种修行。"[①]"秋山木工"是一家专业定制家具的日本公司,由秋山利辉于1973年创办。日本宫内厅、国家迎宾馆等知名地方的家具都是经"秋山木工"一流工匠师傅之手打造的。秋山利辉一直认为:"一流的匠人,人品比技术更重要。"[②]秋山利辉为了能够培养出优秀的家具制造工匠,制定出一套十分严格的长达8年之久的木工培养体系和以"匠人须知30条法则"为主要内容的严苛制度。在这8年时间里,年轻的学徒们要完成一名优秀工匠所必须具备的素质和技能的完整训练,其中包括正确的生活态度、基本素质、工作规划能力、相关知识和专业技术等方面的内容。学员们在学习工艺的同时,每天要背诵"匠人须知30条法则",通过背诵加深对工匠精神内涵的理解,培养匠人品质,淬炼心性。到第9年,这些经过严格训练的工匠们才真正成为一名可以独自出去工作的木匠。

同心协力,精诚协作。同心协力、精诚合作精神在日本文化中被称为"和"的精神,这个精神与中国文化传入日本息息相关。日本人之间的合作精神和集团主义表现,是研究日本文化的学者经常提及的重要内容,也是日本工匠精神的重要体现。松下幸之助有一句名言:"丢了和之心,日本社会将不复存在。"京都以百年老店密布、日本匠人集中而闻名于世,这里充满着工匠精神。京都有名的"友禅染",其生产工艺接近20个工艺流程,分别由不同的工匠独立完成。其中每一个匠人都以其高超的技术水平以及高度负责的工匠精神,对整条生产线负责,保持着合作产品的良好品质。只有这样精诚合作、同心协力下的网络式生产体制,才有可能生产出被世界所认可的、受世界尊重的工艺产品。现代社会的发展使得很多制造、生产和工作是一个人不能独立完成的,更需要各个生产部门的工匠达成良好合作才能实现。

注重细节,追求完美。日本的工匠和企业管理者都认为,仍处于试验阶段的产品,由于可能存在瑕疵或错误,是不能拿到社会上给别人看的,只

---

① 桑内特.匠人[M].李继宏,译.上海:上海译文出版社,2015:29-33.
② 秋山利辉.匠人精神[M].陈晓丽,译.北京:中信出版社,2015:25-26.

有经过了自己反复确认没有发现任何质量问题后,才可以提供给社会或者呈现在他人面前。东京有家叫"福助"的公司,创立于明治15年(1882年),从生产日本式短袜开始,现以生产内衣、袜子等为主业,至今已经有140年的历史。尽管该公司直至今天规模也不是很大,从业人员只有600人左右,但他们推出的各种女士长筒袜和内衣以优良的品质受到客户的广泛好评,无论是产品质量还是销量在日本都一直名列前茅。该公司的经营理念是:用我们的心和行动来实现大家的幸福,用今天的感动来形成明天的文化。[①] 为了推出令客人满意的长筒袜新产品,每次新开发设计的袜子样品出来之后,从本公司领导到普通职员的女性员工都要试穿。他们将试穿中发现的产品在设计样式、穿着舒适度等方面的问题,反馈给生产设计人员。生产设计人员经过汇总,再不断地进行调整和修改,经过多轮反复,直至本公司员工满意,不再提出修改意见为止。仅仅是为了设计出满意的袜子图案,设计人员要进行自己侧着看、站立着正面看、下蹲平着看等不同角度的细致观察。这是一种近乎"钻牛角尖"的完美主义态度。这种辛苦、单调的磨炼体现了日本匠人们为了把事情做好而努力的自律态度和精益精神。

敢于模仿,勇于超越。日本民族敢于舶来,善于模仿,在对舶来品进行模仿学到对方长处的同时,还会下狠功夫进行改良,做到更好。日本人掌握许多其他国家的发明、技术后,经常会出现更胜一筹的局面,其背后原因就是日本匠人的这种传统。正是扎扎实实地进行着"舶来—模仿—超越",不断相互交替"舶来期"和"日本化"的过程,日本才获得了制造业的迅速发展。以"有田烧"为代表的日本陶瓷器产业在世界范围内享有非常高的声誉。"有田烧"不仅在日本是家喻户晓的高级产品,在世界范围内也是屈指可数的知名产品,可与中国景德镇的瓷器一比高低。16世纪末期,朝鲜半岛的高丽陶工李参平将制陶技术传入日本。制陶技术传到日本后,日本匠人们经过努力学习,很快就掌握了制陶技术的要领并开始生产陶瓷。后

[①] 福助(株)(豊田通商グループ)ホームページ[EB/OL].(2000-11-24)[2021-06-12]. https://job.mynavi.jp/21/pc/search/corp205149/outline.html.

来,酒井田喜三卫门从进出长崎的中国商人那里了解到中国彩瓷生产的调和法技术,他开始不断重复地做实验,经过多次失败,终于在1640年成功掌握了该技术,并嫡子秘传。虽然日本陶瓷在器形、颜色和花纹搭配等方面都可以看到中国文化的影响,但在几代人精益求精的打磨和不断创新的追求下,"有田烧"成功地将东西方文化中的美和雅与日本文化的朴素、简约成功地糅合在一起,融入了他们的瓷器产品中。每一件"有田烧"瓷器都凝聚了数百年来日本工匠们对舶来品的虚心模仿和超越勇气。

"日本制造"在战后的几十年创造了巨大的辉煌,但近二十余年,却与互联网、智能硬件市场擦肩而过,错失了发展良机,日立、东芝、索尼、夏普等传统日本品牌也一再败北。我们也可以尝试从工匠精神的视角来分析其中的原因。首先,在西方文化的影响下,一些日本企业在管理上以眼前利益至上,唯股东意见是图,不再坚持以"家职伦理"凝聚和培养员工。其次,日本匠人往往缺乏全局观念,过于专注技能而忽视现代世界市场的迅速转变。他们以"凡是技术上能够做的事都应该做"作为指导自己职业行为的根本原则,忽视了面向市场、顾客"应不应该做""要不要做"等涉及伦理道德的因素。"日本匠人这种以自我为中心、不随机应变、不观科技风云变幻的价值观使得日本制造业的很多领域面临着前所未有的危机,甚至把一些产业链逼上了绝路。"[①]对此,我们必须提高警惕,引以为戒。

(二)美国工匠精神的特征

美国人的工匠精神是伴随着美国的诞生而逐渐形成的。在开发新大陆的实践过程中,美国人发现好的工具或工艺可以带来事半功倍的效果,于是对创新的渴望,就成了美国人特殊的气质。当代美国最著名的发明家迪恩·卡门曾说:"工匠的本质,收集改装可利用的技术来解决问题或创造解决问题的方法从而创造财富,并不仅仅是这个国家的一部分,更是让这个国家生生不息的源泉。"[②]此话比较准确地反映美国工匠精神的特质,那

---

① 罗春燕.日本工匠精神的意蕴、源起、缺陷与启示[J].职业技术教育,2018,39(18):68-73.
② 陈劲.工匠精神改变世界[J].人力资源,2015,377(3):95.

就是:从务实的目的出发,不断推进技术创新。

注重实效,讲求行动。正如美国前国务卿基辛格所言:实用主义是美国精神,美国民族注重实效、讲求行动的精神和前锋意识正是实用主义培养起来的。① 实用主义哲学是美国实践中工匠精神的理论基础。皮尔斯是实用主义哲学的最早提出者。詹姆斯发展了实用主义哲学理论,使其更加系统,内涵更为丰富。杜威是实用主义哲学的集大成者,并将实用主义哲学应用于政治、道德,教育等实践领域,特别是赋予了实用主义在教育领域的影响力。杜威指出:"真理不是先天就有的,也不是永恒不变的;真理的价值不是静态的,而是实践的和动态的。"② 杜威主张的效用真理论,鼓励了人们对传统信仰的批判,引导人们自发地建立务实的原则。③ 杜威的实用主义思想对美国制造业中的务实精神起到了重要影响。托马斯·哈里斯·麦克唐纳这位被认为"用他的策略重建了这个国家的道路"的美国工程师就是一个典型的案例。得益于《莫里尔法案》,在艾奥瓦州立农业和机械艺术学院就读期间,受学校实用主义教育影响,托马斯·哈里斯·麦克唐纳一直研究家乡的交通问题,并以"家乡公路的需求"为主题撰写了毕业论文。毕业后,针对美国汽车业的发展给国家的交通带来的严峻压力以及跨国运输的低效率等问题,麦克唐纳又开始潜心研究国家高速公路问题,最终成了美国高速公路系统的总设计师。他在现实问题驱动下,主动探索、精益求精的工匠精神对美国20世纪的公路建设产生了巨大的影响。

保持热情,大胆创新。"工匠精神"内在地包含着对世界的好奇心和求知欲。热衷于技术问题的解决,在思路上大胆创新,是美国"工匠"的显著特点。正如乔布斯所讲的"有激情的人可以把世界改造得更加美好"。乔布斯的个人经历、商业历程都充满了传奇色彩。他有着许多与众不同的地方,他曾告诫其他管理者:"不要被教条束缚,不要被其他人喧嚣的观点掩

---

① 徐徐.黄炎培劳动教育思想的生成逻辑、科学内涵及当代启示[J].湖北开放职业学院学报,2023,36(8):64-66,69.

② Dewey J. Democracy and Education: An Introduction to the Philosophy of Education[M]. New York:The Macmillan Company,1916:361-369.

③ 王利平,赵启琛.兴趣与行动意义的生成:从反思实用主义看杜威的教育思想[J].社会,2022,(5):62-94.

盖你内心真正的声音。你要有勇气去听从你直觉和心灵的指示,它们在某种程度上知道你想要成为什么样子,所有其他的事情都是次要的。创新无极限!不要拖延,立刻开始创新!"苹果公司就像一间艺术家的工作室,而乔布斯则是一名熟练的工匠,正是因为他对产品倾注了极致的情感,将科技与人文进行完美的交汇结合,才使得"Apple"能像艺术品一样打动人心。早在1997年,乔布斯就亲自为苹果公司写过一段广告词"Think Different",译为"非同凡想",也有人译为"致疯狂的人",其中有一句是:"他们用与众不同的眼光看待事物。他们不喜欢墨守成规。他们也不愿安于现状。……他们推动人类向前迈进。或许他们是别人眼里的疯子,但他们却是我们眼中的天才。因为只有那些疯狂到以为自己能够改变世界的人……才能真正改变世界。"在苹果公司最经典的一款广告中,乔布斯没有直接介绍苹果产品有多么好用,或是多么便宜,他是这样说的:"我们做的每一件事情都是为了突破和创新,我们坚信应该以不同的方式思考。我们挑战现状的方法就是通过把我们的产品设计得十分精美、使用简单和界面友好。我们只是在这个过程中做出了最棒的电脑。你想买一台吗?"[1]被这个广告和这种精神吸引而来的用户,后来成了"果粉"。

(三)德国工匠精神的特征

"德国制造"享有极高的美誉度也是源于其中蕴含的工匠精神。"工匠精神"对应的德语是"手工业者精神",也有学者认为现代"工匠精神"是一种"工程师精神"。德国工匠精神体现了德国人"一丝不苟,精益求精"的秉性。德国工匠精神是德国制造文化的核心内容。德国制造文化倾向于严谨务实和重视品质的工作伦理而非强调制造方式。德国工匠精神的形成并不是一蹴而就的,它的发展和巩固经历了漫长的历史演变过程。1925年鲁尔地区企业家倡导成立了德国技术工人培训研究所。该研究所首任所长罗伯特·卡尔·阿恩霍尔德起初是工程师,后在钢铁工业部门从事培

---

[1] 梁丽华,郑芝玲,赵效萍.新时代技术技能人才工匠精神培育研究[M].杭州:浙江大学出版社,2021.

训与教学工作,一战后在一家钢铁厂主持建立了厂办培训车间。在他的主持下,德国技术工人培训研究所一改过去德国技术学校委员会只关注技术知识和实践操作技能培训的情况,而是将技能教学与思想教育密切结合起来,其培训项目的一块重要内容是工人的"品格建设"。阿恩霍尔德推行的思想教育包括强调受训工人要有纪律性、顺从性、忠诚性,且要勤奋好学。在他的努力下,德国技术工人培训研究所的影响力急剧扩大,对制造业产生了强有力的渗透,影响着德国的制造业变革。德国的手工业者往往具有耐心专注、重视质量、精益求精等工匠品质。

耐心专注,一丝不苟。德国产业偏重于高端制造业,其产业发展路径体现为通过提升产品技能含量、生产的个性化和工业品的高品质,而保持在制造业领域中的引领地位。德国制造业始终坚持术业有专攻的工匠精神理念,不盲目扩张,踏实稳健地持续致力于企业的产品制造。百年来,万宝龙钢笔以其传统、细腻、考究的手工工艺,在国际市场上保持独特的优势。在笔尖的处理上,万宝龙长期以来都坚持由经验丰富的工匠进行手工打磨,而不是使用机器。作为量产的钢笔,能做到这点,实属不易。每位万宝龙打磨工匠都会经历 6～12 个月的学徒训练期。万宝龙钢笔的整个制作过程要经过 160 多道工序,其中光是打磨笔尖就需要 25 道工序。万宝龙认为笔尖是一个很有个性的部分。打磨笔尖的工艺师凭借多年积累的经验,可以在打磨过程中,通过耳朵听,来判断笔尖是否已磨好。他们以纯熟的对声音的感知来控制打磨的力度,甚至比机器更加精准。打磨完成后,每支笔的笔尖都要经过经验更为丰富的大师级工艺师近乎苛刻的检测,通过在纸上连续写"8"字,从各个角度对笔尖进行测试,以保证各种可能的书写姿势都能获得满意的书写感受。万宝龙的笔尖除了刻有"4810"的数字外,还有着很精美的印花,笔尖的光泽、印花精细度都属于工艺品级别。根据笔尖由细到粗,万宝龙钢笔可以分为 F、M、OM、OB、OBB、B、BB 七个等级,M 或 B 型的笔尖适合书写英文,OB 或 OBB 型比较粗,适合用来签名,此外还有 Special 笔尖是专门为左手写字的人而设计的。万宝龙钢笔的外壳同样也十分讲究,由独特的合成树脂材料制成。这种材料当年由 12 个万宝龙工匠花了数年时间才研制成功,是万宝龙的专利技术。这种合成树脂材料的优越性在于即使用户使用钢笔十几年,笔杆的润泽度也只会有增无减。这种树脂材料更多地用于经典款钢笔。除了这种专利树脂外,在更加个性化的钢笔制作上,万宝龙也会采用其他更丰富的笔身材料,比如青金石、孔雀石、纯银、精钢、檀木、镂空、皮革等。笔的重量也不是随随便便定的,以经典"大班"149款钢笔为例,整支笔重量在32～34克,这样的配重使得用户在使用时感觉最为舒适,让书写成了一种享受。这支小小的钢笔不论是哪一个部分,都被万宝龙工艺师当成精雕细琢的工艺品来打造。德国人正是凭借这样一股倔强和执着,造就了一个又一个享誉世界的品牌。

重视标准,强调质量。德国制造代表着世界上较为先进的技术和品质。宝马、奔驰、保时捷等汽车品牌所拥有的不仅仅是世界上各个领域的第一,而是在各自行业史上的地位和声望。保时捷直到今天依然延续着手工作坊形态,主要表现为:一是在生产品质上的严格要求。除了玻璃和发动机以外,保时捷汽车其他部件均为手工组装,在保时捷看来,好的工匠比机器更加可靠。二是在生产过程中的细致严谨。在保时捷博物馆中,我们可以看到这样一组数据,组装一辆新车需要9个小时,但是检测和调试却需要5天,而出厂则需要几个月。保时捷工厂约有7500名组装工人,而研发和服务人员大约有6500名。从这个人员组成的比例可以看出,保时捷更重视产品质量上的严谨,而不是在产量上的扩张。

精益求精,不断改建。德国企业在产品已经达到高质量的前提下,仍然坚持改进与不断提升。德国企业尤其是家族式中小企业,大多长期专注于某一产品的制造、打磨、更新和创造。这种专注精神促使他们能锁定市场,令竞争者们望尘莫及。德国与日本是堪称全球最强调细分市场的国家,即使是毫不起眼的一种刀具,在德国也能够成为一门产业。得益于市场的细分,德国市场上的刀具在品类上覆盖广泛,在品质上达到极高水准。一般而言,德国刀具生产起码有40多道工序,能够保持刀刃持久锋利,并且完美对接人体工程学。著名的双立人品牌刀具一直致力于研究钢材加工的最佳方式,开发出一种能改变刀具生产标准的工艺——烧结金属合成工艺。该工艺能将三种完全不同功用的钢材,完美地结合在同一把刀具上,使刀具的质量有了本质性的提高。双立人还开发了独一无二的涂层技术,开创切削技术的新纪元,使刀刃锋利无比,且日后无需磨刃。在科技迅猛发展的今天,双立人等德国刀具企业,其刀具制作最后一道,也是非常重要的开刃工序,仍然坚持由工匠师傅手工完成。

综合日本、美国、德国的工匠文化可以发现,由于各国的历史和文化传统不同,各国的工匠精神有其独特性,但总体而言,都体现了对职业的执着专注、对质量的精益求精、对工艺的改革创新以及工作态度上的一丝不苟等特征。

与日本、美国、德国的工匠文化相比较,我国所弘扬的工匠精神,更强调人民至上的价值立场、为国为民的使命意识和乐业奉献的职业操守。中国特色社会主义建设过程中所弘扬的工匠精神,强调工人阶级的领导地位、产业工人的主人翁地位,肯定每一个普通劳动者都是中国特色工匠精神的创造者和践行者。中国人民创造和践行的工匠精神,是"为人民服务"这一根本宗旨在工匠实践中的落地和实现。工匠大师们以高度的社会责任感和浓厚的家国情怀作支撑,在行动上把自己的高超技能看成国家的财富,将自己的才智用于为民族、为国家、为人民谋福祉,在服务他人、奉献社会中将小我融入大我。

高职高专院校思政课推进工匠精神培育,应置身于中国几千年积攒、涤荡、革新、沉淀下来的传统工匠文化中,坚持胸怀天下,拓宽视野,学习和借鉴别国经验,批判性吸纳外来工匠文化,以马克思主义关于人的本质与劳动的思想为指引,以习近平新时代中国特色社会主义思想为根本遵循,从推动人类自由而全面发展的未来目标为落脚点,培养具有中国特色、中国气派、中国风格的高素质技术技能型人才。

第四章　高职高专学生工匠精神核心指标与测度量表的编制

职业教育是工匠精神培育的主要途径之一。如何培育高职高专学生的工匠精神已成为国家和社会共同关注的课题。探索高职高专学生工匠精神的核心指标和编制一套适用于高职高专学生工匠精神测度量表对于高职高专学生工匠精神培育实践具有重要的指导意义。

一、高职高专学生工匠精神核心指标的构建

(一)不同职业领域工匠精神的核心要素

所谓工匠,是指在相关工艺领域有一定专长的人。所谓工匠精神,通常是指工匠对自己的产品精雕细琢、精益求精、追求完美的精神。在中华民族的悠久历史上,一向不缺著名的工匠以及其所具备的工匠精神。早在公元前6世纪末至公元前5世纪中期,鲁国就出现过一位伟大的工匠,后人称其为"鲁班"。鲁班以其专注敬业、精益求精、勤劳刻苦的态度,集传道、授业、解惑于一体,开了工匠精神的先河。在以鲁班为代表的一大批先驱者的努力下,工匠精神逐渐成为中华民族传统文化中的瑰宝。臧志军认为,"工匠精神"是在顾全总体的同时注重狠抓细节、追求品质,同时也不断

追求改进创新的精神[1]。查国硕则认为,更为深入的工匠精神是一种对职业价值观的认可和对行业的认同感,是更高层次的一种认知,是一种更为升华的精神体现[2]。

梳理国内外学者的研究发现,目前就工匠精神的内涵,尚无统一结论,而且不同学者从各自不同的研究角度出发,所得出的结论也不尽相同。

李淑玲采用质性研究的方法,基于百位优秀工匠和劳模的资料、问卷调查、深度访谈和行为事件访谈构建了工匠精神结构模型,该结构模型包括匠心、匠艺和匠品3个维度和诸如动手能力、创新创造力、敬业、责任意识等12个核心指标,以及勤学苦练、灵活应变、攻坚克难、敢于担当等40种工匠精神具体要素(如图4-1所示)。[3]

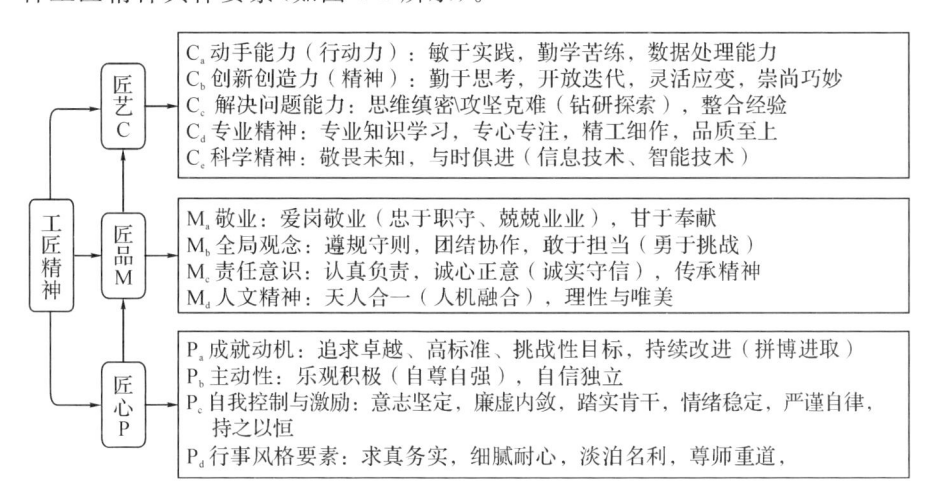

工匠精神
- 匠艺C
  - C_a 动手能力(行动力):敏于实践,勤学苦练,数据处理能力
  - C_b 创新创造(精神):勤于思考,开放迭代,灵活应变,崇尚巧妙
  - C_c 解决问题能力:思维缜密\攻坚克难(钻研探索),整合经验
  - C_d 专业精神:专业知识学习,专心专注,精工细作,品质至上
  - C_e 科学精神:敬畏未知,与时俱进(信息技术、智能技术)
- 匠品M
  - M_a 敬业:爱岗敬业(忠于职守、兢兢业业),甘于奉献
  - M_b 全局观念:遵规守则,团结协作,敢于担当(勇于挑战)
  - M_c 责任意识:认真负责,诚心正意(诚实守信),传承精神
  - M_d 人文精神:天人合一(人机融合),理性与唯美
- 匠心P
  - P_a 成就动机:追求卓越、高标准、挑战性目标,持续改进(拼搏进取)
  - P_b 主动性:乐观积极(自尊自强),自信独立
  - P_c 自我控制与激励:意志坚定,廉虚内敛,踏实肯干,情绪稳定,严谨自律,持之以恒
  - P_d 行事风格要素:求真务实,细腻耐心,淡泊名利,尊师重道,

图4-1 工匠精神维度结构

(引自李淑玲:智能化背景下工匠精神的新结构体系构建——基于杰出技工的质性研究,中国人力资源开发,2019,36(8):114-127)

祁占勇和任雪园基于央视2015—2016年播出的四期《大国工匠》节目的视频转录资料,采用扎根理论的研究方法,构建了以匠技、匠心、匠魂三

---

[1] 臧志军."工匠精神"与质量控制[J].江苏教育,2015(44):40-41.
[2] 查国硕.工匠精神的现代价值意蕴[J].职教论坛,2016(7):72-75.
[3] 李淑玲.智能化背景下工匠精神的新结构体系构建——基于杰出技工的质性研究[J].中国人力资源开发,2019,36(8):114-127.

大维度,包含精湛技艺、知行统一、精益求精、独具匠心、责任担当、德艺双馨六大核心素养的工匠精神结构模型[①]。

王帮俊和任雪园以某国有大型煤矿企业技术工人的深度访谈资料为基础,采用扎根理论研究方法,探讨了工匠大师成长核心要素,发现"工匠精神特质"与"知识体系建构"是工匠大师成长的核心要素,其中"知识体系建构"包括"理论积累"与"技艺练就","工匠精神特质"包括"习惯养成"与"信念支撑"[②]。

随着国家和社会对工匠精神的高度重视和宣扬,工匠精神的研究范畴也早已突破制造业,扩大到科技产业、服务业等不同行业领域。李朋波等以星级酒店员工、银行雇员、家政公司职员、商超零售人员、高级导游等服务业从业人员为对象,分析探讨了服务业从业人员工匠精神的内涵,提出了包含职业承诺、服务追求、持续创新、能力素养、履职信念、传承关怀六个维度的工匠精神结构[③]。

从前述研究中可以发现,基于不同的领域、不同的职业、不同的视角,研究者对工匠精神内涵或者工匠精神核心素养构成的理解也有所不同,也就是说工匠精神的内涵存在行业特异性。但研究者们也承认工匠精神的内涵具有共性。研究者们普遍认为,工匠精神更多的属于一种状态,属于无形的存在,是一种精神范畴,同时认为工匠精神应当具备创新、求精、敬业、坚持不懈,追求细节等相关特性。

(二)高职高专学生工匠精神培育目标

大学生是指正在接受基础高等教育和专业高等教育还未毕业或受过高等教育已经毕业走进社会的一群人,是社会新技术、新思想的前沿群体,是国家培养的高级专门专业人才,是具有开拓性的建设与创造的主力军,是推动社会进步的主要人群。高职高专学生作为大学生的重要组成部分,

---

[①] 祁占勇,任雪园.扎根理论视域下工匠核心素养的理论模型与实践逻辑[J].教育研究,2018,39(3):70-76.
[②] 王帮俊,冯朝磊,朱荣.大师是如何炼成的:扎根理论视角下工匠大师成长核心要素解构[J].中国矿业大学学报:社会科学版,2021,23(4):1-18.
[③] 李朋波,靳秀娟,罗文豪.服务业员工工匠精神的结构维度探索与测量量表开发[J].管理学报,2021,18(1):69-78.

对国家的整体发展以及社会进步具有至关重要的作用。教育部的数据显示,在现代制造业、新兴产业中,新增从业人员70%以上来自职业院校。职业教育肩负着培养数以亿计的高素质劳动者和技术技能型人才的重要职责。因此,通过各种途径培养高职高专学生工匠精神意识变得十分重要。学生具备工匠精神不仅可为其后期就业提供强大的帮助,也可为企业的加速进步提供支撑,同时对社会的整体进步具有重要的意义。然而,我国传统的职业教育中存在一些失之偏颇的现象,如比较重视对学生专业知识的传授和职业技能的训练,却忽视了对学生人文教育、职业精神层面的引导和教育,使得培养出来的学生在职业价值观、职业责任感、职业创造性和职业发展观等方面都有所欠缺。

郝天聪指出:高素质技术技能人才成长存在一个由新手到专家的发展过程,有其成长的基本规律,因此高素质技能人才的培养需要职前能力达标和职后能力进阶的一体化。在职业院校阶段应该将技能人才培养的重点放在标准和规范的训练上,定位在"达标"水平,在内容上应同等重视专业技能和职业素养教育[①]。曾茂林和曾丽颖基于扎根理论研究方法,分析归纳了46位大国工匠的成长轨迹,从中提炼出"精准操作—技改创新—重大发明"的跨界成长逻辑,并在此基础上提出了大国工匠综合职教体系[②]。该体系认为职业院校阶段的学习和训练奠定了精准操作技术的基础,鉴于高技能人才在职前和职后培养上的侧重点有所不同,高职高专学生在工匠精神的内涵理解上与职业人员可能也会有所不同。

施玉梅基于我国职业教育人才培养目标中知识结构、能力结构和素质结构这三个要素提出:职业教育中的工匠精神培育应同时涵盖职业知识、职业技能和职业精神[③]。她认为职业精神与工匠精神有着相同的本质与内涵,可以细分为职业价值观、职业责任感、职业道德观、职业发展观和职

---

① 郝天聪.指向一体化的高质量职业教育人才培养路径探析[J].中国职业技术教育,2022(7):18-22.
② 曾茂林,曾丽颖."大国工匠"跨界成长及其综合职教轨迹研究[J].教育发展研究,2019,39(1):31-34.
③ 施玉梅.职业教育中工匠精神的内涵及培养路径研究[J].高等职业教育探索,2018,17(1):10-15.

业创造性。职业价值观主要是指对未来所从事职业的认同和敬畏;职业责任感指的是对所从事工作的严谨的敬业精神和高度责任心;职业道德主要指的是在职业活动中需遵循的行为准则,主要体现为爱岗敬业、诚实守信等;职业发展观是指有着良好清晰的职业发展规划,有进取和成长的动力;职业创造性则与创新性有关,主要是指运用新方式、新技术改进工作、提升效率,拥有创造性思维,乐于求新,善于学新等特点。

缪学梅基于"职业教育如何培养具有现代工匠精神的高素质技能人才"的目标,构建了现代工匠精神内涵的知识图谱(见图4-2),包括职业技

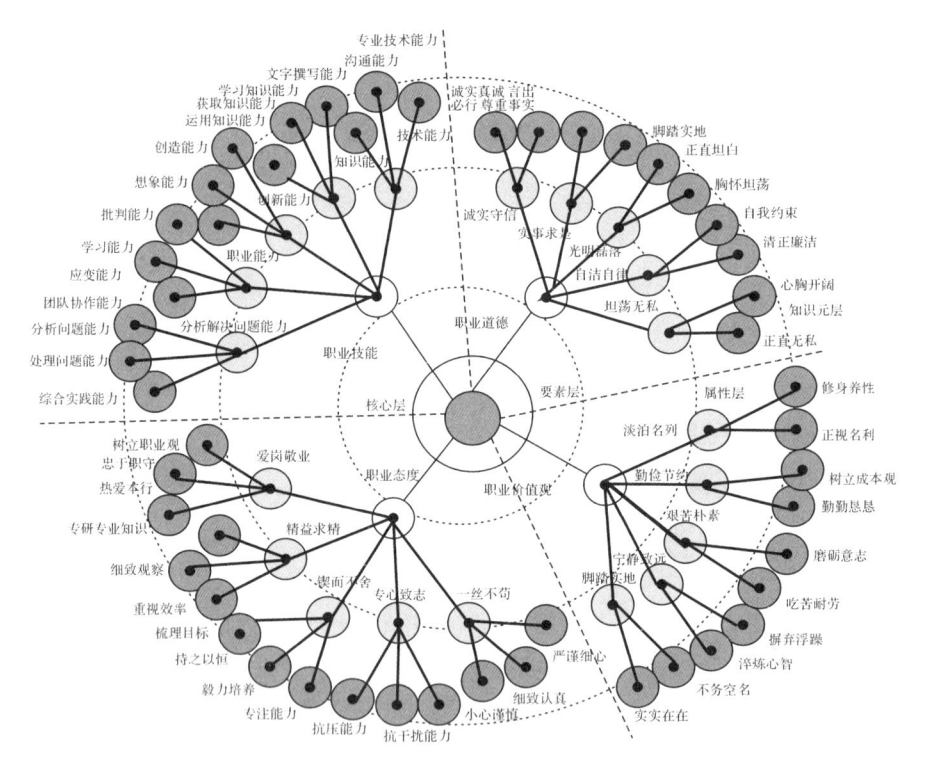

图 4-2 工匠精神知识图谱

[引自缪学梅:现代"工匠精神"内涵知识图谱及多维递进式培养模式研究,无锡职业技术学院学报,2020(3):1-6]

能、职业道德、职业态度、职业价值观四个维度[①]。她认为职业技能是核心要素,职业技能涵盖专业技术能力、职业能力、吸取新知识的能力、创新能力以及分析解决问题的能力;职业道德是关键要素,其内容包含诚实守信的品行、实事求是的作风、光明磊落的情操、廉洁奉公的自律以及坦荡无私的胸怀等;职业态度是基础要素,工匠精神的职业态度主要涵盖敬业爱岗的职业精神、精益求精的品质精神、锲而不舍的钻研精神、一丝不苟的工作精神以及专心致志的忘我精神;职业价值观是上层要素,是对职业目标的追求和向往以及对职业的认识和态度,具体体现为淡泊名利的心态、勤俭节约的习惯、脚踏实地的行为、艰苦朴素的修养以及宁静致远的追求。

综上所述,为了培养现代高素质技能人才,职业教育的培养目标中不但需要关注学生职业技能和创新能力的培养,也需要关注诸如爱岗敬业、责任担当、精益求精、执着坚持等职业精神的培养。

(三)高职高专学生工匠精神核心指标的确立

梳理以往的研究,虽然工匠精神的内涵理解上因其视角不同、领域不同、职业不同而展现出不同的特性,但也存在着共性。综合不同行业领域对工匠精神内涵的理解和职业教育中高职高专学生工匠精神的培育目标,我们认为敬业精神、求精精神、创新精神、技能意识、责任意识以及执着坚持是高职高专学生工匠精神培养的核心素养,并以此作为高职高专学生工匠精神测量的核心指标。

1. 敬业精神

综合以往研究者的定义,本研究中的敬业精神是指高职高专学生对所承担的任务充满热情、专注投入且甘于奉献的精神。从宏观的角度来讲,敬业是具备相关技能并能得到合理运用的基础;从微观的角度来讲,敬业

[①] 缪学梅.现代"工匠精神"内涵知识图谱及多维递进式培养模式研究[J].无锡职业技术学院学报,2020(3):1-6.

是工匠精神最不可或缺的指标[①]。从工作积极性的角度分析，工匠精神其实是敬业精神的集中体现，是理论概念的具体深化引导。

2. 求精精神

本研究中求精精神是指高职高专学生完成各项任务时所具备的不断改进、追求完美的精神。彼得·德鲁克认为，工匠精神是指工匠本人充分运用其在某方面所拥有的超凡技能，使得自身的产品或设计达到巅峰的一个过程，精益求精、求卓越的行为方式和精神满足。所以，精益求精、追求完美是工匠精神的基本态度，是对于产品（服务）全过程完美的追求，是对工匠精神最好的诠释。

3. 创新精神

随着"中国制造"不断向"中国创造"转变，创新能力不断得到重视[②]。创新既是时代精神，也是新时代工匠精神的核心所在，只有具备创新精神的工匠精神才能实现品质的更好提升。对于高职高专学生而言，创新精神更多地表现为在日常学习实践中不畏困难，灵活应对，大胆实践，勇于探索的精神。

4. 技能意识

本研究中的技能意识是指高职高专学生拥有技术热忱，勤学苦练，追求技术进步的主动学习意识。技能作为操作的一种手段，需要经过日常的反复训练，才能不断地得到提升。培养高职高专学生的技能意识是高职高专教育的灵魂所在，也是工匠精神的核心要素之一。

5. 责任意识

本研究中的责任意识是指勇于担当、尽职尽责、团结协作的信念与意识。"责任"是工匠所需要具备的基本素养之一，良好的担当能为其成为工

[①] 王慧卉.工匠精神的育人环境研究——以应用技术型高校大学生为中心[J].苏州市职业大学学报,2018(4):56-59.

[②] 张培培.互联网时代工匠精神回归的内在逻辑[J].浙江社会科学,2017(1):70-76.

匠奠定基础,从而促进工匠精神的长远发展。从某种程度上而言,工匠精神是个人责任与相关技艺的有机结合,需要具备使命意识与责任意识[1]。因此,为了实现高职高专学生人才的高质量发展,加强对责任意识的培养显得尤为重要。日常学习生活中加强对高职高专学生责任意识的培养将更好地帮助学生实现工匠精神的形成,更好地帮助学生树立担当意识,实现全面发展。

6. 执着坚持

本研究中的执着坚持是指高职高专学生身上所体现的坚持不懈、持之以恒的毅力与耐心,这种素养表现在生活、工作等各个不同的方面。在传统理解中,工匠即拥有非凡技能的手艺人,而非凡技能的养成对执着坚持有极高的要求。执着坚持对提升产品品质有极大的促进作用[2]。工匠精神是某方面技能卓越者的个人价值取向以及对完美主义过程的追求,其对于技能方面的创新、产品质量的把控,均源自于其从执着坚持出发的提升与改进[3]。从高职高专教育的角度出发,结合执着坚持这一核心指标,将更好地实现应用型以及复合型人才的培养,从而实现高职高专教育的创新型发展。从广义上讲,加强对学生"耐心"的培养,将更好地帮助其学会更多高效处理问题的解决方法,同时也可在一定程度上帮助其提升创新能力以及在实践中加强对工匠精神的深层次理解,为国家的人才培养奠定基础。

二、高职高专学生工匠精神核心指标的验证

目前已有学者开发了适用于不同行业情境和职业类型的工匠精神测量量表。如李群等人开发了制造业新生代农民工工匠精神量表,该量表包

---

[1] 胡建雄.试论当代中国"工匠精神"及其培育路径[J].辽宁省交通高等专科学位学报,2016,18(2):45-48.
[2] 成海涛.工匠精神的缺失与高职院校的使命[J].职教论坛,2016(22):79-82.
[3] 李进.工匠精神的当代价值及培育路径研究[J].中国职业技术教育,2016(27):27-30.

括信念责任与精业敬业 2 个维度[①]。方阳春和陈超颖在深度访谈和开放式问卷调查的基础上编制了适用于企业员工的工匠精神量表,该量表包括爱岗敬业的奉献精神、精益求精的职业态度和攻坚克难的创新精神 3 个维度[②]。李朋波等则采用定性和定量研究方法相结合的方式开发了服务业员工工匠精神量表,该量表包括职业承诺、服务追求、持续创新、能力素养、履职信念和传承关怀 6 个维度[③]。

高职高专学生正处于从青年向成年人的过渡阶段。他们在这一阶段的主要任务是为将来从事专业工作和生产劳动做好准备。他们的职业理念、职业态度和职业价值观尚处在形成过程中。他们对于工匠精神的认知与体验和已经参加工作的企事业单位员工可能并不完全相同。学习仍然是高职高专学生最主要的活动,他们在日常学习与工作中的典型行为与企业员工也有所不同。因此,开发一套适用于高职高专学生工匠精神测量的工具可以为后续开展相关研究提供便利,有助于应用实证研究法对高职高专学生工匠精神相关要素进行分析,建构相关模型,探寻高职高专学生工匠精神培育的本质机制。

(一)工匠精神测度量表的编制

1. 初始题目的编制

基于上述 6 个维度,通过查阅文献资料,收集体现工匠精神各个维度的核心要素的词汇,诸如"专心专注""追求细节""持续改进""攻坚克难""持之以恒"等,共计 38 个,同时参考以往研究者编制的工匠精神测度量表,并借鉴融合了部分相关问卷的题目,如完美主义量表、员工敬业度量表等,4 名研究人员分别根据核心要素词汇,并结合高职高专学生的日常行为特点编写题项,共形成了 77 个初始题目,如表 4-1 所示。

---

① 李群,唐芹芹,张宏如,等.制造业新生代农民工工匠精神量表开发与验证[J].管理学报,2020,17(1):58-65.

② 方阳春,陈超颖.包容型人才开发模式对员工工匠精神的影响[J].科研管理,2018,39(3):154-160.

③ 李朋波,靳秀娟,罗文豪.服务业员工工匠精神的结构维度探索与测量量表开发[J].管理学报,2021,18(1):69-78.

表 4-1 高职高专学生工匠精神测度量表初始题目

题号	题目	维度
A1	工作中,我总是聚精会神地完成一个任务。	敬业精神
A2	工作的时候,我完全沉浸其中。	
A3	当我专心工作时,我感到很快乐。	
A4	我倾注大量的心血与精力在工作上。	
A5	有时我工作很投入,以至于忘记了时间。	
A6	我认为干一行就要爱一行。	
A7	我热爱目前所从事的工作。	
A8	我对自己的工作充满热情。	
A9	工作时,我总是精力充沛,充满活力。	
A10	现有工作是我一辈子的事业和价值追求。	
A11	我的工作让我的生命更充实,更有意义。	
A12	我相信我的工作能够实现个人价值。	
A13	我做的工作对公众利益(社会发展)有贡献。	
A14	为了所从事的工作,我愿意付出个人牺牲。	
A15	为了做好工作,我不会计较个人得失。	
A16	工作中,我追求产品的完美和极致。	求精精神
A17	工作时,我会力求把每一个细节都做好。	
A18	我在工作中严谨细致,能够做到一丝不苟。	
A19	我在工作细节上反复推敲打磨或优化。	
A20	我会持续改进工作中的细节以求达到满意。	
A21	我善于有条理地去处理问题。	
A22	我在工作中不断挖掘或找寻工作的提升空间。	
A23	我愿意不断打磨产品(服务),让客户无可挑剔。	
A24	我希望自己的每一个产品(服务)都是精品之作。	
A25	我把自己的工作当作一个艺术品来对待,追求尽善尽美。	
A26	把工作做得更好是我不断追求的目标。	
A27	我追求工作中能不断超越自己。	
A28	我认为对产品(服务)质量的追求是没有止境的。	
A29	我总是希望自己做的工作能够达到优秀的标准。	
A30	我在工作中对自己要求很高。	

续表

题号	题目	维度
A31	在工作中,我经常会去探索新的方法。	
A32	工作中,我脑海中常有些新点子冒出来。	
A33	我在工作中积极研发新产品、新技术或在理论与实践上有所革新。	
A34	我宁愿做那些有把握的事情,而不愿意冒风险。	
A35	我时常会琢磨改进现有的技能和工艺。	
A36	对于工作中因循守旧的方面,我感到难以忍受。	创新精神
A37	我崇尚用灵活巧妙的办法解决工作中的问题。	
A38	我主动提出新的和可行的想法,改进工作绩效。	
A39	工作中有新的想法时,我会大胆去实践。	
A40	我善于思考工作中遇到的问题。	
A41	我不轻信权威,更喜欢自己去反复验证。	
A42	我有强烈的好奇心。	
A43	我喜欢富有挑战性的工作。	
A44	工作中遇到难题时,我会想尽办法去解决。	
A45	我掌握岗位知识和技能。	
A46	我可以很好地将专业知识运用到具体的工作实践当中。	
A47	我总是主动学习新的业务知识。	技能意识
A48	我会有意识地主动提升自己的技能和综合能力。	
A49	为了提高自己的专业技能,我经常花时间去培训或训练。	
A50	为了掌握重要技术,再苦再累我都愿意。	
A51	我渴望自己成为技术能手。	
A52	我觉得自己是一个善于学习的人。	技能意识
A53	我会定期反思自己的工作。	
A54	我常常学习借鉴别人的工作经验。	
A55	在工作中我是一个勇于担当的人。	
A56	我在工作中以身作则对他人产生积极影响。	
A57	我在工作中常与同事分享交流自己的工作经验与心得体会。	
A58	我把自己的工作视为是一种责任。	责任意识
A59	我在工作中把国家或企业的发展当作是自己的使命或责任。	
A60	我在面对艰巨任务或紧急情况时会主动挑起重担。	
A61	领导交给我的任务,我一定会好好完成,无论我是否喜欢。	

续表

题号	题目	维度
A62	团队分配给我的工作,我总能保质保量地完成。	责任意识
A63	我认为只有团结协作才能很好地完成重大工作。	
A64	我会尽心尽责做好工作中要做的事情。	
A65	工作时我会严格按照岗位要求履行工作职责。	
A66	即使工作开展不顺利,我也不会气馁,能够坚持不懈。	执着坚持
A67	当确定了目标后,我会一直坚持下去,直到达成目标。	
A68	我对自己的能力充满信心。	
A69	我常常能高效地处理工作。	
A70	工作中,我是一个有主见的人。	
A71	面对工作中的难题,我总是乐观积极的。	
A72	面对工作中遇到的难题,我总是相信自己有能力去完成。	
A73	我对自己的未来充满乐观。	
A74	我是一个懂得自我约束的人。	
A75	工作上我从不放纵自己偷懒或拖延。	
A76	我的工作生活很有规律。	
A77	工作中,我是一个踏实肯干的人。	

2. 题目的合并和精简

在最初形成的 77 个题目中,部分题目的语句描述和意思表达尚存在某种程度的重复,本研究对初始题目进行了合并和删减。参照李朋波等[①]的做法:首先,由本课题 2 名研究人员采用"背对背"的方式从"有无语义重复"和"是否构念相关"两个方面进行合并和删减。一致认为重复的题目直接被删除,不一致和不确定的题目经过讨论后达成一致决定是否删除。经过这一环节,有 60 个题目被保留。然后,在此基础上邀请一位工匠精神研究领域的教授和一位国家级工匠大师对题项进行审阅和修订。在该环节,表达上不够具体,或者含义不够明确,或者与主题联系较弱的题目被删除。至此,共有 48 个题目被保留。最后,本研究把这 48 个题目采用李克特

---

① 李朋波,靳秀娟,罗文豪.服务业员工工匠精神的结构维度探索与测量量表开发[J].管理学报,2021,18(1):69-78.

(Likert)5点计分法编制成问卷,发放给20名高职高专学生进行预测试,并根据反馈意见进行了问卷语句的修改,删除了理解上有歧义的2个题目。最终形成了包含5个维度,46个题目的初始测量问卷。46个题目中正向表述题目37个,反向表述题目9个,如表4-2所示。

表4-2 高职高专学生工匠精神初测量表题目

题号	题目	维度
A1	当我在做一件事情时,我常常能够做到聚精会神。	敬业精神
A2	做事的时候,我完全沉浸其中。	
A3	当我专心做一件事情时,我感到很快乐。	
A4	有时我做事很投入,以至于忘记了时间。	
A5	我认为干一行就要爱一行。	
A6	我不清楚自己喜欢从事什么工作(R)。	
A7	做事时,我总是精力充沛,充满活力。	
A8	为了做好一件事情,我不会计较个人得失。	
A9	我平时做事严谨细致。	求精精神
A10	我倾向于在细节上反复推敲打磨或优化。	
A11	我善于有条理地去处理问题。	
A12	我总是不能把事情安排得井井有条(R)。	
A13	我会不断挖掘或找寻自我提升空间。	
A14	我常因粗心大意而出错(R)。	
A15	我倾向于把事情做得完美。	
A16	对于每件事,我都力求做到最好。	
A17	我常常以比较高的标准要求自己。	
A18	我倾向于按照现成的方法去完成任务(R)。	创新精神
A19	我一有机会就会尝试新的做事方法。	
A20	我宁愿做那些有把握的事情,而不愿意冒风险(R)。	
A21	我崇尚用灵活巧妙的办法解决问题。	
A22	遇到问题时,我会尽量尝试不同的方法。	
A23	我有强烈的好奇心。	
A24	我更愿意做一些按部就班的工作(R)。	
A25	对未知的东西我总是充满兴趣。	

续表

题号	题目	维度
A26	我喜欢富有挑战性的任务。	善学勤研
A28	遇到难题时,我会想尽办法去解决。	
A29	我对学习专业知识没什么兴趣(R)。	
A30	我具备敏锐的洞察力与较强的动手能力。	
A31	我常常主动学习新知识。	
A32	我会主动寻求提升自己的技能和能力。	
A33	为了提高自己的专业技能,我会去刻意练习。	
A34	我善于学习和借鉴别人的经验。	
A35	我经常反思自己的学习和工作。	
A36	我几乎不会花时间去总结经验(R)。	
A37	在完成团队合作的任务时,我常常主动挑起重担。	责任担当
A38	团队分配给我的任务,无论我是否喜欢,都会做好。	
A39	我是一个勇于担当的人。	
A40	我会尽心尽责地做好每一件事情。	
A41	我会尽量认真地完成一切分配给我的任务。	
A42	我做事情常常半途而废(R)。	执着坚持
A43	我坚持自己认为正确的原则,不会为了达到个人目的而偏离或放弃原则。	
A44	即使遇到事情不顺利,我也不会气馁,能够坚持不懈。	
A45	当确定目标后,我会一直坚持下去,直到达成目标。	
A46	我在日常学习生活中表现得很有毅力。	

注:R 表示反向表述题。

3. 问卷调查与样本收集

调查问卷由三部分构成:第一部分是被调查者个人信息,包括被测者所在的学校、性别、出生年月、年级、所学专业、兼职/实习经验等内容。第二部分是高职高专学生工匠精神测度量表,共 46 题,包括工匠精神的 6 个维度,其中,敬业精神 8 题,求精精神 9 题,创新精神 9 题,勤学钻研 10 题,责任担当 5 题,执着坚持 5 题。采用李克特 5 级评分,让被测者根据自己的实际情况与每个题目的符合程度进行评分,从"非常不符合"到"非常符合"分别记为 1~5 分(1 非常不符合;2 比较不符合;3 基本符合;4 比较符合;5 非常符合)。得分越高,表示题目描述的工匠精神特征与学生的表现越符合。第三部分是自编的高职高专学生工匠精神培育现状调查问卷,主要包括工匠精神培育校园环境、工匠精神培育的思政课教学情况等内容。

本研究的调查对象是全国高职高专在读学生。在全国 21 个省、自治区和直辖市采用方便取样的方法调查了 30 个高等职业技术学校,其中在浙江省抽取了 10 个院校,其他 20 个省中每个省抽取了一所院校。30 所院校中国家示范性高职高专院校和国家骨干高职高专院校 13 所,普通高职高专院校 17 所。问卷利用问卷星平台进行匿名调查,在每个被抽样学校组建调查微信群,采用方便取样的方式由负责老师邀请学生加入调查群,在群内提供问卷星平台调查链接,由被调查者在线完成电子问卷。调查开始前,由组织者在群内发布调查问卷填写指导。共回收 6586 份问卷,剔除回答不完整或者所有回答一致或者完成问卷时间在 180 秒以下的无效问卷,获得有效问卷 5978 份,有效问卷回收率为 90.8%。样本的基本信息如表 4-3 所示。

表 4-3 调查样本人口统计学变量分析

统计学变量	类别	人数/人	比例/%
性别	男	2773	46.4
	女	3205	53.6
年级	大一	3314	55.5
	大二	2522	42.1
	大三	101	1.7
	其他	41	0.7
专业	农林牧渔大类	283	4.7
	资源环境与安全大类	21	0.4
	能源动力与材料大类	167	2.8
	土木建筑大类	754	12.6
	水利大类	13	0.2
	装备制造大类	247	4.1

续表

统计学变量	类别	人数/人	比例/%
专业	生物与化工大类	80	1.3
	轻功纺织大类	45	0.8
	食品药品与粮食大类	133	2.2
	交通运输大类	742	12.4
	电子信息大类	866	14.5
	医药卫生大类	300	5.0
	财经商贸大类	859	14.4
	旅游大类	353	5.9
	文化艺术大类	529	8.8
	新闻传播大类	9	0.2
	教育与体育大类	214	3.6
	公安与司法大类	79	1.3
	公共管理与服务大类	284	4.8
兼职或实习经验	有	3693	61.8
	无	2285	38.2

4. 高职高专学生工匠精神维度结构探索

为了确定高职高专学生工匠精神的维度结构,我们将数据随机分成了两份,分别进行探索性因素分析和验证性因素分析。我们从上述问卷中随机抽取了 2999 份问卷,标记为 A 数据,用于探索性因素分析;剩余的 2979 份问卷标记为 B 数据,用于验证性因素分析。

(1)信度检验与项目净化

为了对题项进行净化,我们使用 A 数据,检验了题项的校正项总计相关系数(CITC 值)和克隆巴赫(Cronbach's α)系数,结果如表 4-4 所示。CITC 值反映了各题项之间的相关性。题项已删除的 Cronbach's α 系数表示删除该题项后其余题项的一致性程度。一般而言,CITC 值需要在 0.5 以上,0.3~0.5 可以接受,0.3 以下说明题项之间相关关系不够强,需要删除。Cronbach's α 系数要求在 0.6 以上。鉴于 CITC 值低于 0.4 且项目删除后 Cronbach's α 系数值有改善,共删除了 9 个题项,分别是 A6、A12、A14、A18、A20、A24、A29、A36 和 A36。对剩下的 37 题进行探索性因素分析。

表 4-4 题项校正项总计相关系数与克隆巴赫(Cronbach's α)系数

题号	题目	校正的题项总计相关性	题项已删除的 Cronbach's α 系数	Cronbach's α 系数
A1	当我在做一件事情时,我常常能够做到聚精会神。	0.563	0.949	
A2	做事的时候,我完全沉浸其中。	0.615	0.949	
A3	当我专心做一件事情时,我感到很快乐。	0.572	0.949	
A4	有时我做事很投入,以至于忘记了时间。	0.507	0.949	
A5	我认为干一行就要爱一行。	0.524	0.949	
A6	我不清楚自己喜欢从事什么工作(R)。	0.143	0.952	
A7	做事时,我总是精力充沛,充满活力。	0.666	0.949	
A8	为了做好一件事情,我不会计较个人得失。	0.492	0.950	
A9	我平时做事严谨细致。	0.684	0.948	
A10	我倾向于在细节上反复推敲打磨或优化。	0.678	0.948	
A11	我善于有条理地去处理问题。	0.724	0.948	
A12	我总是不能把事情安排得井井有条(R)。	0.041	0.952	0.950
A13	我会不断挖掘或找寻自我提升空间。	0.690	0.948	
A14	我常因粗心大意而出错(R)。	0.148	0.952	
A15	我倾向于把事情做得完美。	0.665	0.948	
A16	对于每件事,我都力求做到最好。	0.719	0.948	
A17	我常常以比较高的标准要求自己。	0.715	0.948	
A18	我倾向于按照现成的方法去完成任务(R)。	−0.419	0.954	
A19	我一有机会就会尝试新的做事方法。	0.686	0.948	
A20	我宁愿做那些有把握的事情,而不愿意冒风险(R)。	−0.179	0.953	
A21	我崇尚用灵活巧妙的办法解决问题。	0.706	0.948	
A22	遇到问题时,我会尽量尝试不同的方法。	0.724	0.948	
A23	我有强烈的好奇心。	0.545	0.949	
A24	我更愿意做一些按部就班的工作(R)。	−0.058	0.953	

续表

题号	题目	校正的题项总计相关性	题项已删除的 Cronbach's α 系数	Cronbach's α 系数
A25	对未知的东西我总是充满兴趣。	0.630	0.949	
A26	我喜欢富有挑战性的任务。	0.693	0.948	
A27	无论学习还是工作,我喜欢钻研难题。	0.644	0.949	
A28	遇到难题时,我会想尽办法去解决。	0.736	0.948	
A29	我对学习专业知识没什么兴趣(R)。	0.142	0.952	
A30	我具备敏锐的洞察力与较强的动手能力。	0.696	0.948	
A31	我常常主动学习新知识。	0.715	0.948	
A32	我会主动寻求提升自己的技能和能力。	0.756	0.948	
A33	为了提高自己的专业技能,我会去刻意练习。	0.702	0.948	
A34	我善于学习和借鉴别人的经验。	0.701	0.948	
A35	我经常反思自己的学习和工作。	0.710	0.948	
A36	我几乎不会花时间去总结经验(R)。	0.162	0.952	
A37	在完成团队合作的任务时,我常常主动挑起重担。	0.641	0.949	0.950
A38	团队分配给我的任务,无论我是否喜欢,都会做好。	0.665	0.949	
A39	我是一个勇于担当的人。	0.730	0.948	
A40	我会尽心尽责地做好每一件事情。	0.722	0.948	
A41	我会尽量认真地完成一切分配给我的任务。	0.698	0.948	
A42	我做事情常常半途而废(R)。	0.193	0.951	
A43	我坚持自己认为正确的原则,不会为了达到个人目的而偏离或放弃原则。	0.549	0.949	
A44	即使遇到事情不顺利,我也不会气馁,能够坚持不懈。	0.733	0.948	
A45	当确定目标后,我会一直坚持下去,直到达成目标。	0.751	0.948	
A46	我在日常学习生活中表现得很有毅力。	0.749	0.948	

（2）探索性因素分析

为了检验 A 数据进行探索性分析的合适性,我们进行了 KMO 检验和 Bartlett 球形检验。结果显示,KMO 值为 0.979,高于经验标准值 0.7,Bartlett 球形检验卡方值为 83030.874,达到极显著水平($P<0.001$)。该结果表明各题项之间具有较强的相关关系,存在共同因子,适合进行探索性因素分析。

基于 A 数据,使用 SPSS 24.0 软件进行探索性因素分析。采用主成分提取法,抽取特征根大于 1 的因子,采取最大方差旋转法进行探索性因素分析。保留因子载荷大于 0.5 的题项,并逐步删除因子交叉载荷大于 0.4 的题项。连续多次进行因素分析后,最终保留了 25 个题项,萃取出 4 个因子,结果如表 4-5 所示。25 个题项在所属因子上的载荷在 0.538~0.815,累计解释方差百分比为 64.925%。探索性因素分析得到的因子结构与预先设置的因子结构有所差异。我们预先设置了创新精神维度和善学勤研维度,探索性因素分析的结果提示这两个维度可以合并在一起,重新命名为善学求新。而预先设置的执着坚持维度中的题项在探索性因素分析过程中仅一项被保留,被归入到责任担当维度中,分析该条目的意思为坚持原则,的确有体现责任意识的内涵。4 个因子按照方差解释百分比从高到低分别是善学求新、责任担当、精益求精和专注敬业。

5. 高职高专学生工匠精神结构维度验证

在探索性因素分析中我们得到了 4 个因子结构,我们进一步使用 B 数据对 4 因子二阶结构模型进行了验证性因素分析。我们采用 AMOS 18.0 分析软件开展了验证性因素分析。经修正释放部分变量间的相关关系后,模型达到可接受的标准。模型检验结果如图 4-5 所示。二阶结构模型拟合指标中除卡方自由度比值可接受(χ^2/df 为 5.508)外,其余拟合指标均到达理想水平(CFI 为 0.979,TLI 为 0.975,RMSEA 为 0.036,SRMR 为 0.026)。因子善学求新、责任担当、专注敬业、精益求精到工匠精神的路径系数分别为 0.94、0.84、0.79、0.98,均高于 0.70。综上,可以认为善学求新、执着担当、精益求精、专注敬业 4 个因子可以较好地收敛于工匠精神这个更高层面的概念。

表 4-5　工匠精神问卷探索性因素分析结果（$N=2999$）

题目	因子 1 善学求新	因子 2 责任担当	因子 3 精益求精	因子 4 专注敬业
我常常主动学习新知识。	0.699	0.201	0.375	0.143
我会主动寻求提升自己的技能和能力。	0.689	0.298	0.348	0.168
对未知的东西我总是充满兴趣。	0.665	0.301	0.007	0.313
我具备敏锐的洞察力与较强的动手能力。	0.655	0.237	0.365	0.135
我一有机会就会尝试新的做事方法。	0.650	0.137	0.354	0.244
我有强烈的好奇心。	0.644	0.301	−0.070	0.270
遇到难题时，我会想尽办法去解决。	0.622	0.312	0.310	0.231
为了提高自己的专业技能，我会去刻意练习。	0.620	0.292	0.349	0.143
我崇尚用灵活巧妙的办法解决问题。	0.600	0.218	0.396	0.229
我经常反思自己的学习和工作。	0.561	0.339	0.387	0.152
我会尽量认真地完成一切分配给我的任务。	0.257	0.815	0.241	0.196
我会尽心尽责地做好每一件事情。	0.277	0.808	0.282	0.184
我是一个勇于担当的人。	0.339	0.743	0.261	0.187
团队分配给我的任务，无论我是否喜欢，都会做好。	0.301	0.683	0.259	0.206
我坚持自己认为正确的原则，不会为了达到个人目的而偏离或放弃原则。	0.320	0.538	0.104	0.219
我倾向于在细节上反复推敲打磨或优化。	0.251	0.205	0.721	0.298
我平时做事严谨细致。	0.230	0.230	0.706	0.307
我善于有条理地去处理问题。	0.325	0.246	0.648	0.319
对于每件事，我都力求做到最好。	0.350	0.327	0.583	0.270
我倾向于把事情做得完美。	0.315	0.297	0.583	0.249
当我专心做一件事情时，我感到很快乐。	0.212	0.200	0.133	0.754
做事的时候，我完全沉浸其中。	0.204	0.129	0.301	0.734
有时我做事很投入，以至于忘记了时间。	0.208	0.159	0.107	0.711
当我在做一件事情时，我常常能够做到聚精会神。	0.155	0.138	0.309	0.675
我认为干一行就要爱一行。	0.156	0.191	0.257	0.579

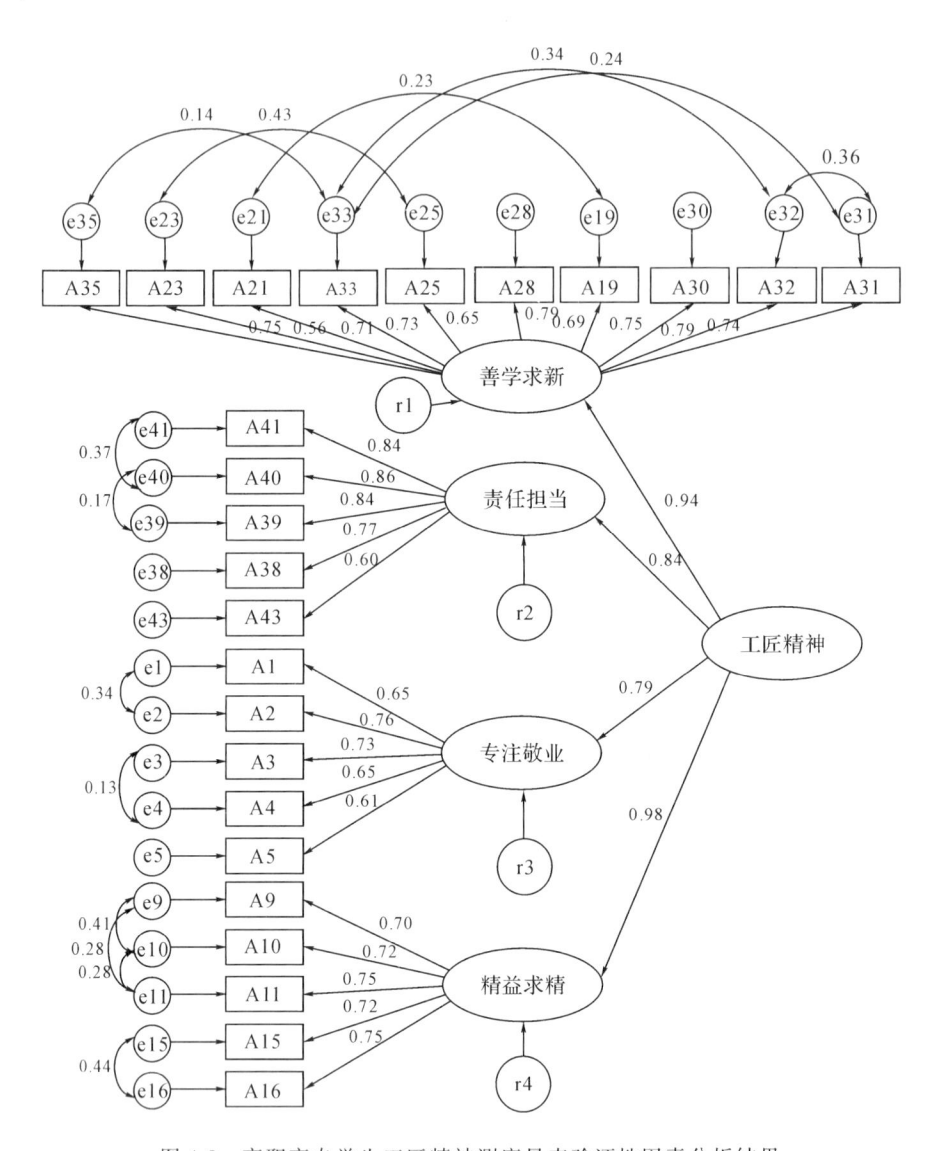

图 4-3 高职高专学生工匠精神测度量表验证性因素分析结果

(三)高职高专学生工匠精神问卷信效度检验

1. 信度检验

为了检验高职高专学生工匠精神测度量表结构的可靠性,对最终确定的4个维度、25个题项进行内部一致性信度评估。结果如表4-6所示，工匠精神4个维度的Cronbach's α系数为0.832~0.927，全问卷的Cronbach's α系数达到0.957，均高于0.7，表明问卷具有良好的信度。

2. 效度检验

工匠精神4个因子，25个题项的标准化载荷系数在0.560~0.860，均大于0.500，并达到显著性水平。善学求新、责任担当、精益求精、专注敬业4个因子的平均方差抽取量均高于或接近0.5，组合信度CR均高于0.700。高阶因子工匠精神的平均方差抽取量为0.793，组合信度为0.938，见表4-7。上述结果表明高职高专学生工匠精神测度量表四维结构均有良好的收敛效度。

表 4-6 工匠精神测度量表的信度系数

维度	α系数
善学求新	0.927
责任担当	0.895
精益求精	0.892
专注敬业	0.832
全问卷	0.957

表 4-7 工匠精神测度量表的收敛效度

效度	善学求新	责任担当	精益求精	专注敬业	工匠精神
平均方差抽取量(AVE)	0.516	0.620	0.532	0.461	0.793
组合信度(CR)	0.914	0.889	0.850	0.810	0.938

区分效度的判定主要通过判断维度相关系数的高低及其与平均方差抽取量平方根的大小关系。本研究中除善学求新与专注敬业的相关系数高于0.850外，其他各个维度之间的相关系数均小于0.850，表明本量表的区分效度可接受。但各维度的相关系数部分高于平均方差抽取量平方根，表明本量表的区分效度一般。

表 4-8　工匠精神测度量表的区分效度

因子	善学求新	责任担当	精益求精	专注敬业
善学求新	(0.718)			
责任担当	0.800	(0.787)		
精益求精	0.710	0.800	(0.730)	
专注敬业	0.910	0.620	0.810	(0.679)

(四)结论

本研究主要得出以下结论:(1)高职高专学生工匠精神主要包括善学求新、责任担当、精益求精和专注敬业四个维度;(2)高职高专学生工匠精神测度量表由25个测量题项组成,数据分析结果表明本量表具有良好的信度和可接受的效度。本量表可应用于高职高专学生工匠精神的测量。

本研究的主要贡献在于:(1)在现有研究的基础之上,对高职高专学生这一特殊群体的工匠精神进行了概念界定,丰富了现有关于高职高专学生工匠精神研究的文献。在高职高专学生工匠精神培育方案中可参考善学求新、责任担当、精益求精、专注敬业四个维度进行设计。(2)开发了适用于测量高职高专学生的工匠精神量表,可应用于高职高专学生工匠精神主题相关的定量研究。本量表的开发选取了全国30所高职高专院校,共5978名高职高专学生参加测评,其结果具有广泛的代表性。(3)高职高专学生的身份正处于从学生向职业人角色转换的过渡阶段,他们的职业态度和职业价值观正处在形成过程中,具有较强的可塑性。在培育高职高专学生工匠精神的过程中,如能及时评估和追踪高职高专学生工匠精神的个体发展差异将有助于精准评价培育效果,制定有效的培育方案。

本章通过梳理以往研究者对工匠精神内涵的界定和对工匠精神维度划分的基础上,结合高职大学生的特点,构建了高职大学生工匠精神测量理论模型,包括敬业精神、求精精神、创新精神、执着坚持、责任担当和善学勤研共6个维度,并在此基础上编制了高职高专学生工匠精神的测量问卷。基于全国21个省区市30所高等职业技术学校5978名学生的调查数据,通过探索性因素分析对高职高专学生工匠精神理论模型进行了修正,确定了善学求新、责任担当、精益求精和专注敬业 4 个维度,同时采用验证性因素分析的方法对修正模型进行了验证,最终确定了包含 25 个题项的高职高专学生工匠精神测量问卷。进一步的信效度检验结果表明本问卷具有良好的信度和效度。

第五章　高职高专学生工匠精神培育现状分析

为全面了解高职高专院校学生工匠精神培育的现状,课题组采用自主编制的"工匠精神测度量表",从高职高专学生的个体差异、学校差异、区域差异等变量方面,对高职高专学生的工匠精神培育现状做差异性分析。运用独立样本 T 检验、方差分析等统计技术对测量资料进行处理。以了解不同身份高职高专学生工匠精神的差异性。使用的统计软件为 SPSS 24.0。

一、高职高专学生工匠精神整体状况基本分析

对高职高专学生工匠精神测度量表的各维度得分及总分进行描述性统计,统计结果如表 5-1。

表 5-1　高职高专学生工匠精神得分描述统计表

维度	人数/人	最低分/分	最高分/分	平均分/分	标准差	偏度	峰度
善学求新	5978	10	50	34.664	6.683	0.426	−0.016
责任担当	5978	5	25	18.438	3.647	0.185	−0.610
精益求精	5978	5	25	17.693	3.704	0.211	−0.347
专注敬业	5978	5	25	17.867	3.584	−0.064	0.058
工匠精神总分	5978	25	125	88.664	15.394	0.344	−0.025

由上述结果可知,有效测试学生 5978 人,其中工匠精神总分最低是 25 分,最高是 125 分,工匠精神总分的平均分是 88.664,工匠精神总分呈

正偏态分布,高分人数多于低分人数。从各个维度上看,善学求新维度最低是 10 分,最高是 50 分,平均分为 34.664 分,呈正偏态分布,高分人数多于低分人数;责任担当维度最低是 5 分,最高是 25 分,平均分为 18.438 分,呈正偏态分布,高分人数多于低分人数;精益求精维度最低是 5 分,最高是 25 分,平均分为 17.693 分,呈正偏态分布,高分人数多于低分人数;专注敬业维度最低是 5 分,最高是 25 分,平均分为 17.867 分,接近正态分布。

二、高职高专学生工匠精神个体差异比较

(一)不同性别的高职高专学生工匠精神差异比较

为了分析不同性别的高职高专学生工匠精神培育现状,我们首先对男女生的工匠精神总分及各维度得分进行描述性统计,结果见表 5-2。

表 5-2 男女生工匠精神描述统计表

维度	性别	人数	平均分	标准差	标准误差平均值
善学求新	男	2773	35.911	7.205	0.136
	女	3205	33.586	5.990	0.105
责任担当	男	2773	18.762	3.867	0.073
	女	3205	18.158	3.421	0.060
精益求精	男	2773	18.209	3.943	0.074
	女	3205	17.246	3.422	0.060
专注敬业	男	2773	18.243	3.859	0.073
	女	3205	17.543	3.294	0.058
工匠精神总分	男	2773	91.126	16.774	0.318
	女	3205	86.534	13.741	0.242

描述统计结果显示男生在工匠精神总分、善学求新维度、责任担当维度、精益求精维度、专注敬业维度的平均分分别是 91.126、35.911、18.762、18.209、18.243。女生的平均分分别为 86.534、33.586、18.158、17.246、

17.543。因此不论是在工匠精神总体水平上还是在各个维度上,男生的平均水平都略高于女生。

虽然我们已经发现了男女生工匠精神在总体上和各个维度上确实存在差异,但是否明显还需要进一步研究。以性别为自变量,以高职高专学生工匠精神总分及各因子分为因变量,采用独立样本T检验方法考察不同性别的高职高专学生工匠精神总分及各维度得分是否存在显著差异。结果见表5-3。

表 5-3 男女生工匠精神独立样本 T 检验结果

维度	t	自由度	P	95%置信区间 下限	95%置信区间 上限
善学求新	13.441	5406.207	0.000	1.985	2.664
责任担当	6.349	5582.757	0.000	0.417	0.790
精益求精	10.010	5530.083	0.000	0.774	1.152
专注敬业	7.479	5483.334	0.000	0.516	0.883
工匠精神总分	11.466	5361.685	0.000	3.806	5.377

男女生工匠精神独立样本T检验结果显示:在工匠精神总分上,T检验的显著性值$P=0.000<0.001$,即男女生的工匠精神表现具有显著性差异。在善学求新维度上,T检验的显著性值$P=0.000<0.001$,男女生在善学求新维度上有显著性差异。在责任担当维度上,T检验的显著性值$P=0.000<0.001$,男女生在责任担当维度上有显著性差异。在精益求精维度上,T检验的显著性值$P=0.000<0.001$,男女生在精益求精维度上有显著性差异。在专注敬业维度上,T检验的显著性值$P=0.000<0.001$,男女生在专注敬业维度上有显著性差异。

(二)不同年级的高职高专学生工匠精神差异比较

为了分析不同年级的高职高专学生工匠精神培育现状,我们首先对不同年级的高职高专学生工匠精神总分及各维度得分进行描述分析,分析结果如表5-4所示。

表 5-4　不同年级的高职高专学生工匠精神的基本描述统计量

因素	年级	样本量	均值	标准差	标准误	均值的95%置信区间 下限	均值的95%置信区间 上限	最小值	最大值
善学求新	大一	3314	34.509	6.746	0.117	34.279	34.738	10	50
	大二	2522	34.824	6.609	0.131	34.566	35.082	10	50
	大三	101	35.683	6.154	0.612	34.468	36.898	17	50
	大四	41	34.926	7.044	1.100	32.703	37.150	25	50
	总计	5978	34.664	6.683	0.086	34.495	34.834	10	50
责任担当	大一	3314	18.336	3.660	0.063	18.211	18.460	5	25
	大二	2522	18.565	3.634	0.072	18.423	18.707	5	25
	大三	101	18.732	3.481	0.346	18.045	19.419	13	25
	大四	41	18.146	3.525	0.550	17.033	19.259	14	25
	总计	5978	18.438	3.647	0.047	18.345	18.530	5	25
精益求精	大一	3314	17.603	3.704	0.064	17.477	17.729	5	25
	大二	2522	17.791	3.707	0.073	17.646	17.936	5	25
	大三	101	18.207	3.465	0.344	17.523	18.892	10	25
	大四	41	17.682	3.965	0.619	16.431	18.934	11	25
	总计	5978	17.693	3.704	0.047	17.599	17.787	5	25
专注敬业	大一	3314	17.776	3.594	0.062	17.654	17.899	5	25
	大二	2522	17.965	3.567	0.071	17.825	18.104	5	25
	大三	101	18.326	3.736	0.371	17.589	19.064	9	25
	大四	41	18.122	3.195	0.499	17.113	19.130	11	25
	总计	5978	17.867	3.584	0.046	17.777	17.958	5	25
工匠精神总分	大一	3314	88.225	15.462	0.268	87.698	88.751	25	125
	大二	2522	89.146	15.326	0.305	88.547	89.744	25	125
	大三	101	90.950	14.130	1.406	88.161	93.740	59	125
	大四	41	88.878	16.126	2.518	83.787	93.968	65	125
	总计	5978	88.664	15.394	0.199	88.274	89.054	25	125

由表 5-4 可以发现：在工匠精神总分上，大三年级平均水平最高，其次是大二年级，大一年级的平均水平最低。在最低分方面，大一年级和大二

年级都是25分,大三年级是59分,大四年级最高,是65分。在最高分方面,这四个年级都是125分。

在善学求新维度上,大三年级的平均分最高,其次是大四年级的平均分,大一年级的平均分最低。在最低分方面,大一年级和大二年级都是10分,大四年级最高。四个年级的最高分都是50分。

在责任担当维度上,同样也是大三年级的平均分最高,其次是大二年级,大四年级的平均分最低。在最低分方面,大一年级和大二年级都是5分,大三年级是13分,大四年级最高,为14分。在最高分方面,四个年级都为25分。

在精益求精维度上,依旧是大三年级的平均分最高,其次是大二年级,大一年级的平均分最低。在最低分方面,大一年级和大二年级都是5分,大三年级是10分,大四年级最高,是11分。在最高分方面,四个年级都是25分。

在专注敬业维度上,仍然是大三年级的平均分最高,其次是大四年级,大一年级的平均分最低。在最低分方面,大一年级和大二年级都是5分,大三年级是9分,大四年级最高,是11分。四个年级的最高分都是25分。

进一步分析不同年级的高职高专学生工匠精神的差异。先进行方差齐性检验,检验结果如表5-5所示。

表5-5 不同年级学生工匠精神方差齐性检验结果

因素	莱文统计	自由度1	自由度2	P
善学求新	1.132	3	5974	0.335
责任担当	0.318	3	5974	0.812
精益求精	0.553	3	5974	0.646
专注敬业	0.965	3	5974	0.408
工匠精神总分	0.715	3	5974	0.543

由方差齐性检验结果可知:工匠精神总分的P值和各个维度的P值分别是0.543、0.335、0.812、0.646、0.408均大于0.05,因此可以认为方差都是齐性的,以下的单因素方差分析的结果是有效的。

我们以年级为自变量,以高职高专学生工匠精神总分及各因子分为因变量,采用单因素方差分析法考察不同年级的高职高专学生工匠精神总分及各维度得分是否存在显著差异。结果见表5-6。

表5-6 不同年级的高职高专学生工匠精神的ANOVA分析

因素	组别	平方和	自由度	均方	F	P
善学求新	组间	252.145	3	84.048	1.883	0.130
	组内	266714.056	5974	44.646		
	总计	266966.201	5977			
责任担当	组间	87.585	3	29.195	2.196	0.086
	组内	79416.138	5974	13.294		
	总计	79503.723	5977			
精益求精	组间	77.945	3	25.982	1.894	0.128
	组内	81943.013	5974	13.717		
	总计	82020.958	5977			
专注敬业	组间	75.301	3	25.100	1.955	0.119
	组内	76706.299	5974	12.840		
	总计	76781.601	5977			
工匠精神总分	组间	1754.963	3	584.988	2.470	0.060
	组内	1414668.225	5974	236.804		
	总计	1416423.188	5977			

从表5-6所示的单因素方差分析结果可以看出,不同年级的高职高专学生在工匠精神总分及各维度得分的显著性值P分别是0.06、0.13、0.086、0.128、0.119,均大于0.05,也就是说不同年级学生的工匠精神总分没有显著性差异,并且在各个维度上的表现也没有显著性不同。

综上描述性统计和单因素方差分析可知,虽然不同年级学生的工匠精神总分和各个维度的表现有差异,但是这些差异都是不显著的,即差异不明显。

(三)不同专业的高职高专学生工匠精神差异比较

为了分析不同专业的高职高专学生工匠精神培育现状,我们将所调查的学生按照其所属专业的行业属性划分为农林牧渔业、采矿业、制造业、电力热力燃气及水生产和供应业、建筑业、交通运输仓储和邮政业、其他服务业等7个类别,首先对不同专业类别的高职高专学生工匠精神及各维度得分进行描述分析,分析结果如表5-7所示。

表5-7 不同专业类别的高职高专学生工匠精神的基本描述统计量

因素	专业类别	样本量	均值	标准差	标准误	均值的95%置信区间 下限	均值的95%置信区间 上限	最小值	最大值
善学求新	农林牧渔业	292	35.030	6.822	0.399	34.245	35.816	16	50
	采矿业	10	35.600	7.676	2.427	30.108	41.091	27	48
	制造业	654	34.712	6.858	0.268	34.185	35.239	10	50
	电力热力燃气及水生产和供应业	91	38.109	7.451	0.781	36.558	39.661	22	50
	建筑业	568	34.626	6.856	0.287	34.061	35.191	10	50
	交通运输仓储和邮政业	955	35.589	6.917	0.223	35.150	36.028	10	50
	其他服务业	3408	34.276	6.465	0.110	34.059	34.493	10	50
	总计	5978	34.664	6.683	0.086	34.495	34.834	10	50
责任担当	农林牧渔业	292	18.428	3.698	0.216	18.002	18.854	6	25
	采矿业	10	18.900	3.784	1.196	16.192	21.607	15	24
	制造业	654	18.411	3.660	0.143	18.130	18.692	5	25
	电力热力燃气及水生产和供应业	91	19.681	3.776	0.395	18.894	20.467	14	25
	建筑业	568	18.308	3.818	0.160	17.993	18.622	5	25
	交通运输仓储和邮政业	955	18.784	3.734	0.120	18.547	19.021	5	25
	其他服务业	3408	18.334	3.572	0.061	18.214	18.454	5	25
	总计	5978	18.438	3.647	0.0471	18.345	18.530	5	25

续表

因素	专业类别	样本量	均值	标准差	标准误	均值的95%置信区间 下限	均值的95%置信区间 上限	最小值	最大值
精益求精	农林牧渔业	292	17.876	3.687	0.215	17.452	18.301	8	25
	采矿业	10	18.600	3.596	1.137	16.027	21.172	14	25
	制造业	654	17.656	3.704	0.144	17.371	17.940	5	25
	电力热力燃气及水生产和供应业	91	19.461	3.827	0.401	18.664	20.258	10	25
	建筑业	568	17.547	3.817	0.160	17.232	17.862	5	25
	交通运输仓储和邮政业	955	17.973	3.900	0.126	17.726	18.221	6	25
	其他服务业	3408	17.580	3.612	0.061	17.459	17.702	5	25
	总计	5978	17.693	3.704	0.047	17.599	17.787	5	25
专注敬业	农林牧渔业	292	18.158	3.428	0.200	17.762	18.552	9	25
	采矿业	10	18.600	3.405	1.077	16.163	21.036	13	25
	制造业	654	17.764	3.622	0.141	17.486	18.042	5	25
	电力热力燃气及水生产和供应业	91	19.054	3.682	0.386	18.287	19.821	10	25
	建筑业	568	17.924	3.770	0.158	17.613	18.235	5	25
	交通运输仓储和邮政业	955	18.157	3.676	0.118	17.923	18.390	8	25
	其他服务业	3408	17.738	3.519	0.060	17.620	17.856	5	25
	总计	5978	17.867	3.584	0.046	17.777	17.958	5	25
工匠精神总分	农林牧渔业	292	89.493	15.114	0.884	87.752	91.234	46	125
	采矿业	10	91.700	16.398	5.185	79.969	103.430	73	119
	制造业	654	88.544	15.552	0.608	87.350	89.738	29	125
	电力热力燃气及水生产和供应业	91	96.307	17.023	1.784	92.762	99.853	59	125
	建筑业	568	88.406	16.081	0.674	87.081	89.732	25	125
	交通运输仓储和邮政业	955	90.504	16.262	0.526	89.472	91.537	36	125
	其他服务业	3408	87.930	14.874	0.254	87.430	88.430	25	125
	总计	5978	88.664	15.394	0.199	88.274	89.054	25	125

由表5-7可以发现：在工匠精神总分上，电力热力燃气及水生产和供应业专业学生的平均水平最高，其次是采矿业专业学生的平均水平，排名第三到第五的依次是交通运输仓储和邮政业专业学生的平均水平，农林牧渔业专业学生的平均水平，制造业专业的学生平均水平，其他服务业专业学生的平均水平最低。在最低分方面，其他服务业和建筑业专业的学生最低都是25分，制造业专业的学生是29分，采矿业专业的学生最高，是73分，其次是电力热力燃气及水生产和供应业专业的学生，为59分。在最高分方面，农林牧渔业、制造业、电力热力燃气及水生产和供应业、建筑业、交通运输仓储和邮政业、其他服务业等6个专业类别的学生都是125分，只有采矿业专业的学生是119分。

在善学求新维度上，也是电力热力燃气及水生产和供应业专业学生的平均水平最高，其次是采矿业专业学生的平均水平，排名第三到第五的依次是交通运输仓储和邮政业专业学生的平均水平、农林牧渔业专业学生的平均水平、制造业专业学生的平均水平，其他服务业专业学生的平均水平最低。在最低分方面，制造业、建筑业、交通运输仓储和邮政业和其他服务业专业的学生最低都是10分，农林牧渔业专业的学生是16分，采矿业专业的学生最高，是27分。在最高分方面，农林牧渔业、制造业、电力热力燃气及水生产和供应业、建筑业、交通运输仓储和邮政业、其他服务业等6个专业类别的学生都是125分，只有采矿业专业的学生是48分。

在责任担当维度上，电力热力燃气及水生产和供应业专业学生的平均水平最高，其次是采矿业专业学生的平均水平、排名第三到第五的依次是交通运输仓储和邮政业专业学生的平均水平、农林牧渔业专业学生的平均水平，制造业专业的学生平均水平，建筑业专业学生的平均水平最低。在最低分方面，制造业、建筑业、交通运输仓储和邮政业以及其他服务业专业的学生最低都是5分，农林牧渔业专业的学生是6分，采矿业专业的学生最高，是15分，其次是电力热力燃气及水生产和供应业专业的学生，为14分。在最高分方面，农林牧渔业、制造业、电力热力燃气及水生产和供应业、建筑业、交通运输仓储和邮政业、其他服务业等6个专业类别的学生都是25分，只有采矿业专业的学生是24分。

在精益求精维度上,电力热力燃气及水生产和供应业专业学生的平均水平最高,其次是采矿业专业学生的平均水平,排名第三到第五的依次是交通运输仓储和邮政业专业学生的平均水平、农林牧渔业专业学生的平均水平、制造业专业学生的平均水平,建筑业专业学生的平均水平最低。在最低分方面,制造业、建筑业和其他服务业专业的学生最低都是 5 分,交通运输、仓储和邮政业专业的学生是 6 分,采矿业专业的学生最高,是 14 分,其次是电力热力燃气及水生产和供应业专业的学生,为 10 分。在最高分方面,农林牧渔业、采矿业、制造业、电力热力燃气及水生产和供应业、建筑业、交通运输仓储和邮政业、其他服务业等 7 个专业类别的学生都是 25 分。

在专注敬业维度上,电力热力燃气及水生产和供应业专业学生的平均水平最高,其次是采矿业专业学生的平均水平,排名第三到第五的依次是农林牧渔业专业学生的平均水平、交通运输仓储和邮政业专业学生的平均水平、建筑业的专业学生平均水平,其他服务业专业学生的平均水平最低。在最低分方面,制造业、建筑业和其他服务业专业的学生最低都是 5 分,交通运输仓储和邮政业专业的学生是 8 分,采矿业专业的学生最高,是 13 分,其次是电力热力燃气及水生产和供应业专业的学生,为 10 分。在最高分方面,农林牧渔业、采矿业、制造业、电力热力燃气及水生产和供应业、建筑业、交通运输仓储和邮政业、其他服务业等 7 个专业类别的学生都是 25 分。

进一步分析不同专业类别的高职高专学生工匠精神的差异,先进行方差齐性检验,检验结果如表 5-8 所示。

表 5-8　不同专业类别的学生工匠精神方差齐性检验表

因素	莱文统计	自由度1	自由度2	P
善学求新	3.047	6	5971	0.006
责任担当	1.441	6	5971	0.195
精益求精	2.460	6	5971	0.022
专注敬业	1.474	6	5971	0.183
工匠精神总分	4.196	6	5971	0.000

由方差齐性检验结果可知：工匠精神总分的 P 值和善学求新维度、精益求精维度的 P 值分别是 0.000、0.006、0.022，小于 0.05，说明方差不齐，接下来需要对这几个因素进行韦尔奇和布朗—福赛斯平均值相等性稳健检验。检验结果如表 5-9 所示。而责任担当维度和专注敬业维度的 P 值分别是 0.195 和 0.183，大于 0.05，说明方差是齐的，因此对这两个维度的数据采用 ANOVA 分析。结果见表 5-10。

表 5-9　平均值相等性稳健检验

因素	检验	统计[a]	自由度1	自由度2	P
善学求新	韦尔奇	8.061	6	124.699	0.000
	布朗—福塞斯	8.190	6	208.777	0.000
精益求精	韦尔奇	4.853	6	124.876	0.000
	布朗—福塞斯	5.161	6	319.492	0.000
工匠精神总分	韦尔奇	6.513	6	124.761	0.000
	布朗—福塞斯	6.974	6	254.423	0.000

注：a 为渐近 F 分布。

表 5-10　不同专业类别的高职高专学生责任担当和专注敬业的 ANOVA 分析

因素	组别	平方和	自由度	均方	F	P
责任担当	组间	303.910	6	50.652	3.819**	0.001
	组内	79199.813	5971	13.264		
	总计	79503.723	5977			
专注敬业	组间	303.747	6	50.624	3.952**	0.001
	组内	76477.854	5971	12.808		
	总计	76781.601	5977			

注：** 为 $P<0.01$。

从表 5-9 和表 5-10 的分析结果可知，不同专业类别的高职高专学生在工匠精神总分及各维度得分的显著性值 P 均小于 0.05，说明不同专业类别的学生的工匠精神总分和各个维度上的得分存在显著性差异。

为进一步确定不同专业类别的学生在工匠精神总分和各个维度上的具体差异,需要对数据进行事后多重比较分析。结合表 5-8 的方差齐性检验结果来看,由于责任担当和专注敬业维度通过方差齐性检验,故对这两个因素采用 LSD 方式进行事后多重比较分析,结果见表 5-11。而工匠精神总分和善学求新维度、精益求精维度的方差是不齐的,故接下来需要对它们进行塔姆黑尼检验,检验结果如表 5-12 所示。

表 5-11 不同专业类别学生责任担当和专注敬业的多重分析

因素	学校类型(i)	学校类型(j)	均值差值($i-j$)	标准误	P	95% 置信区间 下限	95% 置信区间 上限
责任担当	农林牧渔业	采矿业	−0.471	1.171	0.687	−2.768	1.824
		制造业	0.016	0.256	0.948	−0.485	0.519
		电力热力燃气及水生产和供应业	−1.253**	0.437	0.004	−2.110	−0.396
		建筑业	0.119	0.262	0.647	−0.394	0.634
		交通运输仓储和邮政业	−0.356	0.243	0.144	−0.833	0.121
		其他服务业	0.093	0.222	0.674	−0.341	0.528
	采矿业	农林牧渔业	0.471	1.171	0.687	−1.824	2.768
		制造业	0.488	1.160	0.674	−1.786	2.763
		电力热力燃气及水生产和供应业	−0.781	1.213	0.520	−3.159	1.597
		建筑业	0.591	1.161	0.610	−1.685	2.869
		交通运输仓储和邮政业	0.115	1.157	0.920	−2.153	2.385
		其他服务业	0.565	1.153	0.624	−1.695	2.826

续表

因素	学校类型(i)	学校类型(j)	均值差值(i−j)	标准误	P	95%置信区间 下限	95%置信区间 上限
责任担当	制造业	农林牧渔业	−0.016	0.256	0.948	−0.519	0.485
		采矿业	−0.488	1.160	0.674	−2.763	1.786
		电力热力燃气及水生产和供应业	−1.270**	0.407	0.002	−2.068	−0.471
		建筑业	0.103	0.208	0.621	−0.306	0.512
		交通运输仓储和邮政业	−0.372*	0.184	0.044	−0.735	−0.010
		其他服务业	0.076	0.155	0.621	−0.228	0.381
	电力热力燃气及水生产和供应业	农林牧渔业	1.253**	0.437	0.004	0.396	2.110
		采矿业	0.781	1.213	0.520	−1.597	3.159
		制造业	1.270**	0.407	0.002	0.471	2.068
		建筑业	1.373**	0.411	0.001	0.567	2.179
		交通运输仓储和邮政业	0.897*	0.399	0.025	0.113	1.680
		其他服务业	1.346**	0.386	0.001	0.588	2.105
	建筑业	农林牧渔业	−0.119	0.262	0.647	−0.634	0.394
		采矿业	−0.591	1.161	0.610	−2.869	1.685
		制造业	−0.103	0.208	0.621	−0.512	0.306
		电力热力燃气及水生产和供应业	−1.373**	0.411	0.001	−2.179	−0.567
		交通运输仓储和邮政业	−0.476*	0.192	0.014	−0.854	−0.097
		其他服务业	−0.026	0.165	0.873	−0.350	0.297

续表

因素	学校类型(i)	学校类型(j)	均值差值 ($i-j$)	标准误	P	95% 置信区间 下限	95% 置信区间 上限
责任担当	交通运输仓储和邮政业	农林牧渔业	0.356	0.243	0.144	−0.1212	0.833
		采矿业	−0.115	1.157	0.920	−2.385	2.153
		制造业	0.372*	0.184	0.044	0.010	0.735
		电力热力燃气及水生产和供应业	−0.897*	0.399	0.025	−1.680	−0.113
		建筑业	0.476*	0.192	0.014	0.097	0.854
		其他服务业	0.449**	0.133	0.001	0.188	0.711
	其他服务业	农林牧渔业	−0.093	0.222	0.674	−0.528	0.341
		采矿业	−0.565	1.153	0.624	−2.826	1.695
		制造业	−0.076	0.155	0.621	−0.381	0.228
		电力热力燃气及水生产和供应业	−1.346**	0.386	0.001	−2.105	−0.588
		建筑业	0.026	0.165	0.873	−0.297	0.350
		交通运输仓储和邮政业	−0.449**	0.133	0.001	−0.711	−0.188
专注敬业	农林牧渔业	采矿业	−0.442	1.150	0.701	−2.698	1.813
		制造业	0.393	0.251	0.119	−0.100	0.886
		电力热力燃气及水生产和供应业	−0.897*	0.429	0.037	−1.739	−0.055
		建筑业	0.233	0.257	0.365	−0.272	0.738
		交通运输仓储和邮政业	0.000	0.239	0.998	−0.468	0.469
		其他服务业	0.418	0.218	0.055	−0.008	0.846

续表

因素	学校类型(i)	学校类型(j)	均值差值(i−j)	标准误	P	95%置信区间 下限	95%置信区间 上限
专注敬业	采矿业	农林牧渔业	0.442	1.150	0.701	−1.813	2.698
		制造业	0.835	1.140	0.464	−1.400	3.071
		电力热力燃气及水生产和供应业	−0.454	1.192	0.703	−2.792	1.882
		建筑业	0.675	1.141	0.554	−1.562	2.913
		交通运输仓储和邮政业	0.442	1.137	0.697	−1.787	2.673
		其他服务业	0.861	1.133	0.447	−1.360	3.083
	制造业	农林牧渔业	−0.393	0.251	0.119	−0.886	0.100
		采矿业	−0.835	1.140	0.464	−3.071	1.400
		电力热力燃气及水生产和供应业	−1.290**	0.400	0.001	−2.075	−0.505
		建筑业	−0.159	0.205	0.436	−0.562	0.242
		交通运输仓储和邮政业	−0.392*	0.181	0.031	−0.748	−0.036
		其他服务业	0.025	0.152	0.865	−0.273	0.325
	电力热力燃气及水生产和供应业	农林牧渔业	0.897*	0.429	0.037	0.055	1.739
		采矿业	0.454	1.192	0.703	−1.882	2.792
		制造业	1.290**	0.400	0.001	0.505	2.075
		建筑业	1.130**	0.404	0.005	0.338	1.922
		交通运输仓储和邮政业	0.897*	0.392	0.022	0.128	1.667
		其他服务业	1.316**	0.380	0.001	0.571	2.061

续表

因素	学校类型(i)	学校类型(j)	均值差值 ($i-j$)	标准误	P	95%置信区间 下限	95%置信区间 上限
专注敬业	建筑业	农林牧渔业	-0.233	0.257	0.365	-0.738	0.272
		采矿业	-0.675	1.141	0.554	-2.913	1.562
		制造业	0.159	0.205	0.436	-0.242	0.562
		电力热力燃气及水生产和供应业	-1.130**	0.404	0.005	-1.922	-0.338
		交通运输仓储和邮政业	-0.232	0.189	0.220	-0.604	0.139
		其他服务业	0.185	0.162	0.252	-0.132	0.503
	交通运输仓储和邮政业	农林牧渔业	-0.000	0.239	0.998	-0.469	0.468
		采矿业	-0.442	1.137	0.697	-2.673	1.787
		制造业	0.392*	0.181	0.031	0.0364	0.748
		电力热力燃气及水生产和供应业	-0.897*	0.392	0.022	-1.667	-0.128
		建筑业	0.232	0.189	0.220	-0.139	0.604
		其他服务业	0.418**	0.131	0.001	0.161	0.675
	其他服务业	农林牧渔业	-0.418	0.218	0.055	-0.846	0.008
		采矿业	-0.861	1.133	0.447	-3.083	1.360
		制造业	-0.025	0.152	0.865	-0.325	0.273
		电力热力燃气及水生产和供应业	-1.316**	0.380	0.001	-2.061	-0.571
		建筑业	-0.185	0.162	0.252	-0.503	0.132
		交通运输仓储和邮政业	-0.418**	0.131	0.001	-0.675	-0.161

注:* 为 $P<0.05$,** 为 $P<0.01$

表 5-12　不同专业类别学生工匠精神总分和善学求新、精益求精维度的多重分析

因素	学校类型(i)	学校类型(j)	均值差值(i−j)	标准误	P	95%置信区间 下限	95%置信区间 上限
善学求新	农林牧渔业	采矿业	−0.569	2.460	1.000	−10.624	9.486
		制造业	0.318	0.480	1.000	−1.146	1.782
		电力热力燃气及水生产和供应业	−3.079*	0.877	0.013	−5.786	−0.371
		建筑业	0.404	0.492	1.000	−1.093	1.902
		交通运输仓储和邮政业	−0.558	0.457	0.995	−1.953	0.835
		其他服务业	0.754	0.414	0.780	−0.511	2.019
	采矿业	农林牧渔业	0.569	2.460	1.000	−9.486	10.624
		制造业	0.887	2.442	1.000	−9.193	10.968
		电力热力燃气及水生产和供应业	−2.509	2.550	1.000	−12.491	7.471
		建筑业	0.973	2.444	1.000	−9.104	11.050
		交通运输仓储和邮政业	0.010	2.437	1.000	−10.077	10.098
		其他服务业	1.323	2.430	1.000	−8.776	11.423
	制造业	农林牧渔业	−0.318	0.480	1.000	−1.782	1.146
		采矿业	−0.887	2.442	1.000	−10.968	9.193
		电力热力燃气及水生产和供应业	−3.397**	0.825	0.002	−5.958	−0.836
		建筑业	0.085	0.393	1.000	−1.108	1.280
		交通运输仓储和邮政业	−0.876	0.349	0.227	−1.937	0.183
		其他服务业	0.435	0.290	0.951	−0.446	1.317

续表

因素	学校类型(i)	学校类型(j)	均值差值 ($i-j$)	标准误	P	95%置信区间 下限	95%置信区间 上限
善学求新	电力热力燃气及水生产和供应业	农林牧渔业	3.079*	0.877	0.013	0.371	5.786
		采矿业	2.509	2.550	1.000	−7.471	12.491
		制造业	3.397**	0.825	0.002	0.836	5.958
		建筑业	3.483**	0.832	0.001	0.903	6.062
		交通运输仓储和邮政业	2.520	0.812	0.051	−0.003	5.043
		其他服务业	3.833***	0.788	0.000	1.375	6.290
	建筑业	农林牧渔业	−0.404	0.492	1.000	−1.902	1.093
		采矿业	−0.973	2.444	1.000	−11.050	9.104
		制造业	−0.085	0.393	1.000	−1.280	1.108
		电力热力燃气及水生产和供应业	−3.483**	0.832	0.001	−6.062	−0.903
		交通运输仓储和邮政业	−0.962	0.364	0.162	−2.069	0.144
		其他服务业	0.350	0.308	0.998	−0.587	1.287
	交通运输仓储和邮政业	农林牧渔业	0.558	0.457	0.995	−0.835	1.953
		采矿业	−0.010	2.437	1.000	−10.098	10.077
		制造业	0.876	0.349	0.227	−0.183	1.937
		电力热力燃气及水生产和供应业	−2.520	0.812	0.051	−5.043	0.003
		建筑业	0.962	0.364	0.162	−0.144	2.069
		其他服务业	1.312***	0.249	0.000	0.554	2.0711
	其他服务业	农林牧渔业	−0.754	0.414	0.780	−2.019	0.511
		采矿业	−1.323	2.430	1.000	−11.423	8.776
		制造业	−0.435	0.290	0.951	−1.317	0.446
		电力热力燃气及水生产和供应业	−3.833***	0.788	0.000	−6.290	−01.375
		建筑业	−0.350	0.308	0.998	−1.287	0.587
		交通运输仓储和邮政业	−1.312***	0.249	0.000	−2.071	−0.554

续表

因素	学校类型(i)	学校类型(j)	均值差值($i-j$)	标准误	P	95%置信区间下限	95%置信区间上限
精益求精	农林牧渔业	采矿业	−0.723	1.157	1.000	−5.427	3.9811
		制造业	0.220	0.259	1.000	−0.570	1.012
		电力热力燃气及水生产和供应业	−1.584*	0.455	0.014	−2.990	−0.179
		建筑业	0.329	0.268	0.995	−0.488	1.147
		交通运输仓储和邮政业	−0.097	0.250	1.000	−0.858	0.664
		其他服务业	0.296	0.224	0.987	−0.389	0.981
	采矿业	农林牧渔业	0.723	1.157	1.000	−3.981	5.427
		制造业	0.944	1.146	1.000	−3.775	5.663
		电力热力燃气及水生产和供应业	−0.861	1.205	1.000	−5.533	3.810
		建筑业	1.052	1.148	1.000	−3.663	5.768
		交通运输仓储和邮政业	0.626	1.144	1.000	−4.096	5.348
		其他服务业	1.019	1.138	1.000	−3.711	5.750
	制造业	农林牧渔业	−0.220	0.259	1.000	−1.012	0.5706
		采矿业	−0.944	1.146	1.000	−5.663	3.775
		电力热力燃气及水生产和供应业	−1.805**	0.426	0.001	−3.127	−0.483
		建筑业	0.108	0.215	1.000	−0.547	0.764
		交通运输仓储和邮政业	−0.317	0.192	0.886	−0.901	0.265
		其他服务业	0.075	0.157	1.000	−0.403	0.554
	电力热力燃气及水生产和供应业	农林牧渔业	1.584*	0.455	0.014	0.179	2.990
		采矿业	0.861	1.205	1.000	−3.810	5.533
		制造业	1.805**	0.426	0.001	0.483	3.127
		建筑业	1.914***	0.432	0.000	0.576	3.251
		交通运输仓储和邮政业	1.487*	0.420	0.012	0.182	2.793
		其他服务业	1.880***	0.405	0.000	0.616	3.145

续表

因素	学校类型(i)	学校类型(j)	均值差值 ($i-j$)	标准误	P	95%置信区间 下限	95%置信区间 上限
精益求精	建筑业	农林牧渔业	−0.329	0.268	0.995	−1.147	0.488
		采矿业	−1.052	1.148	1.000	−5.768	3.663
		制造业	−0.108	0.215	1.000	−0.764	0.547
		电力热力燃气及水生产和供应业	−1.914***	0.432	0.000	−3.251	−0.576
		交通运输仓储和邮政业	−0.426	0.203	0.545	−1.045	0.193
	交通运输仓储和邮政业	其他服务业	−0.033	0.171	1.000	−0.555	0.489
		农林牧渔业	0.097	0.250	1.000	−0.664	0.858
		采矿业	−0.626	1.144	1.000	−5.348	4.096
		制造业	0.317	0.192	0.886	−0.265	0.901
		电力热力燃气及水生产和供应业	−1.487*	0.420	0.012	−2.793	−0.182
		建筑业	0.426	0.203	0.545	−0.193	1.045
	其他服务业	其他服务业	0.393	0.140	0.104	−0.033	0.819
		农林牧渔业	−0.296	0.224	0.987	−0.981	0.389
		采矿业	−1.019	1.138	1.000	−5.750	3.711
		制造业	−0.075	0.157	1.000	−0.554	0.403
		电力热力燃气及水生产和供应业	−1.880***	0.405	0.000	−3.145	−0.616
		建筑业	0.033	0.171	1.000	−0.489	0.555
		交通运输仓储和邮政业	−0.393	0.140	0.104	−0.819	0.033
工匠精神总分	农林牧渔业	采矿业	−2.206	5.260	1.000	−23.679	19.265
		制造业	0.948	1.073	1.000	−2.318	4.216
		电力热力燃气及水生产和供应业	−6.814*	1.991	0.017	−12.964	−0.664
		建筑业	1.086	1.112	1.000	−2.299	4.472
		交通运输仓储和邮政业	−1.011	1.029	1.000	−4.146	2.123
		其他服务业	1.562	0.920	0.864	−1.248	4.373

续表

因素	学校类型(i)	学校类型(j)	均值差值 ($i-j$)	标准误	P	95%置信区间 下限	95%置信区间 上限
工匠精神总分	采矿业	农林牧渔业	2.206	5.260	1.000	−19.265	23.679
		制造业	3.155	5.221	1.000	−18.371	24.682
		电力热力燃气及水生产和供应业	−4.607	5.484	1.000	−25.915	16.700
		建筑业	3.293	5.229	1.000	−18.221	24.808
		交通运输仓储和邮政业	1.195	5.212	1.000	−20.345	22.735
		其他服务业	3.769	5.191	1.000	−17.803	25.342
	制造业	农林牧渔业	−0.948	1.073	1.000	−4.216	2.318
		采矿业	−3.155	5.221	1.000	−24.682	18.371
		电力热力燃气及水生产和供应业	−7.763**	1.885	0.002	−13.610	−1.916
		建筑业	0.137	0.908	1.000	−2.621	2.896
		交通运输仓储和邮政业	−1.960	0.804	0.271	−4.402	0.481
		其他服务业	0.613	0.659	1.000	−1.390	2.618
	电力热力燃气及水生产和供应业	农林牧渔业	6.814*	1.991	0.017	0.664	12.964
		采矿业	4.607	5.484	1.000	−16.700	25.915
		制造业	7.763**	1.885	0.002	1.916	13.610
		建筑业	7.901**	1.907	0.001	1.990	13.811
		交通运输仓储和邮政业	5.802*	1.860	0.048	0.026	11.579
		其他服务业	8.377***	1.802	0.000	2.761	13.992
	建筑业	农林牧渔业	−1.086	1.112	1.000	−4.472	2.299
		采矿业	−3.293	5.229	1.000	−24.808	18.221
		制造业	−0.137	0.908	1.000	−2.896	2.621
		电力热力燃气及水生产和供应业	−7.901**	1.907	0.001	−13.811	−1.990
		交通运输仓储和邮政业	−2.098	0.855	0.262	−4.697	0.500
		其他服务业	0.476	0.721	1.000	−1.717	2.669

续表

因素	学校类型(i)	学校类型(j)	均值差值 ($i-j$)	标准误	P	95%置信区间 下限	95%置信区间 上限
工匠精神总分	交通运输仓储和邮政业	农林牧渔业	1.011	1.029	1.000	−2.123	4.146
		采矿业	−1.195	5.212	1.000	−22.735	20.345
		制造业	1.960	0.804	0.271	−0.481	4.402
		电力热力燃气及水生产和供应业	−5.802*	1.860	0.048	−11.579	−0.026
		建筑业	2.098	0.855	0.262	−0.500	4.697
		其他服务业	2.574***	0.584	0.000	0.799	4.349
	他服务业	农林牧渔业	−1.562	0.920	0.864	−4.373	1.248
		采矿业	−3.769	5.191	1.000	−25.342	17.803
		制造业	−0.613	0.659	1.000	−2.618	1.390
		电力热力燃气及水生产和供应业	−8.377***	1.802	0.000	−13.992	−2.761
		建筑业	−0.476	0.721	1.000	−2.669	1.717
		交通运输仓储和邮政业	−2.574***	0.584	0.000	−4.349	−0.799

注：* 为 $P<0.05$，** 为 $P<0.01$，*** $P<0.001$。

事后多重比较发现：在工匠精神总分上，农林牧渔业专业学生的得分与电力热力燃气及水生产和供应业专业学生的得分差值的显著性值 P 是 0.017，小于 0.05，说明其差异达到显著性水平，农林牧渔业专业学生的得分显著低于电力热力燃气及水生产和供应业专业学生的得分。制造业专业学生的得分与电力热力燃气及水生产和供应业专业学生的得分差值的显著性值 P 是 0.002，小于 0.05，说明其差异达到显著性水平，制造业专业学生的得分显著低于电力热力燃气及水生产和供应业专业学生的得分。电力热力燃气及水生产和供应业专业学生的得分除了与以上两个专业学生的得分差异显著之外，与建筑业、交通运输仓储和邮政业、其他服务业专业学生的得分差值的显著性值 P 均小于 0.05，即电力热力燃气及水生产和供应业专业学生的得分显著高于建筑业、交通运输仓储和邮政业、其他服务业专业学生的得分。交通运输仓储和邮政业、其他服务业专业学生的得分差值的显著性值 P 为 0.000,小于 0.05,即交通运输仓储和邮政业专业学生的得分显著高于其他服务业专业学生的得分。

在善学求新维度上,电力热力燃气及水生产和供应业专业学生的得分与农林牧渔业、制造业、建筑业、其他服务业专业学生的得分差值的显著性值 P 分别是 0.013、0.002、0.001、0.000,均小于 0.05,说明其差异达到显著性水平,即电力热力燃气及水生产和供应业专业学生的得分显著高于农林牧渔业、制造业、建筑业、其他服务业专业学生的得分。交通运输仓储和邮政业专业学生的得分与其他服务业专业学生的得分差值的显著性值 P 是 0.000,小于 0.05,说明其差异达到显著性水平,即交通运输仓储和邮政业专业的学生得分显著高于其他服务业专业的学生得分。

在责任担当维度上,电力热力燃气及水生产和供应业专业学生的得分与农林牧渔业、制造业、建筑业、交通运输仓储和邮政业、其他服务业专业学生的得分差值的显著性值 P 分别是 0.004、0.002、0.001、0.025、0.001,均小于 0.05,说明其差异达到显著性水平,即电力热力燃气及水生产和供应业专业学生的得分显著高于农林牧渔业、制造业、建筑业、交通运输仓储和邮政业、其他服务业专业学生的得分。交通运输仓储和邮政业专业学生的得分除了与电力热力燃气及水生产和供应业专业学生的得分有显著性差异之外,与制造业、建筑业、其他服务业专业学生的得分差值的显著性值 P 也均小于 0.05,说明其差异达到显著性水平,即交通运输仓储和邮政业专业学生的得分显著高于制造业、建筑业、其他服务业专业学生的得分。

在精益求精维度上,电力热力燃气及水生产和供应业专业学生的得分与农林牧渔业、制造业、建筑业、交通运输仓储和邮政业、其他服务业专业的学生得分差值的显著性值 P 分别是 0.014、0.001、0.000、0.012、0.000,均小于 0.05,说明其差异达到显著性水平,即电力热力燃气及水生产和供应业专业学生的得分显著高于农林牧渔业、制造业、建筑业、交通运输仓储和邮政业、其他服务业专业学生的得分。

在专注敬业维度上,电力热力燃气及水生产和供应业专业学生的得分与农林牧渔业、制造业、建筑业、交通运输仓储和邮政业、其他服务业专业的学生得分差值的显著性值 P 分别是 0.037、0.001、0.005、0.022、0.001,

均小于 0.05,说明其差异达到显著性水平,即电力热力燃气及水生产和供应业专业学生的得分显著高于农林牧渔业、制造业、建筑业、交通运输仓储和邮政业、其他服务业专业学生的得分。交通运输仓储和邮政业专业学生的得分除了与电力热力燃气及水生产和供应业专业学生的得分有显著性差异之外,与制造业、其他服务业专业学生的得分差值的显著性值 P 也均小于 0.05,说明其差异达到显著性水平,即交通运输仓储和邮政业专业学生的得分显著高于制造业、其他服务业专业学生的得分。

三、不同类型高职高专院校学生工匠精神差异比较

(一)示范院校、骨干院校、普通院校学生工匠精神差异比较

为了分析示范性高职院校、骨干高职院校、普通高职院校的学生工匠精神培育现状,我们首先对不同学校类型的高职高专学生工匠精神及各维度得分进行描述分析,分析结果如表 5-13 所示。

表 5-13 示范院校、骨干院校、普通院校学生工匠精神的基本描述统计量

因素	学校类型	样本量	均值	标准差	标准误	均值的95%置信区间 下限	均值的95%置信区间 上限	最小值	最大值
善学求新	示范院校	899	34.608	6.858	0.228	34.159	35.057	10	50
善学求新	骨干院校	1576	34.503	6.578	0.165	34.178	34.828	10	50
善学求新	普通院校	3503	34.751	6.684	0.112	34.530	34.973	10	50
善学求新	总计	5978	34.664	6.683	0.086	34.495	34.834	10	50
责任担当	示范院校	899	18.233	3.814	0.127	17.983	18.483	5	25
责任担当	骨干院校	1576	18.487	3.565	0.089	18.311	18.663	7	25
责任担当	普通院校	3503	18.468	3.638	0.061	18.348	18.589	5	25
责任担当	总计	5978	18.438	3.647	0.047	18.345	18.530	5	25

续表

因素	学校类型	样本量	均值	标准差	标准误	均值的95%置信区间 下限	均值的95%置信区间 上限	最小值	最大值
精益求精	示范院校	899	17.467	3.783	0.126	17.219	17.714	5	25
	骨干院校	1576	17.674	3.672	0.092	17.493	17.855	5	25
	普通院校	3503	17.759	3.697	0.062	17.637	17.882	5	25
	总计	5978	17.693	3.704	0.047	17.599	17.787	5	25
专注敬业	示范院校	899	17.559	3.519	0.117	17.329	17.789	5	25
	骨干院校	1576	17.864	3.548	0.089	17.688	18.039	5	25
	普通院校	3503	17.948	3.612	0.061	17.828	18.068	5	25
	总计	5978	17.867	3.584	0.046	17.777	17.958	5	25
工匠精神总分	示范院校	899	87.868	15.835	0.528	86.832	88.905	25	125
	骨干院校	1576	88.529	15.123	0.380	87.782	89.276	40	125
	普通院校	3503	88.929	15.396	0.260	88.419	89.439	25	125
	总计	5978	88.664	15.394	0.199	88.274	89.054	25	125

由表 5-13 可以发现：在工匠精神总分上，普通院校学生的平均水平高于骨干院校学生的平均水平，示范院校学生的平均水平最低。在最低分方面，普通院校和示范院校都是 25 分，骨干院校是 40 分。示范院校、骨干院校和普通院校的最高分都是 125 分。

在善学求新维度上，普通院校学生的平均水平高于示范院校学生的平均水平，骨干院校学生的平均水平最低。在最低分方面，示范院校、骨干院校和普通院校都是 10 分。示范院校、骨干院校和普通院校的最高分都是 50 分。

在责任担当维度上，骨干院校学生的平均水平高于普通院校学生的平均水平，示范院校学生的平均水平最低。在最低分方面，骨干院校最高，是 7 分，示范院校和普通院校的都是 5 分。示范院校、骨干院校和普通院校的最高分都是 25 分。

在精益求精维度上，普通院校学生的平均水平高于骨干院校学生的平均水平，示范院校学生的平均水平最低。在最低分方面，示范院校、骨干院校和普通院校都是 5 分。示范院校、骨干院校和普通院校的最高分都是 25 分。

在专注敬业维度上,普通院校学生的平均水平高于骨干院校学生的平均水平,示范院校学生的平均水平最低。在最低分方面,示范院校、骨干院校和普通院校都是5分。示范院校、骨干院校和普通院校的最高分都是25分。

进一步分析不同学校类型的高职高专学生工匠精神的差异。先进行方差齐性检验,检验结果如表5-14所示。

表5-14 示范院校、骨干院校、普通院校学生工匠精神方差齐性检验

因素	莱文统计	自由度1	自由度2	P
善学求新	0.622	2	5975	0.537
责任担当	2.184	2	5975	0.113
精益求精	0.135	2	5975	0.874
专注敬业	1.139	2	5975	0.320
工匠精神总分	1.099	2	5975	0.333

由方差齐性检验结果可知:工匠精神总分的P值和各个维度的P值分别是0.333、0.537、0.113、0.874、0.320均大于0.05,因此可以认为方差都是齐性的,以下的单因素方差分析的结果是有效的。

我们以不同的学校类型为自变量,以高职高专学生工匠精神总分及各因子分为因变量,采用单因素方差分析法考察不同学校类型的高职高专学生工匠精神总分及各维度得分是否存在显著差异。结果见表5-15。

表5-15 不同学校类型的高职高专学生工匠精神的ANOVA分析

因素	组别	平方和	自由度	均方	F	P
善学求新	组间	70.616	2	35.308	0.790	0.454
	组内	266895.584	5975	44.669		
	总计	266966.201	5977			
责任担当	组间	44.704	2	22.352	1.681	0.186
	组内	79459.019	5975	13.299		
	总计	79503.723	5977			

续表

因素	组别	平方和	自由度	均方	F	P
精益求精	组间	62.068	2	31.034	2.262	0.104
	组内	81958.889	5975	13.717		
	总计	82020.958	5977			
专注敬业	组间	108.342	2	54.171	4.221*	0.015
	组内	76673.259	5975	12.832		
	总计	76781.601	5977			
总计	组间	843.576	2	421.788	1.780	0.169
	组内	1415579.612	5975	236.917		
	总计	1416423.188	5977			

注：* 为 $P<0.05$。

从表 5-15 所示的单因素方差分析结果可以看出，示范性高职院校、骨干高职院校、普通高职院校的学生工匠精神总分及善学求新、责任担当、精益求精等维度的得分的显著性值 P 分别是 0.169、0.454、0.186、0.104，均大于 0.05，也就是说不同学校类型的学生的工匠精神总分和善学求新、责任担当、精益求精等维度上的得分没有显著性差异。专注敬业维度的显著性值 P 为 0.015，小于 0.05，说明不同学校类型的学生在专注敬业维度上的表现存在显著性差异。

为进一步确定不同学校类型在专注敬业维度上的具体差异，需要对数据进行事后多重比较分析。结合表 5-14 的方差齐性检验结果来看，由于专注敬业维度通过方差齐性检验，采用 LSD 方式进行事后多重比较分析。结果见表 5-16。

事后多重比较发现，专注敬业维度在学校类型上，示范性高职院校学生得分与骨干高职院校学生、普通高职院校学生得分的显著性值 P 分别是 0.042 和 0.04，均小于 0.05，说明其差异达到显著性水平，示范性高职院校学生的得分显著低于骨干高职院校学生得分和普通高职院校学生的得分。而骨干院校学生得分和普通院校学生得分的显著性值 P 为 0.437，大于 0.05，说明其差异没有达到显著性水平。

表 5-16　专注敬业在学校类型上的事后比较

学校类型(i)	学校类型(j)	均值差值(i-j)	标准误	P	95%置信区间 下限	95%置信区间 上限
示范院校	骨干院校	-0304*	0.149	0.042	-0.598	-0.011
示范院校	普通院校	-0389*	0.133	0.004	-0.651	-0.126
骨干院校	示范院校	0.304*	0.149	0.042	0.011	0.598
骨干院校	普通院校	-0.084	0.108	0.437	-0.297	0.128
普通院校	示范院校	0.389*	0.133	0.004	0.126	0.651
普通院校	骨干院校	0.084	0.108	0.437	-0.128	0.297

注：* 为 $P<0.05$。

(二)不同专业类别高职高专院校学生工匠精神差异比较

我们将所调查的高职高专学生所属的院校分为综合类、理工类、财经类、经管文类、农林类和旅游类等6个类别。为了分析不同专业类别高职高专院校学生工匠精神培育现状，首先对不同专业类别高职高专院校学生工匠精神及各维度得分进行描述分析，分析结果如表5-17所示。

表 5-17　不同专业类别高职高专院校学生工匠精神的基本描述统计量

因素	院校专业类别	样本量	均值	标准差	标准误	均值的95%置信区间 下限	均值的95%置信区间 上限	最小值	最大值
善学求新	综合类	1987	34.469	6.670	0.149	34.176	34.763	10	50
善学求新	理工类	2691	34.769	6.765	0.130	34.513	35.025	10	50
善学求新	财经类	725	34.620	6.772	0.251	34.126	35.114	10	50
善学求新	经管文类	159	34.905	5.912	0.468	33.979	35.831	22	50
善学求新	农林类	236	35.614	6.989	0.454	34.718	36.510	10	50
善学求新	旅游类	180	33.977	5.200	0.387	33.212	34.742	21	49
善学求新	总计	5978	34.664	6.683	0.086	34.495	34.834	10	50

续表

因素	院校专业类别	样本量	均值	标准差	标准误	均值的95%置信区间 下限	均值的95%置信区间 上限	最小值	最大值
责任担当	综合类	1987	18.387	3.604	0.080	18.228	18.545	5	25
	理工类	2691	18.378	3.687	0.071	18.239	18.518	5	25
	财经类	725	18.629	3.674	0.136	18.361	18.896	5	25
	经管文类	159	18.842	3.497	0.277	18.294	19.390	13	25
	农林类	236	18.627	3.927	0.255	18.123	19.130	5	25
	旅游类	180	18.522	3.095	0.230	18.067	18.977	12	25
	总计	5978	18.438	3.647	0.047	18.345	18.530	5	25
精益求精	综合类	1987	17.625	3.656	0.082	17.464	17.786	5	25
	理工类	2691	17.678	3.749	0.072	17.537	17.820	5	25
	财经类	725	17.913	3.819	0.141	17.634	18.191	5	25
	经管文类	159	17.540	3.523	0.279	16.989	18.092	9	25
	农林类	236	17.928	3.629	0.236	17.462	18.393	5	25
	旅游类	180	17.605	3.306	0.246	17.119	18.091	10	25
	总计	5978	17.693	3.704	0.047	17.599	17.787	5	25
专注敬业	综合类	1987	17.868	3.502	0.078	17.714	18.022	5	25
	理工类	2691	17.838	3.620	0.069	17.701	17.975	5	25
	财经类	725	18.085	3.785	0.140	17.809	18.361	5	25
	经管文类	159	17.968	3.672	0.291	17.393	18.543	5	25
	农林类	236	17.733	3.403	0.221	17.296	18.169	5	25
	旅游类	180	17.511	3.226	0.240	17.036	17.985	7	25
	总计	5978	17.867	3.584	0.046	17.777	17.958	5	25
工匠精神	综合类	1987	88.349	15.264	0.342	87.678	89.021	29	125
	理工类	2691	88.665	15.670	0.302	88.073	89.257	25	125
	财经类	725	89.248	15.769	0.585	88.098	90.398	25	125
	经管文类	159	89.257	13.695	1.086	87.112	91.403	66	125
	农林类	236	89.902	15.543	1.011	87.909	91.895	29	125
	旅游类	180	87.616	11.956	0.891	85.858	89.375	63	121
	总计	5978	88.664	15.394	0.199	88.274	89.054	25	125

由表 5-17 可以发现：在工匠精神总分上，农林类院校学生的平均水平最高，其次是经管文类院校学生的平均水平，后面依次是财经类院校的平均水平、理工类院校学生的平均水平、综合类院校平均学生的水平，旅游类院校学生的平均水平最低。在最低分方面，理工类院校和财经类院校都是 25 分，农林类院校和综合类院校是 29 分，经管文类院校最高，是 66 分，其次是旅游类院校，为 63 分。在最高分方面，综合类、理工类、财经类、经管文类、农林类院校都是 125 分，只有旅游类院校是 121 分。

在善学求新维度上，农林类院校学生的平均水平最高，其次是经管文类院校学生的平均水平，后面依次是理工类院校学生的平均水平、财经类院校学生的平均水平、综合类院校学生的平均水平，旅游类院校学生的平均水平。在最低分方面，综合类院校、理工类院校、财经类院校和农林类院校的学生都是 10 分，旅游类院校的学生是 21 分，经管文类院校的学生是 22 分。在最高分方面，除了旅游类院校的学生是 49 分之外，综合类院校、理工类院校、财经类院校、经管文类院校和农林类院校学生的最高分都是 50 分。

在责任担当维度上，经管文类院校学生的平均水平最高，其次是财经类院校学生的平均水平，后面依次是农林类院校学生的平均水平、旅游类院校学生的平均水平、综合类院校学生的平均水平，理工类院校学生的平均水平最低。在最低分方面，综合类院校、理工类院校、财经类院校、和农林类院校的学生都是 5 分，旅游类院校的学生是 12 分，经管文类院校的学生是 13 分。最高分方面，综合类、理工类、财经类、经管文类、农林类和旅游类等六类院校的学生都是 25 分。

在精益求精维度上，农林类院校学生的平均水平最高，其次是财经类院校学生的平均水平，后面依次是理工类院校学生的平均水平、综合类院校学生的平均水平、旅游类院校学生的平均水平，经管文类院校学生的平均水平最低。在最低分方面，综合类、理工类、财经类、农林类和旅游类等 6 类院校的学生都是 5 分，经管文类院校的学生是 9 分。在最高分方面，综合类、理工类、财经类、经管文类、农林类和旅游类等六类院校的学生都是 25 分。

在专注敬业维度上，财经类院校的学生平均水平最高，其次是经管文类院校学生的平均水平、后面依次是综合类院校学生的平均水平最低、理工类院校学生的平均水平、农林类院校学生的平均水平,旅游类院校学生的平均水平最低。在最低分方面,综合类、理工类、财经类、经管文类和农林类等5类院校的学生都是5分,旅游类院校的学生是7分。最高分方面,综合类、理工类、财经类、经管文类、农林类和旅游类等六类院校的学生都是25分。

进一步分析不同专业类别高职高专院校学生工匠精神的差异,先进行方差齐性检验,检验结果如表5-18所示。

表 5-18 不同专业类别高职高专院校学生工匠精神方差齐性检验

因素	莱文统计	自由度1	自由度2	P
善学求新	5.431	5	5972	0.000
责任担当	2.863	5	5972	0.014
精益求精	2.252	5	5972	0.047
专注敬业	2.254	5	5972	0.046
工匠精神总分	4.881	5	5972	0.000

由方差齐性检验结果可知:工匠精神总分的 P 值和各个维度的 P 值分别是 0.000、0.000、0.014、0.047、0.046 均小于 0.05,说明方差不齐,接下来进行韦尔奇和布朗—福赛斯平均值相等性稳健检验。检验结果如表5-19所示。

表 5-19 平均值相等性稳健检验

因素	检验	统计[a]	自由度1	自由度2	P
善学求新	韦尔奇	2.013	5	713.985	0.075
	布朗—福塞斯	2.043	5	1745.100	0.070
责任担当	韦尔奇	1.168	5	707.784	0.323
	布朗—福塞斯	1.200	5	1597.088	0.307
精益求精	韦尔奇	0.905	5	708.280	0.477
	布朗—福塞斯	0.971	5	1665.339	0.434
专注敬业	韦尔奇	1.045	5	706.341	0.390
	布朗—福塞斯	1.050	5	1580.406	0.387
工匠精神总分	韦尔奇	0.997	5	714.623	0.419
	布朗—福塞斯	0.997	5	1784.576	0.418

注:a 为渐近 F 分布。

从表 5-19 所示的平均值相等性稳健检验结果可以看出，不同学校类别的高职高专学生在工匠精神总分及各维度得分上的显著性值 P 分别是 0.419 和 0.418、0.075 和 0.070、0.323 和 0.307、0.477 和 0.434、0.390 和 0.387，均大于 0.05，也就是说不同学校类别的学生的工匠精神总分没有显著性差异，并且在各个维度上的表现也没有显著性不同。

综上分析结果可知，虽然不同学校类别的学生的工匠精神总分和各个维度的表现有差异，但是这些差异都是不显著的，即差异不明显。

（三）不同办学性质高职高专院校学生工匠精神差异比较

我们按照办学性质的不同，将所调查的学生所属的院校分为公立院校和民办高校两类。为了分析不同办学性质高职高专学生工匠精神培育现状，首先对不同办学性质的学校的学生工匠精神总分及各维度得分进行描述性统计，结果见表 5-20。

描述统计结果显示公立院校的学生在工匠精神总分、善学求新维度、精益求精维度、专注敬业维度的平均分分别是 87.976、34.684、17.716、17.878，民办高校的平均分分别为 87.976、34.387、17.364、17.710，因此在工匠精神总体水平以及善学求新维度、精益求精维度和专注敬业维度 3 个维度上，公立院校学生的平均水平略高于民办高校学生。而在责任担当维度上，公立院校学生的平均分为 18.433，民办高校学生的平均分为 18.514，即在责任担当维度上，民办高校学生的平均水平略高于公立院校学生。

表 5-20 不同办学性质院校学生工匠精神基本描述统计

因素	办学性质	人数	平均分	标准差	标准误差平均值
善学求新	公立院校	5591	34.684	6.707	0.089
	民办高校	387	34.387	6.322	0.321
责任担当	公立院校	5591	18.433	3.646	0.048
	民办高校	387	18.514	3.662	0.186
精益求精	公立院校	5591	17.716	3.707	0.049
	民办高校	387	17.364	3.651	0.185

续表

因素	办学性质	人数	平均分	标准差	标准误差平均值
专注敬业	公立院校	5591	17.878	3.586	0.047
	民办高校	387	17.710	3.553	0.180
工匠精神总分	公立院校	5591	88.711	15.446	0.206
	民办高校	387	87.976	14.613	0.742

虽然我们已经发现了不同办学性质学校的学生在工匠精神总体和各个维度确实存在差异，但是否明显还需要进一步研究。以高职高专学生所属学校的办学性质为自变量，以高职高专学生工匠精神总分及各因子得分为因变量，采用独立样本 T 检验方法考察不同办学性质的高职高专学生工匠精神总分及各维度得分是否存在显著差异。结果见表 5-21。

表 5-21　不同办学性质院校学生工匠精神独立样本 T 检验

因素	t	自由度	P	95%置信区间 下限	95%置信区间 上限
善学求新	0.844	5976	0.399	−0.392	0.985
责任担当	−0.424	5976	0.672	−0.457	0.294
精益求精	1.807	5976	0.071	−0.029	0.733
专注敬业	0.892	5976	0.372	−0.201	0.537
工匠精神总分	0.908	5976	0.364	−0.851	2.321

不同办学性质院校的学生工匠精神独立样本 T 检验表显示：在工匠精神总分上，T 检验的显著性值 $P=0.364>0.05$，说明不同办学性质院校的学生工匠精神总体表现没有显著性差异。在善学求新维度上，T 检验的显著性值 $P=0.399>0.05$，说明不同办学性质院校的学生在善学求新维度上没有显著性差异。在责任担当维度上，T 检验的显著性值 $P=0.672>0.05$，说明不同办学性质院校的学生在责任担当维度上没有显著性差异。在精益求精维度上，T 检验的显著性值 $P=0.071>0.05$，说明不同办学性质院校的学生在精益求精维度上没有显著性差异。在专注敬业维度上，T 检验的显著性值 $P=0.372>0.05$，说明不同办学性质院校的学生在专注敬业维度上没有显著性差异。

四、不同区域高职高专院校学生工匠精神差异比较

(一)不同行政地理分区的高职高专院校学生工匠精神差异比较

为了分析不同行政地理分区的高职高专学生工匠精神培育现状,我们按照高职高专学生所属学校所在行政地理分区的不同,划分为华北地区,东北地区,华东地区,华中地区,华南地区,西南地区和西北地区等7个分区,首先对不同行政地理分区院校的高职高专学生工匠精神及各维度得分进行描述分析,分析结果如表5-22所示。

表5-22 不同年级的高职高专学生工匠精神的基本描述统计

因素	年级	样本量	均值	标准差	标准误	均值的95%置信区间 下限	均值的95%置信区间 上限	最小值	最大值
善学求新	华北地区	542	36.413	7.209	0.309	35.805	37.021	10	50
	东北地区	173	38.306	7.730	0.587	37.146	39.466	18	50
	华东地区	2793	34.080	6.264	0.118	33.848	34.313	10	50
	华中地区	404	35.311	6.948	0.345	34.632	35.991	13	50
	华南地区	665	33.911	6.823	0.264	33.391	34.430	10	50
	西南地区	812	34.507	6.461	0.226	34.062	34.952	10	50
	西北地区	589	35.378	7.023	0.289	34.810	35.947	10	50
	总计	5978	34.664	6.683	0.086	34.495	34.834	10	50
责任担当	华北地区	542	19.258	3.806	0.163	18.937	19.579	5	25
	东北地区	173	20.254	3.974	0.302	19.657	20.850	7	25
	华东地区	2793	18.292	3.484	0.065	18.163	18.421	5	25
	华中地区	404	18.524	3.689	0.183	18.163	18.885	7	25
	华南地区	665	17.963	3.636	0.141	17.687	18.240	7	25
	西南地区	812	18.254	3.687	0.129	18.000	18.509	5	25
	西北地区	589	18.570	3.819	0.157	18.261	18.879	5	25
	总计	5978	18.438	3.647	0.047	18.345	18.530	5	25

续表

因素	年级	样本量	均值	标准差	标准误	均值的95%置信区间 下限	均值的95%置信区间 上限	最小值	最大值
精益求精	华北地区	542	18.653	3.884	0.166	18.325	18.980	5	25
	东北地区	173	19.502	4.196	0.319	18.873	20.132	8	25
	华东地区	2793	17.477	3.563	0.067	17.345	17.609	5	25
	华中地区	404	18.104	3.756	0.186	17.736	18.471	9	25
	华南地区	665	17.145	3.755	0.145	16.859	17.431	5	25
	西南地区	812	17.488	3.685	0.129	17.235	17.742	5	25
	西北地区	589	17.921	3.637	0.149	17.627	18.216	5	25
	总计	5978	17.693	3.704	0.047	17.599	17.787	5	25
专注敬业	华北地区	542	18.752	3.826	0.164	18.429	19.075	5	25
	东北地区	173	19.560	3.752	0.285	18.997	20.123	8	25
	华东地区	2793	17.712	3.484	0.065	17.583	17.842	5	25
	华中地区	404	17.903	3.791	0.188	17.532	18.274	6	25
	华南地区	665	17.433	3.497	0.135	17.166	17.699	5	25
	西南地区	812	17.683	3.485	0.122	17.443	17.923	5	25
	西北地区	589	18.011	3.600	0.148	17.720	18.303	5	25
	总计	5978	17.867	3.584	0.046	17.777	17.958	5	25
工匠精神总分	华北地区	542	93.077	16.692	0.717	91.669	94.486	25	125
	东北地区	173	97.624	17.816	1.354	94.950	100.297	47	125
	华东地区	2793	87.563	14.346	0.271	87.031	88.095	27	125
	华中地区	404	89.844	16.253	0.808	88.254	91.433	36	125
	华南地区	665	86.454	15.644	0.606	85.262	87.645	40	125
	西南地区	812	87.934	15.264	0.535	86.883	88.986	25	125
	西北地区	589	89.882	15.731	0.648	88.609	91.155	29	125
	总计	5978	88.664	15.394	0.199	88.274	89.054	25	125

由表5-22可以发现：在工匠精神总分上，东北地区院校学生的平均水平最高，其次是华北地区院校学生的平均水平，排名第三到第五的依次是西北地区院校学生的平均水平、华中地区院校学生的平均水平、西南地区

院校学生的平均水平,华南地区院校学生的平均水平最低。在最低分方面,华北地区院校和西南地区院校学生的最低,都是25分;其次是华东地区院校的学生,为27分;西北地区院校的学生是29分,华中地区院校的学生是36分,华南地区院校的学生是40分,最高是东北地区院校的学生,为47分。在最高分方面,华北地区、东北地区、华东地区、华中地区、华南地区、西南地区和西北地区7个分区院校的学生都是125分。

在善学求新维度上,学生平均水平从高到低排列的顺序为东北地区院校、华北地区院校、西北地区院校、华中地区院校、西南地区院校、华东地区院校、华南地区院校。在最低分方面,华北地区、华东地区、华南地区、西南地区和西北地区5个分区院校的学生都是10分,华中地区院校的学生是13分,东北地区院校的学生是18分。在最高分方面,华北地区、东北地区、华东地区、华中地区、华南地区、西南地区和西北地区7个分区院校的学生都是50分。

在责任担当维度上,学生平均水平从高到低排列的顺序为东北地区院校、华北地区院校、西北地区院校、华中地区院校、华东地区院校、西南地区院校、华南地区院校。在最低分方面,华北地区、华东地区、西南地区和西北地区等4个分区院校的学生都是5分,华南地区、华中地区、东北地区3个分区院校的学生都是7分。在最高分方面、华北地区、东北地区、华东地区、华中地区、华南地区、西南地区和西北地区7个分区院校的学生都是25分。

在精益求精维度上,学生平均水平从高到低排列的顺序为东北地区院校、华北地区院校、华中地区院校、西北地区院校、西南地区院校、华东地区院校、华南地区院校。在最低分方面,华北地区、华东地区、华南地区、西南地区和西北地区5个分区院校的学生都是5分,东北地区院校的学生是8分,华中地区院校的学生是9分。在最高分方面,华北地区、东北地区、华东地区、华中地区、华南地区、西南地区和西北地区7个分区院校的学生都是25分。

在专注敬业维度上,学生平均水平从高到低排列的顺序为东北地区院校、华北地区院校、西北地区院校、华中地区院校、华东地区院校、西南地区院校、华南地区院校。在最低分方面,华北地区、华东地区、华南地区、西南地区和西北地区 5 个分区院校的学生都是 5 分,东北地区院校的学生是 8 分,华中地区院校的学生是 6 分。在最高分方面,华北地区、东北地区、华东地区、华中地区、华南地区、西南地区和西北地区 7 个分区院校的学生都是 25 分。

进一步分析不同行政地理分区的高职高专学生工匠精神的差异,先进行方差齐性检验,检验结果如表 5-23 所示。

表 5-23　不同行政地理分区院校的学生工匠精神方差齐性检验表

因素	莱文统计	自由度 1	自由度 2	P
善学求新	9.963	6	5971	0.000
责任担当	3.117	6	5971	0.005
精益求精	4.779	6	5971	0.000
专注敬业	2.385	6	5971	0.027
工匠精神总分	9.636	6	5971	0.000

由方差齐性检验结果可知:工匠精神总分的 P 值和各个维度的 P 值分别是 0.000、0.000、0.005、0.000、0.027 均小于 0.05,说明方差不齐,接下来进行韦尔奇和布朗—福赛斯平均值相等性稳健检验。检验结果如表 5-24 所示。

表 5-24　平均值相等性稳健检验

因素	检验	统计[a]	自由度 1	自由度 2	P
善学求新	韦尔奇	18.542	6	1233.387	0.000
	布朗—福塞斯	19.683	6	2358.312	0.000
责任担当	韦尔奇	13.332	6	1240.420	0.000
	布朗—福塞斯	14.049	6	2561.829	0.000
精益求精	韦尔奇	16.458	6	1240.827	0.000
	布朗—福塞斯	17.578	6	2405.205	0.000

续表

因素	检验	统计[a]	自由度1	自由度2	P
专注敬业	韦尔奇	13.796	6	1244.241	0.000
	布朗—福塞斯	14.431	6	2636.909	0.000
工匠精神总分	韦尔奇	19.579	6	1232.420	0.000
	布朗—福塞斯	21.125	6	2357.320	0.000

注：a 为渐近 F 分布。

由表 5-24 可知，不同行政地理分区院校的学生在工匠精神总分及各维度的显著性值都是 $P<0.05$，因此各组的均值是不等的。

为了确定不同行政地理分区院校学生在工匠精神总分及各维度上的具体差异，需要对数据进行事后多重检验，结合表 5-23 的方差齐性检验结果来看，由于不同行政地理分区院校的学生工匠精神总分及各维度的方差是不齐的，故我们选择不等方差的检验方法——塔姆黑尼检验。检验结果如表 5-25 所示。

表 5-25　不同行政地理分区院校学生的工匠精神的多重分析表

因素	学校类型(i)	学校类型(j)	均值差值 ($i-j$)	标准误	P	95%置信区间下限	95%置信区间上限
善学求新	华北地区	东北地区	−1.893	0.664	0.094	−3.925	0.139
		华东地区	2.332***	0.331	0.000	1.323	3.340
		华中地区	1.101	0.464	0.315	−0.309	2.512
		华南地区	2.502***	0.407	0.000	1.264	3.739
		西南地区	1.905***	0.383	0.000	0.739	3.071
		西北地区	1.034	0.423	0.269	−0.252	2.322
	东北地区	华北地区	1.893	0.664	0.094	−0.139	3.925
		华东地区	4.225***	0.599	0.000	2.383	6.067
		华中地区	2.994***	0.681	0.000	0.910	5.078
		华南地区	4.395***	0.644	0.000	2.421	6.369
		西南地区	3.798***	0.629	0.000	1.868	5.730
		西北地区	2.927***	0.655	0.000	0.922	4.932

续表

因素	学校类型(i)	学校类型(j)	均值差值(i−j)	标准误	P	95%置信区间 下限	95%置信区间 上限
善学求新	华东地区	华北地区	−2.332***	0.331	0.000	−3.340	−1.323
		东北地区	−4.225***	0.599	0.000	−6.067	−2.383
		华中地区	−1.230*	0.365	0.017	−2.344	−0.117
		华南地区	0.169	0.289	1.000	−0.711	1.050
		西南地区	−0.426	0.255	0.879	−1.203	0.350
		西北地区	−1.297**	0.312	0.001	−2.248	−0.346
	华中地区	华北地区	−1.101	0.464	0.315	−2.512	0.309
		东北地区	−2.994***	0.681	0.000	−5.078	−0.910
		华东地区	1.230*	0.365	0.017	0.117	2.344
		华南地区	1.400*	0.435	0.028	0.077	2.724
		西南地区	0.804	0.413	0.675	−0.452	2.061
		西北地区	−0.066	0.450	1.000	−1.437	1.303
	华南地区	华北地区	−2.502***	0.407	0.000	−3.739	−1.264
		东北地区	−4.395***	0.644	0.000	−6.369	−2.421
		华东地区	−0.169	0.289	1.000	−1.050	0.711
		华中地区	−1.400*	0.435	0.028	−2.724	−0.077
		西南地区	−0.596	0.348	0.853	−1.654	0.462
		西北地区	−1.467**	0.392	0.004	−2.658	−0.276
	西南地区	华北地区	−1.905***	0.383	0.000	−3.071	−0.739
		东北地区	−3.798***	0.629	0.000	−5.730	−1.868
		华东地区	0.426	0.255	0.879	−0.350	1.203
		华中地区	−0.804	0.413	0.675	−2.061	0.452
		华南地区	0.596	0.348	0.853	−0.462	1.654
		西北地区	−0.871	0.367	0.317	−1.987	0.245

续表

因素	学校类型(i)	学校类型(j)	均值差值($i-j$)	标准误	P	95%置信区间 下限	95%置信区间 上限
善学求新	西北地区	华北地区	−1.034	0.423	0.269	−2.322	0.252
		东北地区	−2.927***	0.655	0.000	−4.932	−0.922
		华东地区	1.297**	0.312	0.001	0.346	2.248
		华中地区	0.066	0.450	1.000	−1.303	1.437
		华南地区	1.467**	0.392	0.004	0.276	2.658
		西南地区	0.871	0.367	0.317	−0.245	1.987
责任担当	华北地区	东北地区	−0.996	0.343	0.081	−2.046	0.0548
		华东地区	0.965***	0.176	0.000	0.429	1.501
		华中地区	0.733	0.245	0.060	−0.013	1.480
		华南地区	1.294***	0.215	0.000	0.638	1.950
		西南地区	1.003***	0.208	0.000	0.370	1.636
		西北地区	0.687	0.226	0.051	−0.001	1.377
	东北地区	华北地区	0.996	0.343	0.081	−0.054	2.046
		华东地区	1.961***	0.309	0.000	1.011	2.911
		华中地区	1.729***	0.353	0.000	0.649	2.810
		华南地区	2.290***	0.333	0.000	1.269	3.311
		西南地区	1.999***	0.328	0.000	0.992	3.006
		西北地区	1.683***	0.340	0.000	0.641	2.726
	华东地区	华北地区	−0.965***	0.176	0.000	−1.501	−0.429
		东北地区	−1.961***	0.309	0.000	−2.911	−1.011
		华中地区	−0.232	0.195	0.996	−0.826	0.361
		华南地区	0.328	0.155	0.527	−0.144	0.801
		西南地区	0.037	0.145	1.000	−0.403	0.478
		西北地区	−0.277	0.170	0.900	−0.796	0.240

续表

因素	学校类型(i)	学校类型(j)	均值差值($i-j$)	标准误	P	95%置信区间 下限	95%置信区间 上限
责任担当	华中地区	华北地区	−0.733	0.245	0.060	−1.480	0.013
		东北地区	−1.729***	0.353	0.000	−2.810	−0.649
		华东地区	0.232	0.195	0.996	−0.361	0.826
		华南地区	0.560	0.231	0.281	−0.142	1.264
		西南地区	0.269	0.224	0.996	−0.413	0.952
		西北地区	−0.045	0.241	1.000	−0.780	0.689
	华南地区	华北地区	−1.294***	0.215	0.000	−1.950	−0.638
		东北地区	−2.290***	0.333	0.000	−3.311	−1.269
		华东地区	−0.328	0.155	0.527	−0.801	0.144
		华中地区	−0.560	0.231	0.281	−1.264	0.142
		西南地区	−0.291	0.191	0.944	−0.872	0.290
		西北地区	−0.606	0.211	0.084	−1.248	0.035
	西南地区	华北地区	−1.003***	0.208	0.000	−1.636	−0.370
		东北地区	−1.999***	0.328	0.000	−3.006	−0.992
		华东地区	−0.037	0.145	1.000	−0.478	0.403
		华中地区	−0.269	0.224	0.996	−0.952	0.413
		华南地区	0.291	0.191	0.944	−0.290	0.872
		西北地区	−0.315	0.203	0.934	−0.934	0.303
	西北地区	华北地区	−0.687	0.226	0.051	−1.377	0.001
		东北地区	−1.683***	0.340	0.000	−2.726	−0.641
		华东地区	0.277	0.170	0.900	−0.240	0.796
		华中地区	0.045	0.241	1.000	−0.689	0.780
		华南地区	0.606	0.211	0.084	−0.035	1.248
		西南地区	0.315	0.203	0.934	−0.303	0.934

续表

因素	学校类型(i)	学校类型(j)	均值差值(i−j)	标准误	P	95%置信区间下限	95%置信区间上限
精益求精	华北地区	东北地区	−0.849	0.360	0.331	−1.951	0.251
		华东地区	1.175***	0.179	0.000	0.628	1.723
		华中地区	0.549	0.250	0.457	−0.212	1.310
		华南地区	1.507***	0.221	0.000	0.834	2.180
		西南地区	1.164***	0.211	0.000	0.522	1.805
		西北地区	0.731	0.224	0.024	0.049	1.412
	东北地区	华北地区	0.849	0.360	0.331	−0.251	1.951
		华东地区	2.025***	0.326	0.000	1.023	3.027
		华中地区	1.398**	0.369	0.004	0.268	2.529
		华南地区	2.357***	0.350	0.000	1.283	3.431
		西南地区	2.013***	0.344	0.000	0.959	3.069
		西北地区	1.580***	0.352	0.000	0.501	2.660
	华东地区	华北地区	−1.175***	0.179	0.000	−1.723	−0.628
		东北地区	−2.025***	0.326	0.000	−3.027	−1.023
		华中地区	−0.626*	0.198	0.035	−1.231	−0.0215
		华南地区	0.331	0.160	0.568	−0.156	0.819
		西南地区	−0.011	0.145	1.000	−0.454	0.431
		西北地区	−0.444	0.164	0.136	−0.944	0.054
	华中地区	华北地区	−0.549	0.250	0.457	−1.310	0.212
		东北地区	−1.398**	0.369	0.004	−2.529	−0.268
		华东地区	0.626*	0.198	0.035	0.021	1.231
		华南地区	0.958**	0.236	0.001	0.237	1.678
		西南地区	0.615	0.227	0.136	−0.076	1.306
		西北地区	0.182	0.239	1.000	−0.546	0.910

续表

因素	学校类型(i)	学校类型(j)	均值差值($i-j$)	标准误	P	95%置信区间 下限	95%置信区间 上限
精益求精	华南地区	华北地区	-1.507***	0.221	0.000	-2.180	-0.834
		东北地区	-2.357***	0.350	0.000	-3.431	-1.283
		华东地区	-0.331	0.160	0.568	-0.819	0.156
		华中地区	-0.958**	0.236	0.001	-1.678	-0.237
		西南地区	-0.343	0.194	0.820	-0.934	0.248
		西北地区	-0.776**	0.208	0.004	-1.410	-0.141
	西南地区	华北地区	-1.164***	0.211	0.000	-1.805	-0.522
		东北地区	-2.013***	0.344	0.000	-3.069	-0.959
		华东地区	0.0116	0.145	1.000	-0.431	0.454
		华中地区	-0.615	0.227	0.136	-1.306	0.076
		华南地区	0.343	0.194	0.820	-0.248	0.934
		西北地区	-0.432	0.197	0.460	-1.034	0.168
	西北地区	华北地区	-0.731*	0.224	0.024	-1.412	-0.049
		东北地区	-1.580***	0.352	0.000	-2.660	-0.501
		华东地区	0.444	0.164	0.136	-0.054	0.944
		华中地区	-0.182	0.239	1.000	-0.910	0.546
		华南地区	0.7760**	0.208	0.004	0.141	1.410
		西南地区	0.432	0.197	0.460	-0.168	1.034
专注敬业	华北地区	东北地区	-0.807	0.329	0.268	-1.814	0.198
		华东地区	1.039***	0.177	0.000	0.501	1.578
		华中地区	0.849*	0.250	0.015	0.088	1.609
		华南地区	1.319***	0.213	0.000	0.672	1.967
		西南地区	1.069***	0.204	0.000	0.446	1.691
		西北地区	0.740*	0.221	0.018	0.068	1.413

续表

因素	学校类型(i)	学校类型(j)	均值差值($i-j$)	标准误	P	95%置信区间 下限	95%置信区间 上限
专注敬业	东北地区	华北地区	0.807	0.329	0.268	−0.198	1.814
		华东地区	1.847***	0.292	0.000	0.948	2.747
		华中地区	1.657***	0.342	0.000	0.612	2.702
		华南地区	2.127***	0.315	0.000	1.160	3.094
		西南地区	1.877***	0.310	0.000	0.926	2.828
		西北地区	1.548***	0.321	0.000	0.564	2.532
	华东地区	华北地区	−1.039***	0.177	0.000	−1.578	−0.501
		东北地区	−1.847***	0.292	0.000	−2.747	−0.948
		华中地区	−0.190	0.199	1.000	−0.799	0.418
		华南地区	0.279	0.150	0.750	−0.178	0.738
		西南地区	0.029	0.138	1.000	−0.392	0.451
		西北地区	−0.299	0.162	0.761	−0.792	0.194
	华中地区	华北地区	−0.849*	0.250	0.015	−1.609	−0.088
		东北地区	−1.657***	0.342	0.000	−2.702	−0.612
		华东地区	0.190	0.199	1.000	−0.418	0.799
		华南地区	0.470	0.232	0.605	−0.236	1.176
		西南地区	0.219	0.224	1.000	−0.463	0.901
		西北地区	−0.108	0.239	1.000	−0.837	0.621
	华南地区	华北地区	−1.319***	0.0213	0.000	−1.967	−0.672
		东北地区	−2.127***	0.315	0.000	−3.094	−1.160
		华东地区	−0.279	0.150	0.750	−0.738	0.178
		华中地区	−0.470	0.232	0.605	−1.176	0.236
		西南地区	−0.250	0.182	0.980	−0.805	0.304
		西北地区	−0.578	0.201	0.082	−1.189	0.031

续表

因素	学校类型(i)	学校类型(j)	均值差值 ($i-j$)	标准误	P	95％置信区间 下限	95％置信区间 上限
专注敬业	西南地区	华北地区	−1.069***	0.204	0.000	−1.691	−0.446
		东北地区	−1.877***	0.310	0.000	−2.828	−0.926
		华东地区	−0.0293	0.138	1.000	−0.451	0.392
		华中地区	−0.219	0.224	1.000	−0.903	0.464
		华南地区	0.250	0.182	0.980	−0.304	0.805
		西北地区	−0.328	0.192	0.855	−0.912	0.255
	西北地区	华北地区	−0.740*	0.221	0.018	−1.413	−0.068
		东北地区	−1.548***	0.321	0.000	−2.532	−0.564
		华东地区	0.299	0.162	0.761	−0.194	0.792
		华中地区	0.108	0.239	1.000	−0.621	0.837
		华南地区	0.578	0.201	0.082	−0.031	1.189
		西南地区	0.328	0.192	0.855	−0.255	0.912
工匠精神总分	华北地区	东北地区	−4.546	1.532	0.067	−9.235	0.141
		华东地区	5.513***	0.766	0.000	3.181	7.846
		华中地区	3.233	1.080	0.058	−0.051	6.518
		华南地区	6.623***	0.939	0.000	3.770	9.476
		西南地区	5.142***	0.895	0.000	2.423	7.861
		西北地区	3.194*	0.966	0.020	0.258	6.131
	东北地区	华北地区	4.546	1.532	0.067	−0.141	9.235
		华东地区	10.060***	1.381	0.000	5.815	14.305
		华中地区	7.780***	1.577	0.000	2.958	12.602
		华南地区	11.170***	1.484	0.000	6.624	15.715
		西南地区	9.689***	1.456	0.000	5.225	14.154
		西北地区	7.741***	1.501	0.000	3.144	12.338

续表

因素	学校类型(i)	学校类型(j)	均值差值(i-j)	标准误	P	95%置信区间下限	95%置信区间上限
工匠精神总分	华东地区	华北地区	-5.513***	0.766	0.000	-7.846	-3.181
		东北地区	-10.060***	1.381	0.000	-14.305	-5.815
		华中地区	-2.280	0.853	0.151	-4.879	0.318
		华南地区	1.109	0.664	0.878	-0.910	3.129
		西南地区	-0.371	0.600	1.000	-2.194	1.452
		西北地区	-2.319*	0.702	0.021	-4.455	-0.182
	华中地区	华北地区	-3.233	1.080	0.058	-6.518	0.051
		东北地区	-7.7802***	1.577	0.000	-12.602	-2.958
		华东地区	2.280	0.853	0.151	-0.318	4.879
		华南地区	3.389*	1.010	0.017	0.316	6.463
		西南地区	1.909	0.969	0.655	-1.040	4.859
		西北地区	-0.038	1.036	1.000	-3.189	3.111
	华南地区	华北地区	-6.623***	0.939	0.000	-9.476	-3.770
		东北地区	-11.170***	1.484	0.000	-15.715	-6.624
		华东地区	-1.109	0.664	0.878	-3.129	0.910
		华中地区	-3.389*	1.010	0.017	-6.463	-0.316
		西南地区	-1.480	0.809	0.770	-3.937	0.976
		西北地区	-3.428**	0.887	0.002	-6.125	-0.732
	西南地区	华北地区	-5.142***	0.895	0.000	-7.861	-2.423
		东北地区	-9.689***	1.456	0.000	-14.153	-5.225
		华东地区	0.371	0.600	1.000	-1.452	2.194
		华中地区	-1.909	0.969	0.655	-4.859	1.040
		华南地区	1.480	0.809	0.770	-0.976	3.937
		西北地区	-1.948	0.840	0.355	-4.501	0.605

续表

因素	学校类型(i)	学校类型(j)	均值差值 ($i-j$)	标准误	P	95%置信区间 下限	95%置信区间 上限
工匠精神总分	西北地区	华北地区	−3.194*	0.966	0.020	−6.130	−0.258
		东北地区	−7.741***	1.501	0.000	−12.338	−3.144
		华东地区	2.319*	0.702	0.021	0.182	4.455
		华中地区	0.038	1.036	1.000	−3.111	3.189
		华南地区	3.428	0.887	0.002	0.732	6.125
		西南地区	1.948	0.840	0.355	−0.605	4.501

注：* 为 $P<0.05$，** 为 $P<0.01$，*** 为 $P<0.001$。

事后多重比较发现：在工匠精神总分上，华北地区院校学生的得分与华东地区、华南地区、西南地区、西北地区院校学生的得分差值的显著性值 P 分别是 0.000、0.000、0.000、0.02，均小于 0.05，说明其差异达到显著性水平，华北地区院校学生的工匠精神总分显著高于华东地区、华南地区、西南地区、西北地区院校学生的得分。东北地区院校学生的得分与华东地区、华中地区、华南地区、西南地区、西北地区院校的学生得分差值的显著性值 P 都是 0.000，均小于 0.05，说明其差异达到显著性水平，东北地区院校学生的工匠精神总分显著高于华东地区、华中地区、华南地区、西南地区、西北地区院校学生的得分。华东地区院校学生的工匠精神总分除了显著低于华北地区、东北地区之外，与西北地区院校学生得分差值的显著性值 P 为 0.021，也小于 0.05，说明其差异也达到显著性水平，即华东地区院校学生的工匠精神总分也显著低于西北地区院校学生的得分。华中地区院校学生的工匠精神总分除了显著低于东北地区之外，与华南地区院校学生得分差值的显著性值 P 为 0.017，也小于 0.05，说明其差异也达到显著性水平，即华中地区院校学生的工匠精神总分显著高于华南地区院校学生的得分。华南地区院校学生的工匠精神总分除了显著低于华北地区、东北地区、华中地区之外，与西北地区院校学生得分差值的显著性值 P 为 0.002，也小于 0.05，说明其差异也达到显著性水平，即华南地区院校学生的工匠精神总分也显著低于西北地区院校学生的得分。

在善学求新维度上,华北地区院校学生的得分与华东地区、华南地区、西南地区院校学生的得分差值的显著性值 P 都是 0.000,均小于 0.05,说明其差异达到显著性水平,华北地区院校学生的善学求新维度得分显著高于华东地区、华南地区、西南地区院校学生的得分。东北地区院校学生的得分与华东地区、华中地区、华南地区、西南地区、西北地区院校学生的得分差值的显著性值 P 都是 0.000,均小于 0.05,说明其差异达到显著性水平,东北地区院校学生的善学求新维度得分显著高于华东地区、华中地区、华南地区、西南地区、西北地区院校学生的得分。华东地区院校学生的善学求新维度得分除了显著低于华北地区、东北地区之外,与华中地区、西北地区院校学生得分差值的显著性值 P 分别为 0.017 和 0.001,均小于 0.05,说明其差异也达到显著性水平,即华东地区院校学生的善学求新维度得分也显著低于华中地区和西北地区院校学生的得分。华中地区院校学生的善学求新维度得分除了显著低于东北地区、显著高于华东地区之外,与华南地区院校学生得分差值的显著性值 P 为 0.028,也小于 0.05,说明其差异也达到显著性水平,即华中地区院校学生的善学求新维度得分显著高于华南地区院校学生的得分。华南地区院校学生的善学求新维度得分除了显著低于华北地区、东北地区、华中地区之外,与西北地区院校学生得分差值的显著性值 P 为 0.004,也小于 0.05,说明其差异也达到显著性水平,即华南地区院校学生的善学求新维度得分也显著低于西北地区院校学生的得分。

在责任担当维度上,华北地区院校学生的得分与华东地区、华南地区、西南地区院校学生的得分差值的显著性值 P 都是 0.000,均小于 0.05,说明其差异达到显著性水平,华北地区院校学生的责任担当维度得分显著高于华东地区、华南地区、西南地区院校学生的得分。东北地区院校学生的得分与华东地区、华中地区、华南地区、西南地区、西北地区院校学生的得分差值的显著性值 P 都是 0.000,均小于 0.05,说明其差异达到显著性水平,东北地区院校学生的责任担当维度得分显著高于华东地区、华中地区、华南地区、西南地区、西北地区院校学生的得分。华东地区院校学生的责任担当维度得分除了显著低于华北地区、东北地区之外,与其他几个地区院校学生得分差值的显著性值 P 均大于 0.05，说明其差异没有达到显著性水平。华中地区院校学生的责任担当维度得分除了显著低于东北地区之外，与其他几个地区院校学生得分差值的显著性值 P 均大于 0.05，说明其差异没有达到显著性水平。

在精益求精维度上，华北地区院校学生的得分与华东地区、华南地区、西南地区院校学生的得分差值的显著性值 P 都是 0.000，均小于 0.05，说明其差异达到显著性水平，华北地区院校学生的精益求精维度得分显著高于华东地区、华南地区、西南地区院校学生的得分。东北地区院校学生的得分与华东地区、华南地区、西南地区、西北地区院校学生的得分差值的显著性值 P 都是 0.000，与华中地区院校学生的得分差值的显著性值 P 是 0.004，均小于 0.05，说明其差异达到显著性水平，东北地区院校学生的精益求精维度得分显著高于华东地区、华中地区、华南地区、西南地区、西北地区院校的学生得分。华东地区院校学生的精益求精维度得分除了显著低于华北地区、东北地区之外，与华中地区院校学生得分差值的显著性值 P 为 0.035，也小于 0.05，说明其差异也达到显著性水平，即华东地区院校学生的精益求精维度得分也显著低于华中地区院校学生的得分。华中地区院校学生的精益求精维度得分除了显著低于东北地区、显著高于华东地区之外，与华南地区院校学生得分差值的显著性值 P 为 0.001，也小于 0.05，说明其差异也达到显著性水平，即华中地区院校学生的精益求精维度得分显著高于华南地区院校学生的得分。华南地区院校学生的精益求精维度得分除了显著低于华北地区、东北地区、华中地区之外，与西北地区院校学生得分差值的显著性值 P 为 0.004，也小于 0.05，说明其差异也达到显著性水平，即华南地区院校学生的精益求精维度得分也显著低于西北地区院校学生的得分。

在专注敬业维度上，华北地区院校学生的得分与华东地区、华南地区、西南地区院校的学生得分差值的显著性值 P 都是 0.000，与华中地区院校学生得分的差值的显著性值 P 是 0.015，与西北地区院校学生得分的差值的显著性值 P 是 0.018，均小于 0.05，说明其差异达到显著性水平，华北地区院校学生的专注敬业维度得分显著高于华东地区、华中地区、华南地区、西南地区和西北地区院校学生的得分。东北地区院校学生的得分与华东地区、华中地区、华南地区、西南地区、西北地区院校学生的得分差值的显著性值 P 都是 0.000,均小于 0.05,说明其差异达到显著性水平,东北地区院校学生的专注敬业维度得分显著高于华东地区、华中地区、华南地区、西南地区、西北地区院校学生的得分。华中、华南、西南、西北这几个地区院校学生的专注敬业维度得分除了显著低于华北地区、东北地区之外,与其他几个地区院校学生相互之间的得分差值的显著性值 P 均大于 0.05,说明其差异没有达到显著性水平。

(二)不同经济分区院校的高职高专学生工匠精神差异比较

为了分析不同经济分区院校的高职高专学生工匠精神培育现状,我们按照学生所属学校所在的经济分区的不同,划分为东部地区、中部地区和西部地区等三个分区,首先对不同经济分区院校的高职高专学生工匠精神及各维度得分进行描述分析,分析结果如表 5-26 所示。

表 5-26 不同经济分区的高职高专学生工匠精神的基本描述统计

因素	年级	样本量	均值	标准差	标准误	均值的 95% 置信区间 下限	均值的 95% 置信区间 上限	最小值	最大值
善学求新	东部地区	3467	34.429	6.535	0.111	34.211	34.646	10	50
善学求新	中部地区	1110	35.136	7.061	0.211	34.721	35.552	10	50
善学求新	西部地区	1401	34.873	6.714	0.179	34.521	35.225	10	50
善学求新	总计	5978	34.664	6.683	0.086	34.495	34.834	10	50
责任担当	东部地区	3467	18.402	3.566	0.060	18.283	18.521	5	25
责任担当	中部地区	1110	18.614	3.767	0.113	18.392	18.836	5	25
责任担当	西部地区	1401	18.387	3.745	0.100	18.191	18.583	5	25
责任担当	总计	5978	18.438	3.647	0.047	18.345	18.530	5	25

续表

因素	年级	样本量	均值	标准差	标准误	均值的95%置信区间 下限	均值的95%置信区间 上限	最小值	最大值
精益求精	东部地区	3467	17.572	3.643	0.061	17.450	17.693	5	25
	中部地区	1110	18.100	3.904	0.117	17.870	18.330	5	25
	西部地区	1401	17.670	3.670	0.098	17.478	17.863	5	25
	总计	5978	17.693	3.704	0.047	17.599	17.787	5	25
专注敬业	东部地区	3467	17.768	3.525	0.059	17.650	17.885	5	25
	中部地区	1110	18.237	3.798	0.114	18.014	18.461	5	25
	西部地区	1401	17.821	3.536	0.094	17.636	18.006	5	25
	总计	5978	17.867	3.584	0.046	17.777	17.958	5	25
工匠精神总分	东部地区	3467	88.171	14.966	0.254	87.673	88.670	27	125
	中部地区	1110	90.090	16.480	0.494	89.119	91.060	25	125
	西部地区	1401	88.753	15.486	0.413	87.942	89.565	25	125
	总计	5978	88.664	15.394	0.199	88.274	89.054	25	125

由表5-26可以发现：在工匠精神总分上，中部地区院校学生的平均水平高于西部地区院校学生的平均水平，东部地区院校学生的平均水平最低。在最低分方面，中部地区院校和西部地区院校学生得分都是25分，东部地区院校的学生是27分。东部地区、中部地区、西部地区三个地区院校学生的最高分都是125分。

在善学求新维度上，也是中部地区院校学生的平均水平高于西部地区院校学生的平均水平，东部地区院校学生的平均水平最低。在最低分方面，东部地区、中部地区、西部地区三个地区院校的学生都是10分，而东部地区、中部地区、西部地区三个地区院校学生的最高分都是50分。

在责任担当维度上，中部地区院校学生的平均水平高于东部地区院校学生的平均水平，西部地区院校学生的平均水平最低。在最低分方面，东部地区、中部地区、西部地区三个地区院校的学生都是5分，而东部地区、中部地区、西部地区三个地区院校学生的最高分都是25分。

在精益求精维度上，中部地区院校学生的平均水平高于西部地区院校学生的平均水平,东部地区院校学生的平均水平最低。在最低分方面,东部地区、中部地区、西部地区三个地区院校的学生都是 5 分,而东部地区、中部地区、西部地区三个地区院校学生的最高分都是 25 分。

在专注敬业维度上,也是中部地区院校学生的平均水平高于西部地区院校学生的平均水平,东部地区院校学生的平均水平最低。在最低分方面,东部地区、中部地区、西部地区三个地区院校的学生都是 5 分,而东部地区、中部地区、西部地区三个地区院校学生的最高分都是 25 分。

进一步分析不同经济分区院校的高职高专学生工匠精神的差异。先进行方差齐性检验,检验结果如表 5-27 所示。

表 5-27 不同学校类型学生工匠精神方差齐性检验

因素	莱文统计	自由度 1	自由度 2	P
善学求新	8.043	2	5975	0.000
责任担当	4.911	2	5975	0.007
精益求精	6.997	2	5975	0.001
专注敬业	5.863	2	5975	0.003
工匠精神总分	10.907	2	5975	0.000

由上述方差齐性检验结果可知:工匠精神总分的 P 值和各个维度的 P 值分别是 0.000、0.000、0.007、0.001、0.003 均小于 0.05,说明方差不齐,接下来进行韦尔奇和布朗—福赛斯平均值相等性稳健检验。检验结果如表 5-28 所示。

表 5-28 平均值相等性稳健检验

因素	检验	统计[a]	自由度 1	自由度 2	P
善学求新	韦尔奇	5.394	2	2433.820	0.005
	布朗—福塞斯	5.383	2	3563.387	0.005
责任担当	韦尔奇	1.516	2	2438.109	0.220
	布朗—福塞斯	1.538	2	3619.453	0.215

续表

因素	检验	统计^a	自由度1	自由度2	P
精益求精	韦尔奇	7.971	2	2448.332	0.000
	布朗—福塞斯	8.343	2	3577.541	0.000
专注敬业	韦尔奇	6.748	2	2446.709	0.001
	布朗—福塞斯	7.136	2	3561.472	0.001
工匠精神总分	韦尔奇	6.022	2	2418.543	0.002
	布朗—福塞斯	6.233	2	3517.966	0.002

注：a 为渐近 F 分布。

由表 5-28 可知，不同经济分区院校的学生在工匠精神总分及善学求新维度、精益求精维度和专注敬业维度的显著性值 P 均小于 0.05，因此不同经济分区院校的学生在工匠精神总分及善学求新维度、精益求精维度和专注敬业维度等方面的均值是不等的。

为了确定不同经济分区院校的学生在工匠精神总分及善学求新维度、精益求精维度和专注敬业维度等方面的具体差异，需要对数据进行事后多重检验。结合表 5-27 的方差齐性检验结果来看，由于不同经济分区院校的学生工匠精神总分及各维度的方差是不齐的，故我们选择不等方差的检验方法——塔姆黑尼检验。检验结果如表 5-29 所示。

表 5-29　不同经济分区院校学生的工匠精神的多重分析

因素	学校类型(i)	学校类型(j)	均值差值 ($i-j$)	标准误	P	95%置信区间 下限	95%置信区间 上限
善学求新	东部地区	中部地区	-0.707**	0.239	0.009	-1.279	-0.136
		西部地区	-0.444	0.210	0.102	-0.948	0.059
	中部地区	东部地区	0.707**	0.239	0.009	0.136	1.279
		西部地区	0.263	0.277	0.717	-0.400	0.926
	西部地区	东部地区	0.444	0.210	0.102	-0.059	0.948
		中部地区	-0.263	0.277	0.717	-0.926	0.400

续表

因素	学校类型(i)	学校类型(j)	均值差值 ($i-j$)	标准误	P	95%置信区间 下限	上限
精益求精	东部地区	中部地区	−0.528***	0.132	0.000	−0.845	−0.212
		西部地区	−0.098	0.115	0.777	−0.376	0.178
	中部地区	东部地区	0.528***	0.132	0.000	0.212	0.845
		西部地区	0.429**	0.152	0.015	0.064	0.795
	西部地区	东部地区	0.098	0.115	0.777	−0.178	0.376
		中部地区	−0.429**	0.152	0.015	−0.795	−0.064
专注敬业	东部地区	中部地区	−0.469**	0.128	0.001	−0.777	−0.161
		西部地区	−0.053	0.111	0.950	−0.320	0.213
	中部地区	东部地区	0.469**	0.128	0.001	0.161	0.777
		西部地区	0.416**	0.148	0.015	0.062	0.770
	西部地区	东部地区	0.053	0.111	0.950	−0.213	0.320
		中部地区	−0.416**	0.148	0.015	−0.770	−0.062
工匠精神总分	东部地区	中部地区	−1.918**	0.556	0.002	−3.247	−0.589
		西部地区	−0.582	0.485	0.545	−1.742	0.578
	中部地区	东部地区	1.918**	0.556	0.002	0.589	3.247
		西部地区	1.336	0.644	0.111	−0.204	2.877
	西部地区	东部地区	0.582	0.485	0.545	−0.578	1.742
		中部地区	−1.336	0.644	0.111	−2.877	0.204

注：** 为 $P<0.01$，*** 为 $P<0.001$。

事后多重比较发现：在工匠精神总分上，东部地区院校学生得分与中部地区院校学生得分差值的显著性值 P 是0.002，小于0.05，说明其差异达到显著性水平，东部地区院校学生得分显著低于中部地区院校学生得分。而东部地区院校学生得分和西部地区院校学生得分差值、中部地区和西部地区院校学生得分差值的显著性值 P 分别为0.545和0.111，均大于0.05，说明其差异没有达到显著性水平。

在善学求新维度上，东部地区院校学生得分与中部地区院校学生得分差值的显著性值 P 是0.009，小于0.05，说明其差异达到显著性水平，东部地区院校学生得分显著低于中部地区院校学生得分。而东部地区院校学生得分和西部地区院校学生得分差值、中部地区和西部地区院校学生得分差值的显著性值 P 分别为 0.102 和 0.717,均大于 0.05,说明其差异没有达到显著性水平。

在精益求精维度上,东部地区院校学生得分与中部地区院校学生得分差值的显著性值 P 是 0.000,小于 0.05,说明其差异达到显著性水平,东部地区院校学生得分显著低于中部地区院校学生得分。中部地区和西部地区院校学生得分差值的显著性值 P 为 0.015,小于 0.05,说明其差异达到显著性水平,中部地区院校学生得分显著高于西部地区院校学生得分。而东部地区院校学生得分和西部地区院校学生得分差值的显著性值 P 为 0.777,大于 0.05,说明其差异没有达到显著性水平。

在专注敬业维度上,东部地区院校学生得分与中部地区院校学生得分差值的显著性值 P 是 0.001,小于 0.05,说明其差异达到显著性水平,东部地区院校学生得分显著低于中部地区院校学生得分。中部地区和西部地区院校学生得分差值的显著性值 P 为 0.015,小于 0.05,说明其差异达到显著性水平,中部地区院校学生得分显著高于西部地区院校学生得分。而东部地区院校学生得分和西部地区院校学生得分差值的显著性值 P 为 0.950,大于 0.05,说明其差异没有达到显著性水平。

(三)不同类型城市高职高专学生工匠精神差异比较

为了分析直辖市、省会城市和普通城市院校的高职高专学生工匠精神培育现状,我们首先对直辖市、省会城市和普通城市院校的高职高专学生工匠精神及各维度得分进行描述分析,分析结果如表 5-30 所示。

表 5-30　不同类型城市高职高专学生工匠精神的基本描述统计量

因素	城市分类	样本量	均值	标准差	标准误	均值的95%置信区间 下限	均值的95%置信区间 上限	最小值	最大值
善学求新	直辖市	520	36.007	6.672	0.292	35.432	36.582	18	50
	省会城市	2745	34.759	6.662	0.127	34.510	35.008	10	50
	普通城市	2713	34.311	6.672	0.128	34.060	34.562	10	50
	总计	5978	34.664	6.683	0.086	34.495	34.834	10	50
责任担当	直辖市	520	19.246	3.586	0.157	18.937	19.555	9	25
	省会城市	2745	18.472	3.688	0.070	18.334	18.610	5	25
	普通城市	2713	18.249	3.595	0.069	18.113	18.384	5	25
	总计	5978	18.438	3.647	0.047	18.345	18.530	5	25
精益求精	直辖市	520	18.398	3.594	0.157	18.088	18.707	8	25
	省会城市	2745	17.714	3.733	0.071	17.574	17.853	5	25
	普通城市	2713	17.537	3.680	0.070	17.398	17.676	5	25
	总计	5978	17.693	3.704	0.047	17.599	17.787	5	25
专注敬业	直辖市	520	18.530	3.472	0.152	18.231	18.830	5	25
	省会城市	2745	17.945	3.623	0.069	17.809	18.080	5	25
	普通城市	2713	17.662	3.547	0.068	17.529	17.796	5	25
	总计	5978	17.867	3.584	0.046	17.777	17.958	5	25
工匠精神总分	直辖市	520	92.182	15.274	0.669	90.866	93.498	45	125
	省会城市	2745	88.890	15.420	0.294	88.313	89.467	25	125
	普通城市	2713	87.760	15.290	0.293	87.185	88.336	29	125
	总计	5978	88.664	15.394	0.199	88.274	89.054	25	125

由表5-30可以发现：在工匠精神总分上，直辖市院校学生的平均水平高于省会城市院校学生的平均水平，普通城市院校学生的平均水平最低。在最低分方面，省会城市院校学生得分最低，为25分，其次是普通城市院校学生，为29分，直辖市院校学生最高，为45分。直辖市、省会城市、普通城市三种城市类型院校学生的最高分都是125分。

在善学求新维度上，直辖市院校学生的平均水平高于省会城市院校学生的平均水平，普通城市院校学生的平均水平最低。在最低分方面，省会城市院校和普通城市院校学生的得分都是10分,直辖市院校学生的得分是18分。直辖市、省会城市、普通城市三种城市类型院校学生的最高分都是50分。

在责任担当维度上,也是直辖市院校学生的平均水平高于省会城市院校学生的平均水平,普通城市院校学生的平均水平最低。在最低分方面,省会城市院校和普通城市院校学生的得分都是5分,直辖市院校学生的得分是9分。直辖市、省会城市、普通城市三种城市类型院校学生的最高分都是25分。

在精益求精维度上,同样也是直辖市院校学生的平均水平高于省会城市院校学生的平均水平,普通城市院校学生的平均水平最低。在最低分方面,省会城市院校和普通城市院校学生的得分都是5分,直辖市院校学生的得分是8分。直辖市、省会城市、普通城市三种城市类型院校学生的最高分都是25分。

在专注敬业维度上,依旧是直辖市院校学生的平均水平高于省会城市院校学生的平均水平,普通城市院校学生的平均水平最低。在最低分方面,直辖市、省会城市、普通城市三种城市类型院校学生都是5分。直辖市、省会城市、普通城市三种城市类型院校学生的最高分都是25分。

进一步分析不同城市类型院校的高职高专学生工匠精神的差异。先进行方差齐性检验,检验结果如表5-31所示。

表5-31　不同类型城市高职高专学生工匠精神方差齐性检验

因素	莱文统计	自由度1	自由度2	P
善学求新	0.365	2	5975	0.694
责任担当	1.530	2	5975	0.217
精益求精	0.680	2	5975	0.506
专注敬业	0.678	2	5975	0.508
工匠精神总分	0.124	2	5975	0.884

由表5-31方差齐性检验结果可知:工匠精神总分的P值和各个维度的P值分别是0.884、0.694、0.217、0.506、0.508,均大于0.05,因此可以

认为方差都是齐性的,以下的单因素方差分析的结果是有效的。

我们以不同的城市类型的院校为自变量,高职高专学生工匠精神总分及各因子分为因变量,采用单因素方差分析法考察不同城市类型院校的高职高专学生工匠精神总分及各维度得分是否存在显著差异。其结果见表 5-32。

表 5-32 不同城市类型的高职高专学生工匠精神的 ANOVA 分析

因素	组别	平方和	自由度	均方	F	P
善学求新	组间	1301.107	2	650.553	14.631***	0.000
	组内	265665.094	5975	44.463		
	总计	266966.201	5977			
责任担当	组间	439.552	2	219.776	16.609***	0.000
	组内	79064.171	5975	13.232		
	总计	79503.723	5977			
精益求精	组间	325.397	2	162.698	11.899***	0.000
	组内	81695.561	5975	13.673		
	总计	82020.958	5977			
专注敬业	组间	358.997	2	179.498	14.034***	0.000
	组内	76422.604	5975	12.790		
	总计	76781.601	5977			
总分	组间	8792.583	2	4396.292	18.661***	0.000
	组内	1407630.604	5975	235.587		
	总计	1416423.188	5977			

注:*** 为 $P<0.001$。

从表 5-32 所示的单因素方差分析结果可以看出,直辖市、省会城市、普通城市院校的学生的工匠精神总分及各维度的得分的显著性值 P 都是 0.000,小于 0.05,也就是说不同城市类型院校的学生在工匠精神总分及各维度上存在显著性差异。

为进一步确定不同城市类型院校的学生在工匠精神总分及各维度上的具体差异,需要对数据进行事后多重比较分析。结合表 5-31 的方差齐性检验结果来看，由于工匠精神总分及各维度都通过了方差齐性检验，故我们采用 LSD 方式进行事后多重比较分析。结果见表 5-33。

表 5-33 专注敬业在学校类型上的事后比较

因素	城市类型(i)	学校类型(j)	均值差值(i−j)	标准误	P	95%置信区间 下限	95%置信区间 上限
善学求新	直辖市	省会城市	1.248***	0.318	0.000	0.623	1.873
		普通城市	1.696***	0.319	0.000	1.070	2.322
	省会城市	直辖市	−1.248***	0.318	0.000	−1.873	−0.623
		普通城市	0.448*	0.180	0.013	0.094	0.802
	普通城市	直辖市	−1.696***	0.319	0.000	−2.322	−1.070
		省会城市	−0.448*	0.180	0.013	−0.802	−0.094
责任担当	直辖市	省会城市	0.774***	0.173	0.000	0.433	1.115
		普通城市	0.996***	0.174	0.000	0.655	1.338
	省会城市	直辖市	−0.774***	0.173	0.000	−1.115	−0.433
		普通城市	0.222*	0.098	0.024	0.029	0.416
	普通城市	直辖市	−0.996***	0.174	0.000	−1.338	−0.655
		省会城市	−0.222*	0.098	0.024	−0.416	−0.029
精益求精	直辖市	省会城市	0.684***	0.176	0.000	0.337	1.030
		普通城市	0.860***	0.177	0.000	0.513	1.207
	省会城市	直辖市	−0.684***	0.176	0.000	−1.030	−0.337
		普通城市	0.17661	0.100	0.078	−0.019	0.372
	普通城市	直辖市	−0.860***	0.177	0.000	−1.207	−0.513
		省会城市	−0.17661	0.100	0.078	−0.372	0.019
专注敬业	直辖市	省会城市	0.585**	0.171	0.001	0.250	0.921
		普通城市	0.868***	0.171	0.000	0.532	1.203
	省会城市	直辖市	−0.585**	0.171	0.001	−0.921	−0.250
		普通城市	0.282**	0.096	0.004	0.092	0.472
	普通城市	直辖市	−0.868***	0.171	0.000	−1.203	−0.532
		省会城市	−0.282**	0.096	0.004	−0.472	−0.092

续表

因素	城市类型(i)	学校类型(j)	均值差值 ($i-j$)	标准误	P	95%置信区间 下限	95%置信区间 上限
工匠精神总分	直辖市	省会城市	3.291***	0.734	0.000	1.852	4.731
	直辖市	普通城市	4.421***	0.734	0.000	2.981	5.862
	省会城市	直辖市	-3.291***	0.734	0.000	-4.731	-1.852
	省会城市	普通城市	1.129**	0.415	0.007	0.315	1.944
	普通城市	直辖市	-4.421***	0.734	0.000	-5.862	-2.981
	普通城市	省会城市	-1.129**	0.415	0.007	-1.944	-0.315

注：* 为 $P<0.05$，** 为 $P<0.01$，*** 为 $P<0.001$。

事后多重比较发现：在工匠精神总分上，直辖市院校学生得分与省会城市院校学生、普通城市院校学生得分差值的显著性值 P 都是 0.000，小于 0.05，说明其差异达到显著性水平，直辖市院校学生的得分显著高于省会城市院校学生的得分和普通城市院校学生的得分。省会城市院校学生得分和普通城市院校学生得分差值的显著性值 P 为 0.007，小于 0.05，说明其差异达到显著性水平，省会城市院校学生的得分显著高于普通城市院校学生的得分。

在善学求新维度上，直辖市院校学生的得分与省会城市院校学生、普通城市院校的学生得分差值的显著性值 P 都是 0.000，小于 0.05，说明其差异达到显著性水平，直辖市院校学生的得分显著高于省会城市院校学生的得分和普通城市院校学生的得分。省会城市院校学生得分和普通城市院校学生得分差值的显著性值 P 为 0.013，小于 0.05，说明其差异达到显著性水平，省会城市院校学生的得分显著高于普通城市院校学生的得分。

在责任担当维度上，直辖市院校学生的得分与省会城市院校学生、普通城市院校学生得分差值的显著性值 P 都是 0.000，小于 0.05，说明其差异达到显著性水平，直辖市院校学生的得分显著高于省会城市院校学生的得分和普通城市院校学生的得分。省会城市院校学生的得分和普通城市院校学生的得分差值的显著性值 P 为 0.024，小于 0.05，说明其差异达到显著性水平，省会城市院校学生的得分显著高于普通城市院校学生的得分。

在精益求精维度上,直辖市院校学生的得分与省会城市院校学生、普通城市院校学生的得分差值的显著性值 P 都是 0.000,小于 0.05,说明其差异达到显著性水平,直辖市院校学生的得分显著高于省会 z 城市院校学生的得分和普通城市院校学生的得分。省会城市院校学生得分和普通城市院校学生得分差值的显著性值 P 为 0.078,大于 0.05,说明其差异没有达到显著性水平。

在专注敬业维度上,直辖市院校学生的得分与省会城市院校学生、普通城市院校学生的得分差值的显著性值 P 分别是 0.001 和 0.000,小于 0.05,说明其差异达到显著性水平,直辖市院校学生的得分显著高于省会城市院校学生的得分和普通城市院校学生的得分。省会城市院校学生的得分和普通城市院校学生的得分差值的显著性值 P 为 0.004,小于 0.05,说明其差异达到显著性水平,省会城市院校学生的得分显著高于普通城市院校学生的得分。

综上所述,在工匠精神总分维度上,男生得分显著高于女生;农林牧渔业专业的学生得分显著低于电力热力燃气及水生产和供应业专业的学生得分,制造业专业的学生得分显著低于电力热力燃气及水生产和供应业专业的学生得分,电力热力燃气及水生产和供应业专业的学生得分显著高于建筑业、交通运输仓储和邮政业、其他服务业专业的学生得分,交通运输仓储和邮政业专业的学生得分显著高于其他服务业专业的学生得分;华北地区院校学生的工匠精神总分显著高于华东地区、华南地区、西南地区、西北地区院校的学生得分,东北地区院校学生的工匠精神总分显著高于华东地区、华中地区、华南地区、西南地区、西北地区院校的学生得分,华东地区院校学生的工匠精神总分也显著低于西北地区院校学生的得分,华中地区院校学生的工匠精神总分显著高于华南地区院校学生的得分,华南地区院校学生的工匠精神总分也显著低于西北地区院校学生的得分;东部地区院校学生得分显著低于中部地区院校学生得分;直辖市院校学生得分显著高于省会城市院校学生得分和普通城市院校学生得分,省会城市院校学生得分显著高于普通城市院校学生得分。

第六章　高职高专思政课工匠精神培育的机理探析与路径创新

本章课题组运用 SPSS 软件的频数分析、多重响应分析、多元线性回归分析等方法,进一步分析了高职高专学生工匠精神培育的影响因素,构建思政课高职高专学生工匠精神培育模型,利用相关研究结论,探究思政课培育高职院校大学生工匠精神的内在机理,并结合工匠精神培育现状调研相关数据,积极探索新时代高职高专思政课工匠精神培育的创新路径。

本研究主要源于课题组开展的两项调研,一是面向浙江省内近年来涌现的工匠大师展开工匠精神培育现状调研,收到有效问卷 104 份(以下简称"工匠精神培育现状调研");二是面向高职高专在校学生,依据本课题组开发的工匠精神测试量表,开展工匠精神素养测度,并向同批受调查者进行了其所在学校工匠精神培育现状的关联调查,收到有效问卷 5978 份(以下简称"工匠精神素养测度调研")。

一、高职高专学生工匠精神培育影响因素基本分析

前述研究主要就高职高专学生工匠精神的个体差异、校际差异与区域差异等进行了比较分析。本章将进一步探究高职高专学校教育各相关因素对学生工匠精神培育的影响。本部分探究主要基于以下三项数据分析:
(1)高职高专学生对工匠精神培育途径的认可度分析;
(2)工匠大师对高职高专院校学生工匠精神培育有效方法的认同度

分析;

(3)高职高专院校工匠精神培育实际举措与学生工匠精神素养的相关分析。

其中第1项数据分析,从高职高专在校学生认知与体验的角度,基于问卷调查数据,对高职高专院校工匠精神培育的具体途径(方法)的认可度的差异性进行分析。第2项数据分析,从企业实践一线工匠大师认知与经验的角度,基于问卷调查数据,对高职高专院校工匠精神培育方法的效果差异性进行分析。第3项数据分析,从高职高专院校学生工匠精神实际培育效果的角度,基于高职高专学生工匠精神测度数据,分析高职高专院校工匠精神培育实际举措与学生工匠精神素养之间的相关性。

(一)高职高专学生对工匠精神培育途径的认可度分析

在"工匠精神素养测度调研"中,我们就"您认为以下哪种途径对您工匠精神提升作用显著"进行了多选题问题调查,选项包括思政课学习、专业课学习、专业实训实习、学生活动、技能竞赛、校园环境熏陶。我们基于SPSS软件对此调查结果进行多重响应分析,结果如表6-1所示。

表6-1 高职高专工匠精神培育主要途径[*]、性别/年级交叉分析

		性别		年级					总计
		男	女	大一	大二	大三	其他	
思政课学习	人数/人	1334	1723	1715	1264	56	22	3057
	占性别/年级百分比	48.10%	53.80%	51.80%	50.10%	55.40%	53.70%	
	占总计的百分比	22.30%	28.80%	28.70%	21.10%	0.90%	0.40%	51.10%
专业课学习	人数/人	1706	2006	2042	1585	58	27	3712
	占性别/年级百分比	61.50%	62.60%	61.60%	62.80%	57.40%	65.90%	
	占总计的百分比	28.50%	33.60%	34.20%	26.50%	1.00%	0.50%	62.10%
专业实训实习	人数/人	1935	2103	2227	1723	67	21	4038
	占性别/年级百分比	69.80%	65.60%	67.20%	68.30%	66.30%	51.20%	
	占总计的百分比	32.40%	35.20%	37.30%	28.80%	1.10%	0.40%	67.50%

续表

		性别		年级				总计
		男	女	大一	大二	大三	其他	
学生活动	人数/人	792	1087	1037	799	30	13	1879
	占性别/年级百分比	28.60%	33.90%	31.30%	31.70%	29.70%	31.70%	
	占总计的百分比	13.20%	18.20%	17.30%	13.40%	0.50%	0.20%	31.40%
技能竞赛	人数/人	949	1114	1159	859	35	10	2063
	占性别/年级百分比	34.20%	34.80%	35.00%	34.10%	34.70%	24.40%	
	占总计的百分比	15.90%	18.60%	19.40%	14.40%	0.60%	0.20%	34.50%
校园环境熏陶	人数/人	636	786	789	600	20	13	1422
	占性别/年级百分比	22.90%	24.50%	23.80%	23.80%	19.80%	31.70%	
	占总计的百分比	10.60%	13.10%	13.20%	10.00%	0.30%	0.20%	23.80%
总计	人数/人	2773	3205	3314	2522	101	41	5978
	占总计的百分比	46.40%	53.60%	55.40%	42.20%	1.70%	0.70%	100.00%

注：* 百分比和总计基于响应者。使用了值1对二分组进行制表。

以上结果显示，就思政课学习、专业课学习等六种高职高专院校学生工匠精神培育途径而言，专业实训实习在受访者中的认可度最高，比例达67.5%，其次为专业学习（62.10%），思政课学习则排在第三（51.10%），之后依次为技能竞赛（34.50%）和学生活动（31.40%），校园环境熏陶的认可度则最低为23.80%。

在性别差异上，女生对思政课学习的认可度高出男生5.7%，对学生活动的认可度高出男生5.3%，而男生对专业实训实习的认可度比女生高4.2%，其余各项男女生差异均不明显。

在年级差异上，大一、大二学生在各维度上差异均不明显，与之相比，大三学生对思政课学习的认可度提升近5%，对专业课学习和校园环境熏陶的认可度均下降近5%，其余差异不明显。

（二）工匠大师对高职高专院校工匠精神培育方法的认同度分析

在"工匠精神培育现状调研"问卷中，我们就"您认为下列哪些属于学校培养大学生工匠精神的有效方法"这一问题向工匠大师们进行了相关调查,备选项包括思政课堂教育、专业教育、人文通识教育、专业实训实习、工匠大师校园讲座、技能竞赛、企业专家进课堂、"工匠精神"相关校园环境布设等,我们运用SPSS软件对收到的104个有效数据进行多重响应分析,结果如表6-2所示。

表6-2 高职高专院校大学生工匠精神培育有效方法*赞同的工匠大师人数交叉分析

类别		统计	
工匠精神培育有效方法	思政课堂教学	人数/人	45
		占总计的百分比	43.27%
	专业教育	人数/人	59
		占总计的百分比	56.73%
	人文通识教育	人数/人	17
		占总计的百分比	16.35%
	专业实训实习	人数/人	68
		占总计的百分比	65.38%
	工匠大师校园讲座	人数/人	69
		占总计的百分比	66.35%
	技能竞赛	人数/人	67
		占总计的百分比	64.42%
	企业专家进课堂	人数/人	34
		占总计的百分比	32.69%
	"工匠精神"相关校园环境布设	人数/人	56
		占总计的百分比	53.85%
总计		人数/人	104
		占总计的百分比	100.00%

注:百分比和总计基于响应。

由表6-2的数据可见,有43.27%的受访工匠大师认同思政课课堂教学为工匠精神培育的有效方法。但数据同时显示,受访者对其他选项如工匠大师校园讲座、专业实训实习、技能竞赛、专业教育、"工匠精神"相关校园环境布设等的认同度更高,分别达到了 66.35%、65.38%、64.42%、56.73%、53.85%,只有企业专家进课堂(32.69%)、人文通识教育(16.35%)的认同度低于对思政课课堂教学的认同度。

(三)高职高专院校工匠精神培育举措与学生工匠精神素养的相关分析

我们以"工匠精神素养测度调研"的数据为依据,将性别、年级、兼职/实习经验3个变量作为控制变量,以"工匠精神测度总分"变量为被解释变量,以"您就读的大学是否重视培养学生的工匠精神""学校有否搭建起校企合作平台、形成产教融合机制""是否修过工匠精神课程""是否参加过校级以上技能竞赛""校园环境布设中展示工匠精神相关内容的频率""思政课有否将工匠精神培育融入教学""大学思政课在工匠精神培育中作用如何"7个变量为解释变量,并为其中的分类变量创建虚拟变量,我们将以上变量分步纳入多元线性回归模型,得到数据如表6-3所示。

表 6-3 模型摘要[i]

模型	R	R^2	调整后 R^2	R^2 变化量	F	显著性 P	德宾—沃森
1	0.190[a]	0.036	0.036	0.036	74.544	0.000	
2	0.317[b]	0.100	0.099	0.064	212.901	0.000	
3	0.326[c]	0.106	0.105	0.006	20.037	0.000	
4	0.330[d]	0.109	0.108	0.003	16.818	0.000	
5	0.338[e]	0.114	0.113	0.006	38.128	0.000	
6	0.344[f]	0.118	0.117	0.004	8.816	0.000	
7	0.350[g]	0.122	0.120	0.004	13.507	0.000	
8	0.366[h]	0.134	0.131	0.011	26.317	0.000	1.165

注:a. 预测变量:常量,兼职/实习经验,性别,年级。

b. 预测变量:常量,兼职/实习经验,性别,年级,学校非常重视工匠精神培育,学校比较重视工匠精神培育。

c. 预测变量:常量,兼职/实习经验,性别,年级,学校非常重视工匠精神培育,学校比较重视工匠精神培育,不清楚学校是否有校企合作机制,学校有校企合作机制。

d. 预测变量:常量,兼职/实习经验,性别,年级,学校非常重视工匠精神培育,学校比较重视工匠精神培育，不清楚学校是否有校企合作机制，学校有校企合作机制，修过工匠精神课程。

e. 预测变量：常量，兼职/实习经验，性别，年级，学校非常重视工匠精神培育，学校比较重视工匠精神培育，不清楚学校是否有校企合作机制，学校有校企合作机制，修过工匠精神课程，参加校级以上技能竞赛。

f. 预测变量：常量，兼职/实习经验，性别，年级，学校非常重视工匠精神培育，学校比较重视工匠精神培育，不清楚学校是否有校企合作机制，学校有校企合作机制，修过工匠精神课程，参加校级以上技能竞赛，工匠精神相关校园环境布设＝有时，工匠精神相关校园环境布设＝偶尔，工匠精神相关校园环境布设＝经常。

g. 预测变量：常量，兼职/实习经验，性别，年级，学校非常重视工匠精神培育，学校比较重视工匠精神培育，不清楚学校是否有校企合作机制，学校有校企合作机制，修过工匠精神课程，参加校级以上技能竞赛，工匠精神相关校园环境布设＝有时，工匠精神相关校园环境布设＝偶尔，工匠精神相关校园环境布设＝经常，思政课将工匠精神培育融入教学＝不清楚，思政课将工匠精神培育融入教学＝有。

h. 预测变量：常量，兼职/实习经验，性别，年级，学校非常重视工匠精神培育，学校比较重视工匠精神培育，不清楚学校是否有校企合作机制，学校有校企合作机制，修过工匠精神课程，参加校级以上技能竞赛，工匠精神相关校园环境布设＝有时，工匠精神相关校园环境布设＝偶尔，工匠精神相关校园环境布设＝经常，思政课将工匠精神培育融入教学＝不清楚，思政课将工匠精神培育融入教学＝有，认为大学思政课在工匠精神培育中作用比较大，认为大学思政课在工匠精神培育中作用一般，认为大学思政课在工匠精神培育中作用非常大。

i. 因变量：总分。

从上述模型可见，以上7个解释变量纳入方程后的P值均小于0.05，由此可以判断7个变量均对工匠精神影响显著。结合7个模型R值及R^2素养的变化量分析，在7个解释变量中，"学校是否重视学生的工匠精神培育"对学生工匠精神素养的影响最大，R^2变化量为0.064，大学思政课在工匠精神培育中作用发挥程度影响其次，R^2变化量为0.011；"学校有否搭建起校企合作平台、形成产教融合机制"和"校园环境布设中展示工匠精神相关内容的频率"纳入模型后的R^2变化量均为0.006，而"是否参加过校级以上技能竞赛"和"思政课有否将工匠精神培育融入教学"纳入模型后的R^2变化量均为0.004，"是否修过工匠精神课程"对应的R^2变化量相对最小，为0.003。

我们进一步引入模型8的具体回归系数，具体如表6-4所示。

表 6-4 模型 8 的回归系数

维度	未标准化系数 B	标准错误	标准化系数 Beta	t	显著性 P	VIF
(常量)	95.854	2.237		42.850	0.000	
性别	-4.123	0.377	-0.134	-10.936	0.000	1.026
年级	0.529	0.336	0.020	1.576	0.115	1.062
兼职/实习经验	-2.759	0.393	-0.087	-7.013	0.000	1.061
学校非常重视工匠精神培育	2.831	0.956	0.091	2.960	0.003	6.505
学校比较重视工匠精神培育	-2.807	0.911	-0.091	-3.079	0.002	6.020
学校有校企合作机制	4.399	0.986	0.123	4.459	0.000	5.243
不清楚学校是否有校企合作机制	3.280	1.046	0.086	3.134	0.002	5.218
修过工匠精神课程	0.236	0.419	0.008	0.563	0.573	1.271
参加校级以上技能竞赛	-2.311	0.418	-0.070	-5.532	0.000	1.101
工匠精神相关校园环境布设=经常	-1.941	1.263	-0.061	-1.537	0.124	10.756
工匠精神相关校园环境布设=有时	-3.121	1.223	-0.100	-2.552	0.011	10.540
工匠精神相关校园环境布设=偶尔	-2.463	1.226	-0.063	-2.010	0.044	6.754
思政课将工匠精神培育融入教学=有	1.214	0.696	0.036	1.744	0.081	2.879
思政课将工匠精神培育融入教学=不清楚	-0.516	0.745	-0.013	-0.693	0.488	2.458
认为大学思政课在工匠精神培育中作用非常大	6.132	1.356	0.193	4.521	0.000	12.528
认为大学思政课在工匠精神培育中作用比较大	2.358	1.319	0.076	1.788	0.074	12.522
认为大学思政课在工匠精神培育中作用一般	1.951	1.340	0.045	1.456	0.146	6.509

从表 6-4 可知,纳入模型的 7 个解释变量,"校园环境布设中展示工匠精神相关内容的频率""是否参加过校级以上技能竞赛"与"思政课将工匠精神培育融入教学"在模型中的 P 值均大于 0.05,后续研究时需要将此三个变量排除出模型,或找到合理的解释原因。

综合以上三项分析，我们得出以下结论。

（1）高职高专学生工匠精神培育与众多因素相关，这些因素至少包括学校对工匠精神培育的重视程度、思政课课堂教育、专业教育、人文通识教育、专业实训实习、工匠大师校园讲座、技能竞赛、企业专家进课堂、工匠精神相关校园环境布设等。统计数字显示，在这些因素中，学校对工匠精神培育的重视程度和思政课课堂教育的影响作用位列前两位。这一基于上述量化分析得出的结论说明，本研究关注的思政课课程教育教学改革与高职高专院校学生工匠精神的培育之间存在密切关联。

（2）在统计学意义上，以上因素与高职高专学生工匠精神素养的相关性得到了在校高职高专学生和工匠大师的认可。同时，在实践层面，以上因素与高职高专学生工匠精神素养的提升呈现一种正相关。因此，与以往相关定性研究相比较，本研究的创新意义在于：我们的这一结论，不是通过一般的定性研究实现，而是通过对基于较大规模样本的相关数据进行定量研究得到的。

（3）作为本研究的一项重要内容，思政课课程教学及其他与工匠精神培育相关的教学设计与实践（如工匠大师校园讲座、工匠精神相关校园环境布设、思政课实践融入专业实训实习等）对高职高专学生工匠精神素养的提升影响程度与方式，还需要进一步分析研究。

二、基于多元回归模型的高职高专思政课工匠精神培育机理探析

工匠精神，不是单纯地来自技术自身，高职高专院校对学生工匠精神的培育也同样不能只凭借专业教育得以实现。如前所述，高职高专学生工匠精神培育与包含思政课教育在内的众多因素相关，思政课教育在其中发挥着重要作用。这里所提的思政课教育，需从大思政视阈下考察分析，既包括融入工匠精神教育的思政课课堂教学，也包括在思政课程主导下统一设计与实施的工匠大师经验分享与专题讲座、工匠精神相关校园环境布

设、思政课实践融入专业实训实习等诸多方面。本部分研究将运用 SPSS 软件,在前期相关性研究的基础上,通过多元回归模型的构建与检验,探析高职高专思政课工匠精神的培育机理。

(一)统计数据的选取与处理

我们以"工匠精神测度总分"变量为被解释变量,从大思政视角选取了相关解释变量,继续进行多元线性回归分析,以进一步详细分析思政课相关因素在高职高专学生工匠精神培育中的具体影响及作用机理。一方面,我们选取了工匠精神素养测度调研中的变量数据,以性别、年级、兼职/实习经验3个变量作为控制变量,以"您就读的大学邀请劳模、工匠技能大师等专家来校做专题讲座的频率"等8个变量为解释变量,其中7个变量为分类变量,分别创设相应的虚拟变量。解释变量的具体情况如下。

变量 D1:"您就读的大学邀请劳模、工匠技能大师等专家来校做专题讲座的频率"相应的虚拟变量为 D11——经常、D12——很少、D13——从不。

变量 D2:"您就读的大学校园环境布设中展示工匠精神相关内容的频率"相应的虚拟变量为 D21——经常、D22——有时、D23——偶尔、D24——从不。

变量 D3:"您所学的大学思政课有否将工匠精神培育融入教学过程"相应的虚拟变量为 D31——有、D32——没有、D33——不清楚。

变量 D4:"您就读的高校有否将思想政治理论课的实践融入学生顶岗实习、实训阶段",相应的虚拟变量为 D41——有、D42——没有、D43——不清楚。

变量 D5:"您的大学思政课教师在讲授过程中,有否引用中国传统工匠案例",相应的虚拟变量为 D51——有、D52——没有、D53——不清楚。

变量 D6:"大学思政课实践中有否安排工匠精神体验活动"相应的虚拟变量为 D61——有、D62——没有、D63——不清楚。

变量 D7:"大学思政课有否邀请工匠大师进行成长分享"相应的虚拟变量为 D71——有、D72——没有、D73——不清楚。

变量 X1（连续变量）："您的思政课老师爱岗敬业、精益求精、具有工匠精神"。

(二) 多元线性模型的建立

基于上述数据处理，以工匠精神测度总分为被解释变量，逐一引入解释变量，分别建立相应模型。具体为，第一步引入性别、年级、兼职/实习经验 3 个控制变量，之后分步引入变量 D1、D2、D3、D4、D5、D6、D7、D8 相应的虚拟变量和变量 X1，逐一建立模型，相应结果如表 6-5 所示。

表 6-5 模型摘要[j]

模型	R	R^2	调整后 R^2	标准估算的错误	R^2 变化量	F 变化量	显著性 P	德宾—沃森
1	0.190[a]	0.036	0.036	15.11763	0.036	74.544	0.000	
2	0.238[b]	0.057	0.056	14.95717	0.021	65.432	0.000	
3	0.261[c]	0.068	0.067	14.87116	0.011	24.094	0.000	
4	0.279[d]	0.078	0.076	14.79528	0.010	31.690	0.000	
5	0.282[e]	0.079	0.077	14.78613	0.001	4.694	0.009	
6	0.284[f]	0.080	0.078	14.77909	0.001	3.841	0.022	
7	0.284[g]	0.081	0.078	14.78033	0.000	0.503	0.605	
8	0.285[h]	0.081	0.078	14.77882	0.000	1.609	0.200	
9	0.414[i]	0.171	0.169	14.03679	0.090	647.674	0.000	1.195

注：a. 预测变量：常量，兼职/实习经验，性别，年级。

b. 预测变量：常量，兼职/实习经验，性别，年级，D11，D12。

c. 预测变量：常量，兼职/实习经验，性别，年级，D11，D12，D21，D22。

d. 预测变量：常量，兼职/实习经验，性别，年级，D11，D12，D21，D22，D23，D31，D33。

e. 预测变量：常量，兼职/实习经验，性别，年级，D11，D12，D21，D22，D23，D31，D33，D41，D43。

f. 预测变量：常量，兼职/实习经验，性别，年级，D11，D12，D21，D22，D23，D31，D33，D41，D43，D51，D53。

g. 预测变量：常量，兼职/实习经验，性别，年级，D11，D12，D21，D22，D23，D31，D33，D41，D43，D51，D53，D61，D63。

h. 预测变量：常量，兼职/实习经验，性别，年级，D11，D12，D21，D22，D23，D31，D33，D41，D43，D51，D53，D61，D63，D71，D73。

i. 预测变量：(常量)，兼职/实习经验，性别，年级，D11，D12，D21，D22，D23，D31，D33，D41，D43，D51，D53，D61，D63，D71，D73，X1。

j. 应变量：工匠精神测度总分。

(三)模型检验与修正

以上模型还需进一步检验和修正。

1. 参数显著度检验

从表 6-5 可见,纳入变量 D6、D7 后,R^2 变量化为 0.000,相应的 P 值分别为 0.605 和 0.200,均大于 0.05,由此判断变量 D6——"大学思政课实践中有否安排工匠精神体验活动"和变量 D7——"大学思政课有否邀请工匠大师进行成长分享"对解释变量工匠精神总分影响不显著,应在模型中将其排除。

2. 模型修正

排除变量 D6、D7,修正模型并附系数表如表 6-6、6-7 所示。

表 6-6 模型摘要[h]

模型	R	R^2	调整后 R^2	标准估算的误差	R^2 变化量	F 变化量	显著性 P	德宾—沃森
1	0.190[a]	0.036	0.036	15.11763	0.036	74.544	0.000	
2	0.238[b]	0.057	0.056	14.95717	0.021	65.432	0.000	
3	0.261[c]	0.068	0.067	14.87116	0.011	24.094	0.000	
4	0.279[d]	0.078	0.076	14.79528	0.010	31.690	0.000	
5	0.282[e]	0.079	0.077	14.78613	0.001	4.694	0.009	
6	0.284[f]	0.080	0.078	14.77909	0.001	3.841	0.022	
7	0.412[i]	0.169	0.167	14.04717	0.089	638.591	0.000	1.192

注:a. 预测变量:(常量),兼职/实习经验,性别,年级。
b. 预测变量:(常量),兼职/实习经验,性别,年级,D11,D12。
c. 预测变量:(常量),兼职/实习经验,性别,年级,D11,D12,D21,D22。
d. 预测变量:(常量),兼职/实习经验,性别,年级,D11,D12,D21,D22,D23,D31,D33。
e. 预测变量:(常量),兼职/实习经验,性别,年级,D11,D12,D21,D22,D23,D31,D33,D41,D43。
f. 预测变量:(常量),兼职/实习经验,性别,年级,D11,D12,D21,D22,D23,D31,D33,D41,D43,D51,D53。
g. 预测变量:(常量),兼职/实习经验,性别,年级,D11,D12,D21,D22,D23,D31,D33,D41,D43,D51,D53,X1。
h. 应变量:工匠精神测度总分。

表 6-7　模型 7 的回归系数[a]

维度	未标准化系数 B	标准误差	标准化系数 Beta	t	显著性 P	共线性统计 容差	VIF
(常量)	82.029	1.702		48.184	0.000		
性别	−4.494	0.367	−0.146	−12.255	0.000	0.987	1.013
年级	0.804	0.327	0.030	2.456	0.014	0.951	1.052
兼职/实习经验	−3.039	0.384	−0.096	−7.912	0.000	0.948	1.055
D11 工匠大师来校作讲座＝经常	0.258	1.089	0.008	0.237	0.813	0.112	8.955
D12 工匠大师来校作讲座＝很少	−1.035	1.012	−0.034	−1.023	0.307	0.129	7.751
D21 工匠精神相关校园环境布设＝经常	−0.355	1.346	−0.011	−0.264	0.792	0.079	12.736
D22 工匠精神相关校园环境布设＝有时	−2.643	1.284	−0.085	−2.059	0.040	0.083	12.118
D23 工匠精神相关校园环境布设＝偶尔	−1.963	1.270	−0.050	−1.546	0.122	0.132	7.569
D31 思政课将工匠精神培育融入教学＝有	0.556	0.715	0.016	0.777	0.437	0.316	3.167
D33 思政课将工匠精神培育融入教学＝不清楚	−1.639	0.773	−0.042	−2.121	0.034	0.362	2.760
D41 思政课实践融入学生顶岗实习、实训＝有	0.083	0.588	0.003	0.140	0.888	0.394	2.537
D43 思政课实践融入学生顶岗实习、实训＝不清楚	−1.472	0.620	−0.042	−2.375	0.018	0.447	2.236

续表

维度	未标准化系数 B	标准错误	标准化系数 Beta	t	显著性 F	共线性统计 容差	VIF
D51 思政课引用传统工匠案例=有	-0.525	0.736	-0.015	-0.714	0.475	0.324	3.085
D53 思政课引用传统工匠案例=不清楚	0.087	0.821	0.002	0.106	0.915	0.366	2.735
X1 您的思政课老师爱岗敬业、精益求精	4.864	0.192	0.316	25.270	0.000	0.890	1.124

注：a. 因变量：工匠精神测度总分。

依据表 6-6、表 6-7，可以将模型 7 进一步用方程表述为：

$$Y = \beta_0 + \beta_1 i \, D1i + \beta_2 i \, D2i + \beta_3 i \, D3i + \beta_4 i \, D4i + \beta_5 i \, D5i + \beta_6 X1 + \varepsilon$$

式中：Y——工匠精神测度总分。

D1："您就读的大学邀请劳模、工匠技能大师等专家来校作专题讲座的频率"的相应虚拟变量为 D11——经常、D12——很少、D13——从不。

D2："您就读的大学校园环境布设中展示工匠精神相关内容的频率"相应的虚拟变量为 D21——经常、D22——有时、D23——偶尔、D24——从不。

D3："您所学的大学思政课有否将工匠精神培育融入教学过程"相应的虚拟变量为 D31——有、D32——没有、D33——不清楚。

D4："您就读的高校有否将思想政治理论课的实践融入学生顶岗实习、实训阶段"相应的虚拟变量为 D41——有、D42——没有、D43——不清楚。

D5："您的大学思政课教师在讲授过程中，有否引用中国传统工匠案例"相应的虚拟变量为 D51——有、D52——没有、D53——不清楚。

变量 X1（连续变量）："您的思政课老师爱岗敬业、精益求精、具有工匠精神"。

$\beta_1 i$、$\beta_2 i$、$\beta_3 i$、$\beta_4 i$、$\beta_5 i$、β_6 为对应回归系数，β_0 是常数项，ε 为剩余残差，与

解释变量无关。

进一步分析多元线性回归模型,可见其相关系数 R 的值为 0.412,决定系数 R^2 的值为 0.169,调整后的 R^2 的值为 0.167,说明这些变量解释了工匠精神总分变异中的 16.7%。

(四)结论

依据上述模型,我们可以得到以下结论:

(1)上述多元线性回归模型显示,思政课对于高职高专学生的工匠培育发挥着重要作用。模型所涉的"您就读的大学邀请劳模、工匠技能大师等专家来校做专题讲座的频率""您就读的高校有否将思想政治理论课的实践融入学生顶岗实习、实训阶段""您所学的大学思政课有否将工匠精神培育融入教学过程"等 6 个因素均在不同程度上影响工匠精神培育。

(2)在不考虑性别、年级、兼职/实习经验等因素的情况下,以上 6 个解释变量中,变量 X1 即"思政课老师爱岗敬业、精益求精、具有工匠精神"对工匠精神培育的影响最为明显,变量 X1 每增加 1 个单位,可以使工匠精神提升 0.316 个单位。

(3)在不考虑性别、年级、兼职/实习经验等因素的情况下,经常邀请工匠大师来校做专题讲座较之于从不邀请工匠大师来校做专题讲座,对工匠精神培育的正向影响多出 0.008 个单位。

(4)在不考虑性别、年级、兼职/实习经验等因素的情况下,思政课将工匠精神培育融入教学与没有将工匠精神培育融入教学相比,对工匠精神培育的正向影响多出 0.016 个单位。

(5)思政课实践融入学生顶岗实习实训与思政课实践未融入学生顶岗实习实训相比,对工匠精神培育的正向影响多出 0.003 个单位,显示影响不十分明显。

(6)校园环境布设中经常展示工匠精神相关内容的,比起有时、偶尔展示工匠精神相关内容的,对工匠精神培育的正向影响分别多出 1.792 和 1.282 个单位,但比从不展示工匠相关内容的少 0.264 个单位,这与现实逻辑不完全相符,有待下文进一步研究。

(7)思政课教师在讲授过程中引用中国传统工匠案例与不引用中国传统工匠案例相比,对工匠精神培育的正向影响略低 0.015,同样与现实逻辑不完全相符,有待下文进一步研究。

(五)高职高专思政课工匠精神培育机理探析

高职高专思政课工匠精神培育机理探析就是要分析研究思政课各相关因素如何相互联系、相互作用提升工匠精神的运行规则和作用机理。

从理论探究的角度看,工匠精神培育与马克思主义劳动价值理论、社会心理学、教育学等高度契合。新时代工匠精神发源于马克思主义劳动价值理论。马克思主义认为,劳动是人类确证自我价值和生命意义的重要方式,而工匠精神的本质意蕴正在于劳动者通过创造性劳动,在创造社会财富的同时,体现自身存在的价值和意义,因此,工匠精神是对马克思主义劳动价值理论的传承和发展。社会学习理论创始人班杜拉的三元交互决定论则认为,行为、环境以及个体自身(认知)三个元素彼此之间相互影响、相互决定,共同推动了个体的变化发展。高职高专院校学生工匠精神素养提升与思政课教学实践各相关因素也密切相关。在现代教育学视野中,德育过程是指学生知、情、意、行的培养提高过程。在当下,工匠精神是现代德育教育应有的题中之义,也应当在知、情、意、行四因素的综合作用中得到切实培养和有效提升。

从实证研究角度看,在第五章我们对高职高专学生工匠精神的个体差异、差异和区域差异进行了比较分析,本章我们要在此基础上,对调研数据进一步进行多元回归分析并建立相应模型,并对思政课教学相关因素如何影响工匠精神培育进行基本阐析。

基于上述研究,我们可将高职高专思政课工匠精神培育机理标示为图 6-1。

具体机理总结如下。

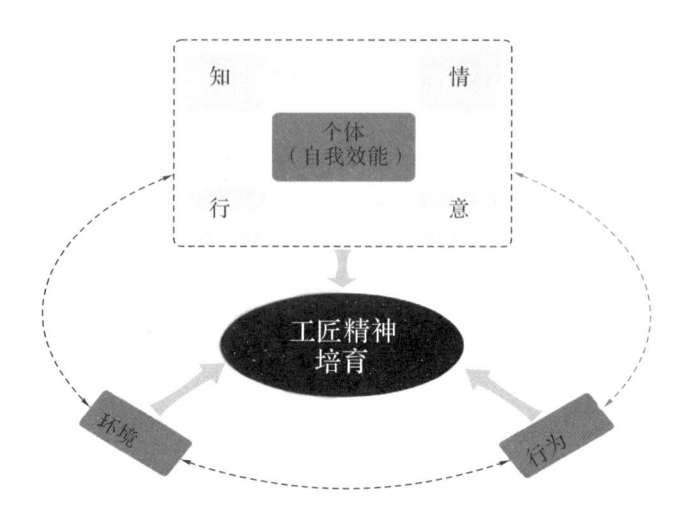

图 6-1　高职高专思政课工匠精神培育机理

1. 高职高专思政课工匠精神培育是学生个体、环境、行为这三种因素之间的连续不断交互作用的过程

个体因素主要指学生自身与工匠精神培育密切相关的认知、信念和态度等。环境因素主要包括与工匠精神培育密切相关的物理设置和他人榜样等因素。行为因素主要指与工匠精神培育密切相关的学生行为等。这三者之间是相互联系又相互影响的，在个体知、情、意、行的综合作用中，最终决定着思政课工匠精神培育的实际效果。

无论是第五章对高职高专学生工匠精神个体差异、学校差异和区域差异所作的比较分析，还是在本章建立的多元线性回归模型（其中包含性别、年级、兼职/实习经验等 3 个控制变量和"您就读的大学邀请劳模、工匠技能大师等专家来校做专题讲座的频率"等 8 个解释变量），我们研究的着眼点在于：从系统论的观点出发，从学生个体、环境、行为这三种因素的复杂交互作用中，通过定量化分析研究方法，探究高职高专思政课工匠精神培育机理。

2. 学生个体效能是影响思政课工匠精神培育效果的关键因素

在高职高专思政课学生工匠精神培育学生个体、环境、行为这三因素中,学生个体是唯一的主观能动因素,主要包括学生个体具备的与工匠精神培育密切相关的认知、信念和态度等,这些因素作用的发挥即表现为工匠精神培育中的个体效能。"人既不是完全受环境控制的被动反应者,也不是可以为所欲为的完全自由的实体"[①]。因此,个体效能的发挥直接影响着环境的选择、环境作用的效果,也直接影响着行为方式选择和行为的目标效应。

如前所述,我们运用描述性统计、独立样本 T 检验和单因素方差分析法等方法对高职高专学生工匠精神个体差异进行比较分析发现,不同性别、年级、专业的高职高专学生的工匠精神总分存在差异且大多达到显著水平。此结果可以用以说明性别、年级、专业等个体差异因素直接影响着工匠精神培育的效果。

3. 学生行为表现为工匠精神培育相关的实践活动,是思政课工匠精神培育的根本途径

以马克思主义认识论看来,工匠精神的培育究其根本来说,是人的理性水平的提升,其中既包含技术理性,也包含价值理性。而理性水平提升的根本途径在于实践。因此高职高专思政课致力于培育学生的工匠精神,就必须设计相关实践活动并使之得到有效实施。同时,学生行为的效果与主体因素及环境因素密切相关,即不同的个体和环境因素,会直接影响到行为结果。

上述多元线性回归模型的建立、检验与修正过程显示,变量"大学思政课实践中,有否安排工匠精神体验活动",因对解释变量"工匠精神总分"影响不显著,在模型中被排除。另外,模型显示,在不考虑性别、年级、兼职/实习经验等因素的情况下,思政课将工匠精神培育融入教学与没有将工匠精神培育融入教学相比,对工匠精神培育的正向影响多出 0.016 个单位。因此,就本模型而言,尚不能直观呈现学生行为在工匠精神培育中的显著作用。

---

① 史晓艺.班杜拉三元交互决定论及其对小学生自主管理教育的启示[J].中国德育,2020(7):24-26,36.

本研究的另外两项调研数据，则能在较大程度上体现学生相关行为在工匠精神培育中的重要作用。

如表6-2所示，在受访工匠大师们眼中，高职高专院校培养大学生工匠精神的有效方法中，"专业实训实习""技能竞赛"这两种方式分别排在第2、第3位，支持率达到了65.38%和64.42%，且与排在第1位的"工匠大师校园讲座"（支持率66.35%）差距不大。而在5978名受访学生眼中，高职高专院校学生工匠精神培育途径中，"专业实训实习"的认可度最高，比例达67.5%，其后依次为专业学习（62.10%）、思政课学习（51.10%）、技能竞赛（34.50%）。

4. 环境因素是工匠精神培育的重要潜在因素

在高职高专思政课工匠精神培育中主要包括两类环境因素：一是校园内与工匠精神相关的各种物理布设；二是校内的工匠大师、教师、同伴等组成的媒介因素，这些因素通过示范作用，可对学生工匠精神培育产生正向效应。环境因素只有与人和行为这两个因素结合，且在特定的行为使之现实化之后才会起作用，因此，环境因素具有潜在性。

本章所建立的多元线性回归模型中，"邀请劳模、工匠技能大师等专家来校做专题讲座的频率""大学校园环境布设中展示工匠精神相关内容的频率""您的思政课老师爱岗敬业、精益求精、具有工匠精神"等变量，均可归属为工匠精神培育过程中的环境因素。模型显示，在不考虑性别、年级、兼职/实习经验等因素的情况下，变量"思政课老师爱岗敬业、精益求精、具有工匠精神"对工匠精神培育的影响最为明显，但"邀请劳模、工匠技能大师等专家来校做专题讲座的频率""大学校园环境布设中展示工匠精神相关内容的频率"等变量的影响作用无法较好体现。

同样在本研究的另外两项调研数据中，如表6-1所示，受访学生在被问及高职高专院校学生工匠精神培育途径时，对校园环境熏陶的认可度仅为23.80%。而如表6-2所示，在受访工匠大师们眼中，工匠大师校园讲座、工匠精神相关校园环境布设的认同度分别达到了66.35%和53.85%。因此，在工匠大师看来，环境因素对工匠精神培育作用明显。

三、高职高专思政课工匠精神培育创新路径探究

工匠精神是职业教育的灵魂,培养高职高专学生的工匠精神是高职思想政治理论课的应有之义。当前,高等职业教育占据着高等教育的半壁江山,但总体而言,目前高职教育还处于培养低端人才的阶段,如果在培养目标上仅仅局限于培育具有"一技之长"大学生,无疑只能培养工业化社会中的"生产机器",很难真正培育出一大批适应现代产业升级现实需求的"工匠"。因而积极探究思政课培育工匠精神的创新路径,切实提升高职高专大学生的工匠精神,更成了当下高等职业教育回应国家创新发展战略时代需求的一项现实课题。

基于前期高职高专学生工匠精神有效测度数据、面向工匠大师调研数据和思政课培育工匠精神相关机理的研究成果,本节将坚持价值性和知识性、政治性和学理性相统一,坚持育人与育才相统一,积极探索高职高专思政课工匠精神培育的创新路径,以理论教化、环境融化、实践悟化为具体路径,科学构建融"课堂、实践、文化"于一体的高职高专思政课工匠精神培育创新模式(见图 6-2)。

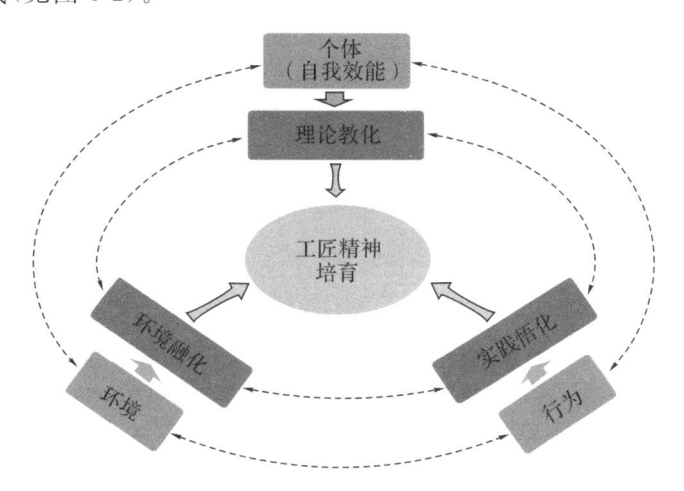

图 6-2 高职高专思政课工匠精神培育创新模式

(一)理论教化与价值引领

思政课是立德树人的关键课程。就工匠精神培育而言,切实发挥思政课的理论教化与政治引领作用,既是其职责和使命,也应是其特质和亮点。思政课要综合运用社会学、教育学、心理学理论,结合前期学生思想政治素养、工匠精神相关素养等因素,精心设计理论教学重点和教学方法,通过理论教化,提升学生对工匠精神的政治认同、价值认同、情感认同。

首先,高职高专思政课教师必须大力提升对学生工匠精神培育的自觉意识和业务能力。就教育而言,教师主导作用与学生主体作用的充分发挥是开展有效教学的重要保障。前文通过模型建构和机理探析,也得到了一个基本结论:高职高专思政课在高职高专工匠精神培育过程中发挥着重要作用,且"思政课老师爱岗敬业、精益求精、具有工匠精神"对工匠精神培育的影响最为明显。这一结论,我们还得到了其他调研数据的支持。

"工匠精神培育现状调研"数据显示,在被问及"您认为高职院校思想政治理论课有没有必要致力于大学生工匠精神的培养"时,96.15%的工匠大师认为有必要,意见高度统一(见图6-3)。

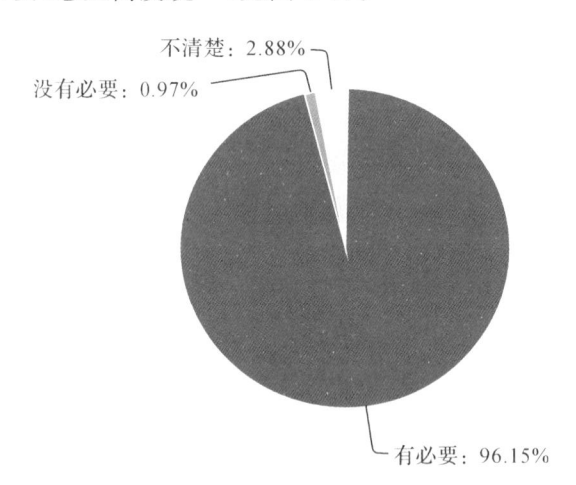

图6-3 您认为高职院校思想政治理论课有没有必要致力于大学生工匠精神的培养

"工匠精神培育现状调研"数据显示，35.58%的受访工匠大师认为高职院校思想政治理论课教学对大学生工匠精神的培养作用显著，但有56.73%的工作大师认为作用一般，认为没作用和不清楚的比例分别为2.88%和4.81%（见图6-4）。

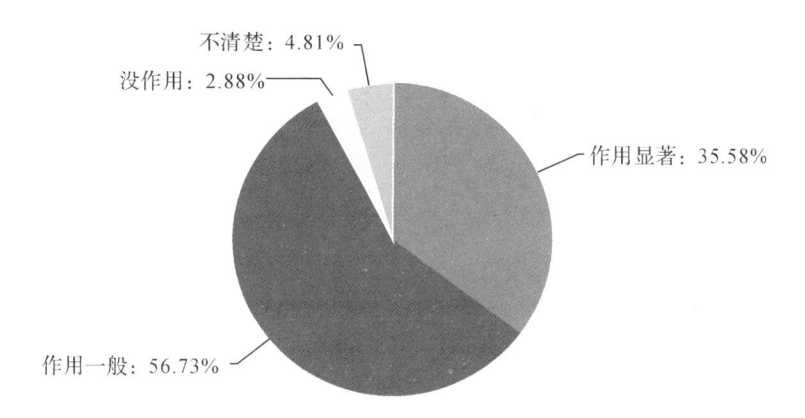

图6-4 高职院校思想政治理论课教学对大学生工匠精神的培养作用

因此，高职高专思政课教师必须直面产业升级中对人才的需求，要致力于培养具备善学求新、责任担当、精益求精、专注敬业的工匠精神的技术技能人才，必须提升有效实施工匠精神培育的综合自身素养和能力。

其次，高职高专思政课应立足课堂、整合资源、科学设计、有效实施，切实发挥在工匠精神培育中的价值引领作用。具体而言，可以从以下三方面着力。

1. 目标上有的放矢

工匠精神应用马克思主义实践观来解读。工匠精神所指向的专业精神、职业态度和人文素养等内涵[1]，究其根本而言是一种理性。这里的理性有两个维度：一是技术理性；二是价值理性[2]。思政课在培育高职高专

---

[1] 李小鲁.对工匠精神庸俗化和表浅化理解的批判及正读[J].当代职业教育,2016(5):4-5.
[2] 胡冰,李小鲁.论高职院校思想政治教育的新使命——对理性缺失下培育"工匠精神"的反思[J].高教探索,2016,157(5):85-89.

大学生工匠精神中的理论教化和价值引领作用,就其目标和方向而言,就是要使技术理性更加深入人心,价值理性引领正确方向。这一点在"工匠精神培育现状调研"的另一项调查数据中得到了佐证。就思政课教学对大学生工匠精神培养的主要作用而言,工匠大师们对于开放性问卷题"您认为高职院校思想政治理论课教学对大学生工匠精神培养的主要作用体现在哪里",有58名受访者将其表述为思想引领、价值导向、激发爱国情怀、增强责任感、更好了解工匠精神等内容。

2. 内容上精准供给

高职高专思政课应致力于增强工匠精神培育相关内容的有效供给。一是需要对全国统一使用的思政课教材中工匠精神相关内容进行梳理,并将其有机融合于课程整体教学过程中。在"思想道德与法治"课程中,可结合理想信念、中国精神、社会主义核心价值观、职业道德、法治思维和法治精神等主题,进行奉献社会与实现个人价值、家国情怀、诚实守信、敬业爱岗、知法守法等教育;在"毛泽东思想和中国特色社会主义理论体系概论"中,可结合文化传承、国史党史教育、国情教育、国家发展战略、中国梦、新发展理念、坚持党的领导等主题,进行学史增信、政治正确、担当有为、守正创新、技能报国等方面的教育;"形势与政策"课则可以重点开展国家当前的政治经济形势、大国工匠等专题教育。二是思政课教师可以通过文献搜索、社会调研等方式,分类收集整理一批工匠大师成长成材、创造成就业绩的典型案例,充实到课堂教学中,增加生动性和说服力。三是有条件的学校可以由思政教师综合各方资源开发工匠精神课程,并在全校学生全面铺开课程教学,在思政课工匠精神培育相关教育的基础上继续拓展延伸,进行更系统、更深入的工匠精神教育。基于表6-8的调研数据,我们可以得出两个基础结论:一是总体而言,在5978名受调查者中,修习过工匠精神课程的学生比例为47.96%,尚未达到半数;二是与未修习工匠精神的学生比起修习工匠精神课程的学生,在工匠精神测度平均得分上要少3.3分。由此可见,在各高职高专院校普遍开设工匠精神课程有其必要性,但从我们调查的遍布全国的30所示范性高职院校、骨干高职院校、普通高职院校的情况来看,各校均需下大力气开发、开设工匠精神课程。

表 6-8 修习工匠精神课程对工匠精神得分的影响

有否修过工匠精神课程	工匠精神测度得分平均值	个案数	个案数占比	标准偏差
有	90.3812	2867	47.96%	15.94237
没有	87.082	3111	52.04%	14.69696
总计	88.6643	5978	100%	15.39412

3. 方法上行之有效

教学方法的选择关系着教学活动能否对学生产生足够的学习刺激,激发其学习的动力,也必然影响最后的学习效果。在思政课上培养学生工匠精神的过程中,哪些方法更受学生欢迎,我们进行了相关调研并对相关数据进行了多重相应分析,结果如表 6-9 所示。

表 6-9 性别*不同教学方法交叉表

性别	统计	案例分析法	知识讲授法	情景模拟法	主题研讨法	其他	总计
男	人数/人	2126	1995	2141	1748	321	2773
	占性别的百分比	76.70%	71.90%	77.20%	63.00%	11.60%	46.40%
女	人数/人	2537	2223	2553	1957	378	3205
	占性别的百分比	79.20%	69.40%	79.70%	61.10%	11.80%	53.60%
总计	人数/人	4663	4218	4694	3705	699	5978
	占总计的百分比	78.00%	70.60%	78.50%	62.00%	11.70%	100.00%

由表 6-9 可见,情景模拟法最受学生欢迎,认可度达到 78.5%;案例分析法紧随其后,认可度为 78%;之后依次为知识讲授法(70.60%)和主题研讨法(62.00%)。同时,从性别差异看,情景模拟法、案例分析法在男生中认可度要高于女生,相反,女生中知识讲授法和主题研讨法的认可度要高于男生。以上数据可以为高职高专院校思政课教师在工匠精神培育中教学方法的选择提供基本参考。

（二）实践悟化与目标导向

依据马克思主义认识论的观点，实践是认识的来源，认识也只能在实践中得到验证和进一步发展。兼具技术理性和价值理性属性的工匠精神尤其如此。实践悟化是三元交互决定论在工匠精神培育的必然要求和实现形式。实践悟化即在工匠精神培育过程中，思政课教师主动出击，通过设置情景、设计活动并具体组织实施的方式，激发学生个体、环境、行为三因素之间连续不断交互作用，使学生在具体实践活动的体验中感悟工匠精神。

从"大思政课"的视野看，实践悟化可以采取以下三种方式：思政课程内的实践、课程思政模式下的实践、思政教育融入其中的专业实习实训。

1. 思政课程内的实践

思政课程内培育工匠精神的相关实践活动可以通过"走出去""请进来"等形式进行组织实施，如安排工匠大师访谈小组实践活动，组织学生亲临现场去感受工匠大师的精湛技艺和人格魅力；邀请行业专家、能工巧匠、优秀校友进课堂，现身说法式进行经验交流、技艺展示等，给学生360°全景式沉浸体验；设计一次"我眼中的最美工匠"实践教学，由学生通过演讲、情景剧等方式来展示古今中外的能工巧匠，学生参与的过程便是最好的教育。

2. 课程思政模式下的实践

当前，课程思政热潮方兴未艾。在课程思政模式下推进培育工匠精神的实践活动，首先要厘清思政课程与专业课程、思政课教师与专业课教师的关系，两者应是各司其职但又目标一致、同向同行的。在此类实践活动中，思政元素不是简单的调味品，思政老师也不是可有可无的配角，思政教师应当深入专业，与专业教师密切协作，将结合专业课程梳理出来的思政元素融入精心设置的专业课程实践中，以切实提升实践活动培育工匠精神的实际效果。

3. 思政教育融入其中的专业实习实训

目前，各高职高专学校均在普遍推行校企合作、产教融合，旨在进一步提升高等职业教育的成效。高职高专院校一般都会将专业实习实训作为一项制度化设计内嵌于产教融合机制中。如果这种模式下能实现产业与教育的深度合作，那对高职高专院校提升人才的质量无疑能起到巨大的促进作用，客观上也将有助于学生工匠精神的培养。实际成效到底如何？我们可以分析一项"工匠精神培育现状调研"的调研数据。我们面向工匠大师提问："您认为现在高职院校通过加强校企合作、产教融合以更好培养学生工匠精神的实际成效？"得到反馈结果如图6-5所示。

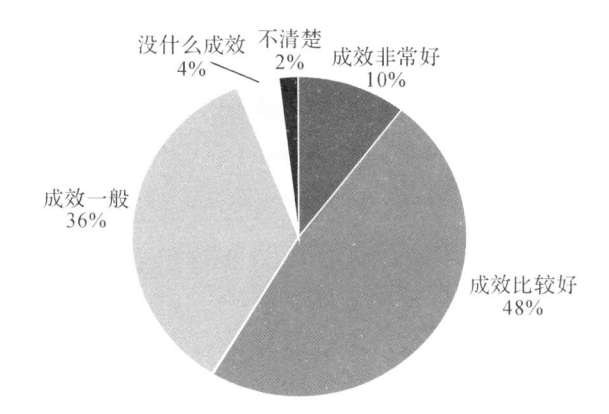

图6-5 高职院校加强校企合作、产教融合培养学生工匠精神的实际成效

由图6-5可见，48%受访工匠大师认为现在高职院校通过加强校企合作、产教融合以更好培养学生工匠精神的实际成效比较好，占比最高，认为成效非常好的比例为10%，认为成效一般的比例高达36%，认为没什么成效的占比为4%。由此可见，在如何更好发挥专业实习实训在工匠精神培育中的作用方面，我们还有较大的提升空间。前文就影响工匠精神各影响因素作多元回归模型分析时发现，将在思政课实践融入学生顶岗实习实训与思政课实践未融入学生顶岗实习实训相比，对工匠精神培育的正向影响多出0.003个单位，显示影响不十分明显。为进一步搞清楚二者的关联，通过平均数比较分析，我们得到表6-10所列的数据。

表 6-10　将思政课实践融入学生实训、实习阶段对工匠精神得分的影响

类别	平均值	个案数	标准 偏差
有	90.4196	3513	15.77433
没有	86.7642	916	14.81253
不清楚	85.807	1549	14.26483
总计	88.6643	5978	15.39412

由表 6-10 中的数据可见,将思政课实践融入学生实训、实习阶段的学院的学生的工匠精神测度得分要明显高于没有将思政课实践融入学生实训、实习阶段的学院的学生的得分。

总之,实践悟化形式多样,而且效果因人而异,所以此路径的设计需要综合考虑不同实践形式的差别化效果、实施条件、学生积极性等因素,进行科学合理设计。

(三)环境融化与氛围营造

"职业院校要搞好工匠精神的培养,必须高度重视自身文化软实力的构建,以及文化软实力向整个社会的推送"[①]。高职高专院校的校园文化对学生起着潜移默化的熏陶作用,也是培养学生工匠精神行之有效的载体。要构建丰富的、积极向上的匠心文化氛围,充分发挥其在环境育人中的突出作用,学校要加强对校园工匠文化建设的顶层设计,要吸纳思政教师到校园文化建设的设计团队中来。

内容上可以整理古今中外优秀工匠及其贡献的相关素材,特别是当代中国的优秀工匠和学院本地的优秀工匠,还可以推介本地化的一些优秀工匠和优秀工匠校友,其事例很多时候具有很强的感染力和号召力。

载体上可以选择主题展、校史馆、宣传栏、显示屏等传统宣传形式,也可以通过布设以工匠精神为主题的校园文化设施(名人雕塑、工艺景观、横幅标语、专题展览等),还可以通过工匠精神的大讨论、演讲比赛、征文比赛

[①] 李小鲁.对工匠精神庸俗化和表浅化理解的批判及正读[J].当代职业教育,2016(5):4-5.

等主体参与方式,还需要采取学校网站、微信公众号等时代新青年所喜闻乐见的新媒体、新形式,通过这些方式的系统设计与综合作用,营造工匠精神培育良好氛围。

第七章　高职高专思政课工匠精神培育的实践探索

上一章,我们在对高职高专学生工匠精神培育的影响因素和工匠精神培育现状相关数据进行定量分析的基础上,探究了高职院校思政课培育工匠精神的内在机理,构建了大思政课背景下高职院校融"课堂、实践、文化"于一体、以"理论教化、环境融化、实践悟化"为具体路径的"三位一体、'三化'合力"工匠精神培育创新模式。本章将具体介绍课题负责人所在学校依托研究成果推进工匠精神培育的实施方案和实施效果。

一、理论引领:工匠精神融入思政课育人全过程

高职高专思政课的教育目标与工匠精神培育具有内在的一致性。思政课推进工匠精神培育,能增强高职高专思政课的针对性和吸引力,凸显职业院校的教育理念和培养目标,也更加符合当前的社会需要。基于教育部有关思政课的指导文件和各地思政课的实际教学情况,高职高专学生必修的思政课是三门,即"思想道德与法治""毛泽东思想和中国特色社会主义理论体系概论"和"形势与政策"。在推进工匠精神培育的实践中,我们力求在不破坏这三门课规定教材逻辑结构的前提下,将工匠精神内涵自然融入,形成工匠精神融入思政课的维度和模块。在教学案例的选择上,尽量多选用劳动模范、大国工匠等素材。在教学方式上,综合运用社会学、比较教育学、心理学概论知识,选择能较好引发学生的情感共鸣、提升学生对

工匠精神认同度的教学方式。

(一)整体设计

学校明确将工匠精神培育作为思政课教学改革的工作重点,以培养具有工匠精神的高素质技术技能型人才为教学的重要目标。在总体的顶层设计下,三门思政课分别从内涵要义、发展历程和时代价值入手推进工匠精神培育,各司其职、相互配合,以保证工匠精神能融入思政课育人的全过程。

1. 工匠精神的内涵要义融入"思想道德与法治"课

工匠精神培育融入高职高专"思想道德与法治"课程,主要是将工匠精神融入"中国精神""中国共产党人的精神谱系""职业理想"和"职业道德"等模块内容,以马克思主义理论引导学生思考人生目的和价值与职业劳动之间的关系,明确工匠精神是中华民族不可或缺的精神财富之一,激发学生的民族情感,培育学生的爱国精神,确立彰显工匠精神的职业观与道德观。工匠精神培育融入"思想道德与法治"课,一方面使得思想政治理论得以落地,另一方面也能帮助高职高专学生正确理解工作的意义和价值,阻断他们对工作的庸俗或被动的理解,防止劳动的异化和对人生价值认识的错位。

2. 工匠精神的发展历程融入"毛泽东思想和中国特色社会主义理论体系概论"课

工匠精神培育不仅是个体精神养身,更是国民气质塑造。中国共产党领导人民站起来、富起来和强起来的奋斗史,也是一部当代工匠精神的形成史。在革命、建设和改革的实践中,涌现了一大批为民族独立、国家富强和人民幸福,秉持爱岗敬业、勤于钻研、精益求精和勇于创新的理念,推动中国工业发展的可歌可泣的工匠。工匠精神培育融入"毛泽东思想和中国特色社会主义理论体系概论"课程,主要是将工匠精神融入"毛泽东思想活的灵魂""走中国工业化道路""社会主义根本任务和发展战略理论""始终代表中国先进生产力的发展要求""加快转变经济发展方式"等教学内容,结合共产党的百余年历史,讲清楚中国共产党带领广大人民群众形成劳模精神、劳动精神、工匠精神的发展历史。

3. 工匠精神的时代价值融入"形势与政策"课

随着中国特色社会主义进入新时代,我们比以往任何时期都更加需要工匠精神。2016年,国务院政府工作报告首次将"工匠精神"写入其中,并指出"鼓励企业开展个性化定制、柔性化生产,培育精益求精的工匠精神,增品种、提品质、创品牌"①,这是对工匠精神的呼唤。新时代条件下,工匠精神是制造大国向制造强国转变的精神之钙,一大批熟练的技术工人队伍是加快形成中国制造新优势、打造中国制造新名片的人才资源。工匠精神融入"形势与政策"课,主要是结合"我国社会主要矛盾的变化""全面深化改革""新发展理念""文化自信"等内容,开展"大国工匠""专精特新企业激励政策解读""中国发展的无'芯'之痛"等专题模块教学,讲清楚工匠精神是实现"中国制造2025"和实现中华民族伟大复兴的重要精神支撑,激励学生涵养现代匠心,积极投身于中国式现代化建设。

(二)具体实施方案

在具体的探索实践中,我们根据三门思政课的教学目标和教学内容,设计了教学内容上相互呼应、教学方法契合课程特点、教学目标上达成合力的思政课推进工匠精神培育具体实施方案。

一是整合传统文化中的工匠文化融入思政课程教学。如整合儒家传统美德修身、立志、重义、崇智、尚礼、尊师、诚信、敬业等教育资源,丰富高职高专学生人文素养教育内容,传承中华优秀传统文化,助推工匠精神的培育工作。思政课将鲁班、墨子、庄子、马钧、李春、宋应星、陆羽等中国历代能工巧匠的工匠精神案例汇总,通过案例分享的方式,向学生介绍能工巧匠的匠心匠技,引导大学生树立起工匠精神,主动地传承工匠文化。

---

① 李克强.政府工作报告:2016年3月5日在第十二届全国人民代表大会第四次会议上[M].北京:人民出版社,2016.

二是整合国外工匠文化案例融入思政课程教学。如以日本木工秋山利辉、寿司之神小野二郎封、美国"计算机狂人"乔布斯、德国"汽车之父"卡尔·本茨等为代表的日本、美国、德国等现代制造强国的工匠精神案例。

三是整合中国走向现代化强国需要的大国工匠案例融入思政课教学。如精选《大国工匠》《我在故宫修文物》等优秀纪录片中的当代中国大国工匠案例,讲述不同行业的当代中国工匠的人生故事,展示他们非凡的职业绝技,以及大勇不惧、大术无极、大巧破难、大艺法古、大工传世、大技贵精、大道无疆、大任担当的工匠精神。

四是整合校本资源开展工匠精神融入思政课教学。思政教师从学校每年召开的校友会上聚焦优秀校友事迹,汇聚成优秀案例,思政教师还搜集我校师生在省级、国家级比赛中获奖者事迹,宣传他们的成功经验,发掘他们身上的工匠精神。这些鲜活的校本素材,极大地吸引学生学习、仿效、传承工匠精神。

受篇幅所限,在这里仅以"思想道德与法治"课程为例,介绍工匠精神培育融入高职高专思政课的具体实施方案(见表7-1)。

表7-1 工匠精神培育融入"思想道德与法治"具体实施方案

模块	理论要点	工匠精神培育的认知目标	工匠精神培育的情感目标	工匠精神培育的意志/行为目标	主要教学方法
担当复兴大任	我们处在中国特色社会主义新时代	明确弘扬工匠精神的时代价值	增强以所学专业推动国家发展的使命感和责任感	树立技能成才、技能报国的远大理想	讲授教学法
成就时代新人	新时代呼唤担当民族复兴大人的时代新人	明确高职高专院校培养目标	提高身份认同感		分享交流法
领悟人生真谛	保持积极进取的人生态度	明确"认真务实、乐观向上、积极进取"的人生态度与工匠精神内涵相通	增进学生对工匠大师的崇拜和敬仰之情	自觉抵制错误人生观,坚守匠心	案例教学法
把握人生方向	反对错误人生观	认识错误人生观对我国制造业发展的巨大危害	勇于批评错误择业、就业观		辩论式课堂教学法

续表

模块	理论要点	工匠精神培育的认知目标	工匠精神培育的情感目标	工匠精神培育的意志/行为目标	主要教学方法
追求远大理想 坚定崇高信念	理想的内涵与特征	明确职业理想的超越性、实践性和时代性	崇尚时代楷模	能坚持不懈、攻坚克难，立志做一名与新时代同频共振的高素质技术技能型人才	PBL式教学法
	把握理想与现实的辩证统一	正确地认识到艰苦奋斗是实现职业理想的重要条件	阻断遇事浅尝辄止心态，视艰苦奋斗为传家宝		问题链教学法
继承优良传统 弘扬中国精神	崇尚精神是中华民族的优秀传统	正确认识中华民族崇尚工匠精神的优秀传统	对中国传统工匠精神有认同感和自豪感	坚持事上磨炼，不断锤炼敬业、精益、专注、创新等工匠品质，将创新精神融入日常的学习、生活、工作的过程中去	讲授教学法
	中国精神的丰富内涵	明确伟大创造精神是中华民族的宝贵精神基因	以中国制造为荣，以中国创造为傲		头脑风暴法
	中国共产党是中国精神的忠实继承者和坚定弘扬者	了解党百年奋斗中形成的工匠精神	明史增信		案例教学法
	让给个创新成为青春远航的动力	认识到新时代工匠精神最突出的品质就是改革创新精神	培养创新兴趣		任务驱动法
明确价值要求 践行价值标准	社会主义核心价值观的基本内容	明确何谓敬业，为何要敬业，如何敬业	激发学生专注专一、精益求精、求实创新的就业创业热情	将个人价值的实现同推动国家、社会的繁荣发展紧密联系在一起	情境教学法

续表

模块	理论要点	工匠精神培育的认知目标	工匠精神培育的情感目标	工匠精神培育的意志/行为目标	主要教学方法
遵守道德规范	吸收借鉴优秀道德成果	了解中国古代工匠身上的传统美德	增强对"德艺兼求,以德为先"中国古代工匠的欣赏之情	传承中华传统工匠精神,借鉴西方工匠文化和精神,坚持以集体主义为原则,从满足人民日益增长的美好生活需要的高度,不断提高个人的工匠修养和工匠技能	纵横比较法
		了解当代工匠的优秀品质	在红色情怀中感悟以爱国主义为基础的工匠精神,形成文化共鸣		
锤炼道德品格	吸收借鉴优秀道德成果	了解国外典型国家的工匠精神	学会客观理性评价和国外典型国家的工匠精神		纵横比较法
	投身崇德向善的道德实践	明确职业生活中的基本道德规范	形成"干一行,爱一行,专一行,精一行"的理念		体验式教学
学习法治思想提升法治素养	我国社会主义法律的本质特质	了解我国推动工匠精神弘扬和制造业发展的相关法律	尊重市场规则,重视国家标准	做坚定守法的从业者	合作学习教学法

二、实践悟化:工匠精神融入实践育人全维度

实践的观点是马克思主义的基本观点。在《关于费尔巴哈的提纲》中,马克思主义强调:"从前的一切唯物主义——包括费尔巴哈的唯物主义——的主要缺点是:对对象、现实、感性,只是从客体的或者直观的形式去理解,而不是把它们当作人的感性活动,当作实践去理解,不是从主体方面去理解。"[①]在实践中,我们探索建构了包括思政课实践活动、课程思政

---

① 马克思恩格斯文集(第一卷)[M].北京:人民出版社,2009:499.

实践活动和顶岗实习在内的结构合理、层次鲜明的工匠精神融入高职高专思政课实践教学体系。

(一)工匠精神培育与思政课实践教学有效对接

2019年3月18日,习近平总书记在学校思想政治理论课教师座谈会上指出,"推动思想政治理论课改革创新,要不断增强思政课的思想性、理论性和亲和力、针对性"①,并提出"八个相统一"教学要求,其中就有坚持"理论性与实践性相统一",将思政课实践教学上升到原则与方法论的高度。

思政课程培育工匠精神的实践活动,并不局限于思政课堂,也不是思政课教师单打独斗,而是由思政课程所在部门整体负责,协同政、企、行、校各条战线,联动校内教务处、团委、就业处和各院系等多部门共同推进,以"四千工程"暑期社会实践、技能文化月、劳动周等项目为平台,将行业专家、能工巧匠、工匠大师、五一劳动奖章获得者、"非遗"传承人、优秀校友引进来宣讲工匠精神;将学生带出去"寻访工匠,品味匠心",调研"专精特新"企业,倾听工匠们的成长故事;组织学生讲"工匠精神"、演"工匠人物",通过以"制造业高质量发展成就"为主题的一讲、一剧、一展等形式感知工匠精神的"执着专注、精益求精、一丝不苟,追求卓越"等内涵。

(二)工匠精神培育与课程思政实践同向同行

高校课程思政既是一种教育改革理念,也是推行"大思政"教育的一种策略,是"大思政"教育的重要组成部分,符合德育的价值本源,契合德育的根本规律。

由党支部牵手,围绕培育具有工匠精神人才的共同目标,马克思主义学院思政教师先后与学院物流与供应链学院、财会金融学院、商贸流通学院等二级分院开展课程思政合作,参加二级分院的课程思政研讨会,担任物流

---

① 习近平.用新时代中国特色社会主义思想铸魂育人贯彻党的教育方针落实立德树人根本任务[N].人民日报,2019-03-19(1).

分院课程思政的思政导师,许多老师都参与国家级教学创新团队建设,参与国家级、省级课程思政项目,形成同向同行协同育工匠的良好局面。

在实践探索中,我们结合新时代工匠精神的主要内涵,找准各门专业课程与思政教育内容之间的关联点,挖掘专业课程中蕴含的工匠精神教育元素。

专业课程推进课程思政,开展工匠精神教育,具体可以呈现的内容主要有:家国情怀、职业理想、敬业精神、职业道德、专业伦理和创新精神。家国情怀教育是工匠精神培育的逻辑起点,宏观上它能够回应培养什么人、为谁培养人的问题,微观上可以回应为什么要学习、为什么要劳动与工作、为谁劳动和工作的问题。职业理想是工匠精神培育的重要内容,离开职业理想和追求谈论工匠精神就只能是空谈,职业理想会引导青年联系现实、追求卓越。敬业精神、职业道德和专业伦理是工匠精神的具体外显,而且在课程思政中是比较方便开展的,可以实现思政元素和专业课程的无缝对接。创新精神是工匠精神活的生命力,也是新时代工匠精神的必然要求。在课程思政中引入创新教育,符合教育的本质,符合时代的特征。以上内容是课程思政的核心要素,基于不同课程的特点,在实际执行的时候,可以部分呈现,也可以系统加强。

以浙江经济职业技术学院"会计信息运用"课程为例。该课程基于财经商贸专业的培养目标,结合会计信息本身大数据的发展趋势,构建了以价值目标引领、工匠元素挖掘、融入载体匹配、融入方式设计的新商科专业基础课的工匠精神培养模式(如图7-1所示),充分挖掘家国情怀、自信自强、社会责任、先义后利、精益求精、诚实守信、数字思维和数字安全等8个融入元素,将具体展示的工匠教育内容分为中国骄傲、企业担当、古为今用、洋为中用、榜样力量、案例警示、未来躬身入局等8个栏目,包括影片赏析、真实案例分析与讨论、楷模人物剖析与讨论、历史梳理、新闻报道分析等多种实施方法。以此为抓手寻找工匠精神和专业技能的结合点,做到全方位协同思政育人。以下是"会计信息运用"课程的价值目标与工匠培育元素开发图谱和"会计信息运用"课程融入工匠精神思政元素实现路径表(见表7-2)。

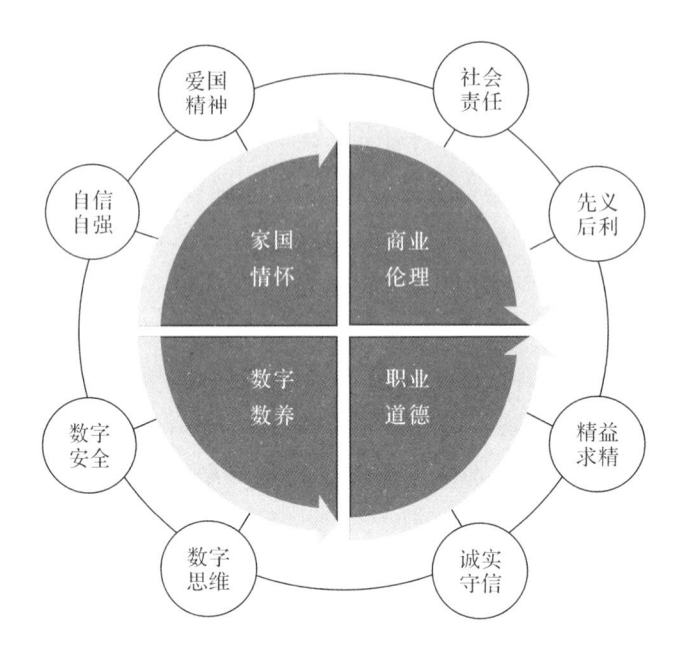

图 7-1 "会计信息运用"课程的价值目标与工匠培育元素开发图谱

表 7-2 "会计信息运用"课程融入工匠精神思政元素实现路径

模块	工匠精神培育目标	工匠精神与知识/技能的结合点	教育展现内容	栏目名称	实施方法
企业经济活动与会计	1.培养爱国主义精神,树立文化自信和制度自信	认识企业	70秒听70年的沧桑巨变	中国骄傲	新闻报道分析
			华为的成长历程——无畏风雨	中国骄傲	案例分析
			"中国制造"之超级工厂系列	中国骄傲	案例分析
	2.培育爱岗敬业、务实高效的会计职业精神	认识会计	《史记》的有关记载;龙门账案例教学	古为今用	历史梳理
			华为财务成长历程——砥砺前行	中国骄傲	案例分析
		会计信息质量要求	《乔家大院》影视资料中关于会计的作用	古为今用	影片赏析

续表

模块	工匠精神培育目标	工匠精神与知识/技能的结合点	教育展现内容	栏目名称	实施方法
企业经济活动与会计循环	3.培养讲诚信、守规则、实事求是、不做假账的工作作风	会计凭证——原始凭证	味千拉面财务总监挪用公款2600万元	案例警示	案例分析
			《会计刺客》影片片段	洋为中用	影片赏析
			增值税发票电子化	未来已来	讨论与分享
		会计账簿	《人民的名义》部分影视资料	案例警示	影片赏析、行业规范测试
企业经济活动与会计处理	4.培养先义后利、社会责任、敬畏规则的商业伦理	筹资业务核算——负债	疫情中比亚迪转产口罩	企业担当	案例讨论与分享
			晋城市加洲实业有限公司隐瞒贷款真实用途的判例	案例警示	案例分析
		营业外支出核算	中国企业社会捐赠	企业担当	案例讨论与分享
	5.培养吃苦耐劳的劳动精神和精益求精的工匠精神	筹资业务核算——所有者权益	王小二创业项目社区电商在新冠疫情中为老弱病残服务	榜样力量	案例讨论与人物剖析
		生产业务核算——生产概述	新匠人工作室——茶器为事茶而生	榜样力量	案例讨论与人物剖析
		生产业务核算——成本构成	新冠疫情中袁传伟一个人撑起的生产线	榜样力量	案例讨论与人物剖析
	6.培养爱国主义精神,树立文化自信和制度自信	采购业务核算——原材料采购	国家持续降低增值税税率,减轻企业负担,体现了社会主义制度的优越性	中国骄傲	增值税税发展史梳理
		投资业务核算——固定资产	《大国重器》(第二季)视频片段	中国骄傲	影片赏析

续表

模块	工匠精神培育目标	工匠精神与知识/技能的结合点	教育展现内容	栏目名称	实施方法
企业经济活动与财务分析	6. 培养数字安全、数字思维等数字素养	报表分析	中兴新云的财务共享	未来已来	案例分析
			欧盟AI监管法律框架	未来已来	新闻报道分析
	7. 培养创新创业能力 躬身入局实践		参与"互联网＋"、"挑战杯"等赛事	躬身入局	实践

(三)工匠精神培育与学生顶岗实习深度融合

顶岗实习过程中,思政课教师积极介入学生工匠精神养成评价,运用多元统计和量表测评,通过纸质、电子等媒介记录工匠精神培养全过程,设置自我、团队、导师多维评价,运用数据挖掘和可视化技术实现工匠精神状态数据的实时动态地汇集、分析和运用,增强工匠精神可评价性、可操作性、管理时效性,通过"规划—活动—记录—评价—反馈—修正—规划"等管理闭环,持续改进工匠精神培养效果。

三、环境营造:工匠精神融入环境育人全场景

发挥文化育人无声的作用,在校园文化建设中,我们从办学理念、校风校训的宣传等方面入手,以宣传海报、图片、文稿等形式,通过校园广播、电台以及校刊校报等传统媒体和微信公众号、网站等新媒体、多渠道将工匠精神的内涵融入其中,构筑起强有力的精神支撑。在校园环境的布设中融入工匠精神元素,打造工匠文化长廊、大国工匠事迹宣传橱窗、精品工程展示栏等,让校园一景一物都能体现工匠精神,让学生在校园内能够潜移默化地接受工匠精神的熏陶。

(一)营造校园环境中的校企文化互融氛围

企业文化与校园文化的相融共生是高职高专院校开放性办学的重要

特点,是提高学生工匠精神的重要方式。在实践中,我们根据高技术技能型人才厂长规律,探索了用行业企业文化培育工匠精神的文化育人模式。通过校企共建、引企入校、实景复制等方式,建设"二廊""二墙""一室",努力将学校打造成为产业文化教育传播的集聚区,使学生提前融入职场氛围。一是专业文化建设彰显行业特点,有针对性地融入行业企业文化中的创造精神、奉献精神、执着精神等。二是在学校加强文化氛围营造,突出企业特色,突出立德树人和工匠精神,体现匠心匠韵。三是在教学区域内建设了创新创业、拼搏进取、尚巧求精等凸显"匠心"主题的文化阵地,积极营造具有浓厚企业特色的"匠心文化"氛围。四是个专业实训场所建设,突出专业行业特色,开辟行业名企榜、企业名人墙、优秀校友墙、优秀作品墙等。通过将企业文化有机融入专业教学环境中,在潜移默化中实现文化育人。

(二)强化校园活动中的传统工匠文化氛围

依托省非物质文化遗产传承基地,深入挖掘中华优秀传统匠心文化的历史根源,开展"二十四节'非遗'项目及传统工艺"体验系列活动,形成非遗传统刺绣、诗韵节气创意封设计、学院草木志文创设计、春分绘蛋、夏至书画扇面创意设计,清明、谷雨风筝彩绘等品牌活动。同学们参与活动时专注细致的精神状态,陶冶同学们的心性和情操,能够起到修身养性和匠心培育的良好效果,以喜闻乐见的形式,在"润物细无声"中传承、发展优秀传统工匠文化,是学校开展工匠精神培育的有益探索与实践。结合学校文化素质教育传统,彰显卓越匠心传承的时代价值,有力推动了工匠精神培育与中华优秀传统文化教育的深度契合,提升了职业院校文化自信。

(三)增强选修课程中的工匠精神弘扬氛围

提到工匠精神,很多人第一反应联想到的国家是德国或者日本,但工匠精神对于我们中国而言其实并不是舶来品。"工匠精神"四个字是非常现代的词汇,我国历史上并没有直接出现"工匠精神"这一词汇,但其所包含的伦理及内涵古已有之。实际上,中华文明源远流长,蕴藏着丰富的工匠伦理思想,形成了我国特有的工匠文化。开设工匠精神系列选修课,可以帮助学生了解我国工匠精神的文化渊源及历史发展,有利于他们真正认识工匠精神的内涵,传承工匠精神,并将工匠精神渗透到全面创新的每一个行业和领域,成为新时代大国崛起的不竭动力。表 7-3 所示是学校依托工匠精神研究中心开发开设的"典籍里的工匠精神"选修课的具体实施情况。

表 7-3　选修课"典籍里的工匠精神"教学设计

模块	教学主题	教学内容	教学方式
工匠精神的时代价值	工匠精神的时代价值	1. 工匠精神的提出背景 2. 弘扬工匠精神的战略意义	理论教学
中国古代工匠精神的思想内涵	中华工匠文化总论	1. 制作尚巧,追求创新 2. 如切如磋,精益求精 3. 以道驭术,道技合一	理论教学
	《诗经》里的工匠精神	"如切如磋,如琢如磨"与精益求精	理论教学
	《考工记》里的工匠精神	古代百工与爱岗敬业	理论教学
	《礼记》里的工匠精神	"苟日新,日日新,又日新"与追求卓越	理论教学
	《论语》里的工匠精神	"君子不器"与工匠的主体自觉	理论教学
	《庄子》里的工匠精神	1. 专注 2. 体悟 3. 变通	理论教学
	《墨子》里的工匠精神	劳动的观念 德行的观念 专一的观念 实用的观念	理论教学
	《史记》里的工匠精神	中华始祖与工匠传统	理论教学
	《传习录》里的工匠精神	1. 良知学说与从容精神 2. 知行合一与实干精神 3. 万物一体与仁爱精神	理论教学

续表

模块	教学主题	教学内容	教学方式
工匠精神的传承与发展	执竟平生数百年——执着专注	项目一 专注所长,成就专业 项目二 专注重点,成就高效 项目三 专心致志,成就匠心	课内实践
	金须百炼始知精——精益求精	项目一 练到极致,练就绝招 项目二 注重细节,成就精业 项目三 精通一行,成为专家	课内实践
	咬定青山不放松——一丝不苟	项目一 只有专注、细心才能够把事情给做好" 项目二 "脚踏实地一步一脚印"	课内实践
	意匠如神变化生——追求卓越	项目一 从"1到0"的归零重组 项目二 换一条路走 项目三 实践才是硬道理	课内实践
工匠精神的涵养路径	思维视角下的工匠精神	项目一 知与行 项目二 匠与师 项目三 术与道	课内实践
	情感视角下的工匠精神	项目一 大任担当 项目二 崇德向善	课内实践
	意志视角下的工匠精神	项目一 找寻工作的意义 项目二 好之者不如乐之者 项目三 热忱是奇迹之源	课内实践
	聆听工匠大师专题报告	聆听工匠大师专题报告	课外实践
	工匠大师访谈实践活动	以小组为单位开展工匠大师面对面访谈	课外实践

综上,培育工匠精神是高职高专教育迫切而重要的任务,也是高职高专院校不断提升技能人才培养质量的需求。浙江经济职业技术学院马克思主义学院依托教育部职业院校文化素质教育指导委员会工匠精神培育专委会指导下"劳模精神与工匠精神研究中心"开展全国高职高专院校工

匠精神研讨会,成功申报并立项以高职高专思政课培育工匠精神为主题的国家社科基金思政专项课题,以课题引领思政课开展工匠精神培育教学改革。以思想政治教育为引领,通过主体协同、部门协同、平台协同、专业协同、社会协同,营造良好的社会氛围、校园文化、企业文化,形成多方合力,以理论教化、实践悟化、环境融化为具体路径,创建了工匠精神培育的协同模式,扎实将工匠精神培育融入思政课教学全过程。

第八章　高职高专思政课工匠精神培育典型案例述评

在立德树人背景下,培养德技并修的高职学生是新时代人才培养的方向。高职院校培养学生工匠精神的研究日益成为各校关注的重点。课题组收集整理了我国8所高职高专院校思政课工匠精神培育的特色创新案例,结合"三位一体、'三化'合力"高职高专思政课工匠精神培育创新模式,对各校在推进思政课工匠精神培育教育实践中的创新做法与实施成效进行了系统梳理总结,为进一步推广这一创新模式提供经验支持与实践导向。

案例一:"寻匠悟道"——深圳职业技术大学

深圳职业技术大学(简称"深职大")位于珠三角,结合珠三角的区域产业发展和产教融合,探索具有高职特色的人才培养模式。深圳职业技术大学马克思主义学院依据习近平总书记在高校思想政治课教师座谈会上的讲话精神,针对高职学生喜欢动手实践、不喜欢理论说教的特点,开展"寻匠悟道"特色实践活动。"寻匠悟道"即寻访工匠、悟道即通过实践体悟工匠精神,使学生在探寻工匠、名家的过程中体悟工匠精神,从而达到工匠精神的知行合一,同时也增强了思政课课堂教学的吸引力和实效性。

一、创新做法

(一)强化"寻匠悟道"的思政理论教化

1. 强化思政课理论教化的时代逻辑

无论是实现中国制造向中国智造,还是实现中国数量向中国质量的转变,工匠精神均被置于非常重要的地位。2012年党的十八大以来国家强调要在中国厚植工匠文化,培养精益求精的工匠精神。高职高专院校思政课必须面向时代需求,做培育工匠精神的供给侧改革,研究并探索用最佳的方案将工匠精神培育做扎实。

2. 强化思政课理论教化的理论逻辑

高职高专思政课能否入脑入心直接关系到高职高专院校学生职业素质的塑造。习近平总书记对于办好思政课的"八个相统一"指示[①],为"寻匠悟道"实践系列活动提供了理论指导。

3. 强化思政课理论教化的现实逻辑

高职高专院校学生深度抽象思维能力不足,但喜欢操作和模仿,能够接受从基层技术岗位开始干事创业。接触行业内德才兼备的人才,可以使其在价值观、职业观、理想情操上受到鼓舞与启发,愿意效法杰出工匠言行。"寻匠悟道"实践活动立足思想政治理论系列课程中人生目的、人生价值、职业理想、家国情怀、核心价值观、职业道德与契约精神等相关专题内容融入工匠精神中的职业理想、职业道德、职业素养等方面理论,引导学生锚定职业理想,确立成才榜样,在企业调查中、在与工匠大师的访谈中,直观生动地理解工匠大师的人生价值,思考如何做好工作、怎样看待劳动、怎

---

① 用习近平新时代中国特色社会主义思想铸魂育人贯彻党的教育方针落实立德树人根本任务[N].人民日报,2019-03-19.

样理论职业尊严和职业荣耀。因此,"寻匠悟道"设计理论联系实际,针对性非常强。

(二)引导"寻匠悟道"的思政实践悟化

思政教师首先为学生做了"寻匠悟道"的率先垂范。"寻匠悟道"团队在负责人孙晓玲的带领下做"寻匠"示范,先后走访了国内知名大企业集团,如深圳飞亚达集团、广核集团、中建科工、深圳高新企业智慧车联公司、深圳工业展览馆等,访谈了"大国工匠"乔素凯、中国航天表点油工艺刘中华、全国技能能手贺鹏麟、全国道德模范陆建新等工匠大师,积累了丰富鲜活的工匠大师案例,查阅相关资料,展开多轮研讨,从中梳理案例中体现的工匠精神特质,实现"悟道"。

思政教师在积累丰富的工匠精神案例基础上,设计"寻匠悟道"思政实践教学活动。活动以项目为实践单元,分为"寻匠"和"悟道"两个过程。在"寻匠"过程中,思政课教师带领学生,走访本地区有代表性的企业,学生作为主角访谈企业杰出工匠,制作教育视频,为思政课积累鲜活的地方素材;在"悟道"过程中,学生通过参观访谈或听取工匠进校园讲座,撰写悟道感想,获得教育。

1. 两个步骤"寻匠"

一是"走出去"。首先是思政教师走出去。学校思政理论课教师以及学校负责大思政教育的相关人员通过走访政府机关、企事业单位,精选有代表性的行业和杰出工匠,建立初步教育合作意向。其次是学生走出去。学生代表在思政教师的带领下,走访有代表性的企事业单位,了解单位发展的历程,获得一线岗位的工作流程和工作状态的直观认识。然后学生代表面对面访谈精选的工匠大师,了解其职业理想确立和持守的心路历程,体悟职业道德,感悟匠心。通过"走出去"希望学生能以行业大师为标杆,坚定职业目标、明确职业使命感和激发家国情怀意识,立志成为适应时代和国家发展的新时代职业技能型人才。二是"引进来"。邀请杰出的工匠做客学校讲堂,走进同学中间,通过大师讲座或与学生交流,分享自己的从业故事,介绍行业规范或企业文化,重点介绍成为国家杰出工匠或行业能手需要坚守的基本原则,以及相关的工匠文化精髓。

2. 两种形式"悟道"

分两种形式对"寻匠"实践进行总结和反思。一是师生在"寻匠"过程中主动、积极地收集活动资料和杰出工匠的"访谈"影像资料("寻匠"时同步录制),精编反映杰出工匠的思想精华的"寻匠悟道"系列教育视频,作为后续活动的鲜活素材,帮助学生直观生动地理解工匠精神的精华。二是要求参与的学生撰写"悟道近思"。定期编撰"寻匠悟道辑",展示学生的优秀活动成果。

(三)促进"寻匠悟道"的工匠环境融化

1. 以专业文化课程培养学生的职业素养

作为职业院校,深圳职业技术大学近年来注重以"工匠精神"为核心的职业素养立德树人,同时培养匠师和匠才。学校从2016年下半年开始,在各个专业开设了"专业+行业"文化课程,先后开发了"IT文化""机械制造文化""酒店文化"等10余门课程,从专业文化角度助推产教融合,精准地提升了学生的职业素养和职业精神。

2. 营造校园工匠文化氛围

首先,深圳职业技术大学探索出适合中国国情的"双元制"育人模式。学校将每个专业与深圳相关产业的重点企业对接,共同在党建与思政、课程开发与专业发展,教学团队培养、技术与工艺攻关、行业标准制订、职业资格证书开发、创新创业、现代学徒制推进、国际产能合作等方面开展深度合作。学校成立"南粤工匠"工作室,并与大型通信企业深度合作,帮助学生在校园内体会工业文明、产业文化、企业文化,更快成长为适应行业企业需要的工匠型高素质技能人才。

其次,学校开展了"大国工匠进校园"活动。中建钢构副总经理周发榜、华南大区总工程师陆建新、华南大区技术管理部业务经理高瑞、党建工作部资深经理曾繁昌、项目管理员陈奕文等先后进校园介绍先进事迹，介绍大国工匠陆建新扎根工地37年、不断刷新城市天际线的传奇经历。陆建新虽然最初只是中专毕业，但他善思好学、专注严谨、锐意求新，勇于挑战技术难关，主持承建北上广深的最高楼。他的奋斗历程深深打动了深职大师生，让大家深切体会到什么是大国工匠的勤学、善思、专注、严谨和创新。

最后，学校工匠型教师指导学生在专业竞赛中培养工匠精神。毕业于哈尔滨工业大学机电一体化专业（机器人方向）的机电学院机电一体化专业机器人教育方向专任教师马金平先后组建南海深鲨机器人工作室、虚拟仪器俱乐部、机器人竞技与创新协会，带领学生参加国内外多项机器人赛事，2011年获国际机器人实作竞赛获得唯一一个"最佳团队奖"及高职组第一名等多项奖项。

二、实施成效

（一）"寻匠悟道"项目取得的成效

1. 创新了高职高专学生思政课的教育模式

"寻匠悟道"项目实现了爱国敬业等中华优秀传统价值观的有效传播。"寻匠悟道"项目也成功立项为教育部2018年度高校示范马克思主义学院和优秀教学科研团队建设项目（18JDSZK076）。"寻匠悟道"在深圳职业技术大学取得了实践上的成功。"寻匠悟道"实施以来，学生参与热情高，遍及全校多个学院和专业的同学。从学生们撰写的"悟道近思录"看，他们收获了对杰出工匠的敬意，也深刻地领悟到工匠精神的重要意义与价值。活动相关视频在教育部"大学生在线"网站上展示。

2. 育人成效稳步提升

毕业生就业情况能反映一个学校的育人成效。通过"寻匠悟道"项目培养学生工匠精神有利于提升学生的就业能力。深圳职业技术大学 2021 届毕业生毕业去向落实率为 98%。多年来，毕业生初次就业率始终保持在 96% 以上，多项人才培养质量指标位居全国高职院校前列，超过 10% 的毕业生入职深圳的世界 500 强、行业龙头企业等，就业质量稳步提升。

(二)"寻匠悟道"项目取得成功的意义

1. 体现了高职高专思政课改革的特点

以寻访杰出工匠为切入口，提升学生的个人素养、家国情怀与工匠精神，非常有利于艰苦奋斗、爱国敬业等中华优秀传统文化的传播，也有利于塑造新时代的好青年。该项目真正以学生为主体，让学生在校企联动中，实践思考。而访谈技能大师，制作访谈视频，又积累了接地气的经典案例，弘扬工匠精神和劳动光荣理念。这些都有利于高职高专思政课改革增效。

2. 体现了比较强的地方特色

广东省非常注重工匠劳模精神的培养和传承，拥有的工匠技能型人才数量居全国前列。该项目优选深圳本地区的杰出企业和工匠为参观和访谈对象。对学生来说，这些对象具有很强的亲和力，访谈也能帮助学生们了解深圳当地的改革开放发展状况和行业发展态势，使思政课更接地气，更具实效。"寻匠悟道"精选对深圳地区社会主义事业做出杰出贡献的企业作为研究对象。同学们能直观地感受到社会主义管理制度、经济制度、企业文化的优越性，更能加强对社会主义道路自信的认同。

三、案例评析

深圳职业技术大学在工匠精神培育方面的做法颇具特色。

1. 通过理论教化，认同工匠精神

深圳职业技术大学思政课结合工匠精神方面的内容，如人生目的、人生价值、职业理想、家国情怀、核心价值观、职业道德与契约精神、新发展格局、新发展理念等理论知识进行了工匠精神的理论教化,使学生达成对工匠精神的政治认同、思想认同、情感认同。

2. 通过实践教学,领悟工匠精神

通过请进来和走出去相结合的"寻匠悟道"思政实践教学,使学生在实践中领悟工匠精神的精髓。

3. 通过工匠文化,熏陶工匠精神

环境融化与氛围营造在工匠精神培育中能起到潜移默化的作用。深圳职业技术大学通过"专业＋行业"文化课程、实施产教深度融合的"双元制"育人模式、"大国工匠进校园"活动、专业竞赛等丰富多彩的工匠文化活动,使学生在工匠文化氛围中得以熏陶和锻炼,非常典型地体现了本课题研究的主要观点,即"课堂、实践、文化"三位一体,"理论教化、环境融化、实践悟化""三化合力"的创新做法。

案例二:"五阶三维"——浙江工商职业技术学院

浙江工商职业技术学院秉持的高职高专院校思想政治教育目的是"动其情,晓其理,导其行,激其志"。学校在宁波劳模工匠故事融入高职高专院校思想政治教育中创新做法,改变了思想政治教育以往"单式灌输、枯燥说教"的教学方式,以及"概念抽象、理论高深"的教学内容,提高了教学效果,实现了思想政治教育目的,彰显了融入的四重价值,即"育人价值、理论价值、实践价值、传承价值"。

浙江工商职业技术学院通过寻访浙江宁波当地的劳模工匠,形成了较为完整的示范案例,并以此为基础,开设选修课"浙匠与创新""浙里智造与工匠"两门课程,建立在线课程"智造'浙'密码——浙匠工匠精神",同时基于课堂实践的需要,成立社团"知行社",立志理论与实践相结合,培育德艺兼修的新时代产业工人。

学校打造以"访劳模悟精神"为主题的道德课堂。讲劳模工匠故事主要讲人物背后的精神，即劳模精神和工匠精神。用好劳模工匠思想政治的教育资源，前提是讲好劳模工匠故事。以"人、事、魂"为故事的载体和主线，通过讲身边熟悉的人物事迹将劳模工匠精神的内涵传递给学生，引起共情，达到润物细无声的思想政治教育效果。其中的"人"是指劳模工匠的职业素养，"事"是指劳模工匠的工作业绩，"魂"则是指劳模工匠的精神品质。

一、创新做法

用讲故事来说大道理，是思想政治教育的一个基本方法。劳模工匠故事的背后是劳模精神，劳模工匠精神是奋力实现中国梦的精神动力。浙江工商职业技术学院的主要做法是将宁波劳模工匠故事融入高职高专院校思想政治教育。目前学校已采访了2020年全国劳模裘银芳、2021年全国五一劳动奖章获得者中国科学院大学宁波华美医院陈童恩主任、2021年世界奥运冠军石智勇、获得全国第十五届精神文明建设"五个一工程"奖的指挥樊洁、宁波市青年学者周东旭、滕头村第一支部书记傅德明、宁波二院抗疫先进工作者俞玲芝，形成了较为完整的示范案例。学校以"五阶三维"路径，（"五阶"：访、听、悟、做、讲，达到知行合一；"三维"：一点、二线、三面，达到红色接力），提升宁波劳模工匠故事融入高职高专院校思想政治教育的有效性，促进思想政治教育守正创新、铸魂育人目的。

（一）"五阶"：访、听、悟、做、讲

"五阶"教学路径的设计依据是基于宁波劳模工匠故事融入高职高专院校思想政治教育工作的四重价值，以阶梯式教学方式在整个教学过程中充分实现思想政治"动其情，晓其理，导其行，激其志"的教育目的。

访：寻访劳模工匠，感受榜样魅力。以组队的方式，学生在教师的带领下，分组寻访宁波的劳模工匠。要求参加寻访的小组做好访前、访中、访后三个步骤。访前，对寻访对象做好初步了解，形成文字简介；访中，以图片、

视频形式记录好寻访对象的人物特征、工作环境、产品代表等;访后,撰写心得体会,制作微视频。请专门的技术人员对整个寻访过程进行拍摄,并保留下来,由负责教师制成微视频,形成思想政治教育数字资源库,供全校师生线上线下学习。

听:聆听模范故事,理解精神力量。基于一些客观或主观因素,听故事可以采用两种途径:一是以学校或学院层面邀请宁波的劳模工匠来校做讲座;二是教师带领部分学生代表去到对方的工作单位聆听劳模工匠故事。讲故事环节分为讲座、访谈、互动三部分。整个听故事过程也要做到听前、听中、听后三个环节。听前:访谈教师在与劳模工匠对接的过程中熟悉并把控好讲座内容,针对其讲座内容精心设计好访谈提纲,并事先通知聆听讲座的学生,想好互动问题;听中:要求在场学生认真聆听并积极参与互动,整个讲故事过程进行线上直播,扩大辐射面,影响更多的校内师生,全过程视频拍摄记录;听后,要求在现场聆听的学生回去撰写心得体会,教师制作人物故事微视频。

悟:领悟模范精神,掌握精神密码。在访、听的环节里,学生有了初步的了解。教师以前面两个环节为基础,将制作好的人物故事理论宣讲视频上传至学校官方相关媒体,并将学生撰写的优秀的心得体会进行线上分享。学生通过观看微视频,阅读心得体会,进一步领悟精神实质,达到深刻的理解。

做:争做先锋模范,传承红色基因。学生以班级或学院为单位,以校内外的实践基地,例如社区、企业、社会组织等,为依托,结合自身专业优势,进行社会实践,可如志愿服务、专业实践、技能服务等。

讲:宣讲模范故事,传递榜样力量。以社团为依托,成立宣讲团队,通过暑期社会实践活动,进行校内或校外的劳模工匠故事宣讲,传递榜样魅力,进而达到内化于心,外化于行,实现知行合一,为宁波的社会经济发展注入精神力量。

(二)"三维":一点、二线、三面

"三维"的教学设计是以实现学生全面发展为基础,以教育目标指向实践为最终目的,与"五阶"互通互融,全面提升宁波劳模工匠故事融入高职高专院校思想政治教育的有效性。

一点:围绕一个宁波劳模工匠人物事迹展开,力求做精做细。同一时空里,以一个人物故事为中心开展"五阶"教学法,形成一系列文稿和视频,达到精、准、快的效果。

二线:校外寻访,校内讲座。以两条路线为聆听故事的方式,凸显教学的实践性,提升教学效果,推进思想政治教育入耳、入心、入脑、入行。

三面:心得撰写、社会实践、精神宣讲。以学生兴趣和能力为导向,分组建队,一方面可以提升学生的职业技能,另一方面可以提高学生的职业素养,实现学生达到"知信行"统一,传承好红色基因,做好红色接力。

二、实施成效

(1)学校一直关注劳模工匠精神育人、特色思政课程建设、课程思政课程建设,建立在线课程"浙匠与创新",并已投入使用;访谈劳模工匠人物近10位,积累了大量的教学素材和教学视频参与市级、校级等微课比赛,其中一项微视频教学入选学习强国视频展;积累了丰富的教学经验与企业资源。

(2)2020年到2023年期间,学校的电子专业、AI专业作为学校重点培养专业,在"浙匠与创新"课程的基础上,开设了校级课程思政特色示范课程,主持教师获校"思政标兵"荣誉称号,并获得浙江省"十四五"教改项目、浙江省教育厅课程思政教改项目,可见教学实践成效显著。

(3)学校在思想政治理论课教学中积极倡导劳模工匠精神融合培育,致力于教学过程、学习过程、生活实践过程相统一,同时注重理论学习,已主持相关课题10余项,发表相关论文10余篇,大多聚焦大学生劳模工匠精神培育问题,其中1篇关于劳模工匠教学改革成果文章发表于北大核心期刊。

(4)学校的思政理论课教师带领学生进行了线上、线下宣讲;建立了微信公众号;建立两个校外宣讲实践基地,其中一个荣获校优秀实践基地称号;进入鼓楼街道秀水社区、81890救助服务中心宣讲,并成功申报优秀社会实践案例,获校二等奖;成功申报暑期实践成果奖,并获校优秀实践成果奖;基于此改革的德育案例设计,获校德育案例评比二等奖,排名第一。

三、案例评析

浙江工商职业技术学院依托思想政治理论课教师主持的宁波劳模工匠故事融入高职高专院校思想政治教育"五阶三维"路径研究和党委宣传部相关领导、马克思主义学院、明智学院相关领导支持力推的校级"访劳模悟精神"为主题的道德课堂项目,结合思政课教学改革,借助大思政,打造工匠教科研基地,取得了集工匠理论研究、实践教育为一体的特色成果,形成了工匠精神教科研、实训、社会服务的系统化集成。

1. 思政课程,工匠精神培育的重点

学校马克思主义学院通过开展工匠精神相关的课程开发、教学改革、教学科研,将工匠精神有机融入思政课之中,在教学中渗透职业理想、职业道德、职业素养价值目标,实现理论教化。

2. 模范引领,提升工匠技能

通过选树身边榜样,发挥模范引领,搭建社团平台、竞赛平台,体验工匠精神,提升工匠技能,在实践悟化上加强工匠精神培养。

3. 浸润环境,营造工匠氛围

构建工匠文化育人的校园文化建设制度、专业产业对接机制、人才培养方案等系列制度保障机制,营造工匠培养制度环境。

4. 文化熏陶,工匠精神培育的保障

学校开展大国工匠进校园、德技大讲堂进校园等活动,以及建设两个校外宣讲实践基地,不仅在校内营造工匠精神文化氛围,也通过工匠精神培训向社会产生工匠精神文化辐射,打造工匠精神特色环境。

案例三:"文化"引领、"三匠"育人
——重庆工业职业技术学院

重庆工业职业技术学院(简称"重工院")按照学校特色,开展"文化"引领、"三匠"育人,全校系统构建起以"文化引领、理念载体、制度保障、环境浸润、知行合一"为特色的工业文化育人体系,大力弘扬执着专注、精益求精、一丝不苟、追求卓越的工匠精神,不断培育德技双馨技能型优秀人才。

一、创新做法

(一)文化引领,厚植学生工匠精神

1. 立足核心理念,明确文化内涵

构建形成了具有重工院特色的工业文化建设体系,全方位、多维度发挥立体育人作用,将职业信念、职业道德、职业能力、职业素养融入学校人才培养全过程,以工业文化育人为特色,打造"学校人才培养的企业文化"和"企业生产经营的教育文化"育人生态,系统构建以理念文化为内核、以制度文化为保障、以行为文化为载体、以环境文化为基础的育人体系,创新推动工匠精神核心文化理念落地、落细、落实。

2. 发挥文化引领,服务文化强国

学校始终坚持中国特色社会主义办学方向,以立德树人为根本,秉承"工成于思,业精于勤"的校训,坚持"以行业为先导,以能力为本位,以学生为中心,以就业为目标"的办学理念。学校坚持为中国文化强国战略贡献力量,同时凸显学校办学特色是服务装备制造业,在学校文化建设中有机融入创新、效率、质量、合作、人本文化等核心价值,将职业文化、大学文化、传统文化和自然文化建设与工业文化建设同向而行,聚焦打造具有"高职

特征、产业特点、学校特色"的新型工业文化育人模式,并以"双高计划"为契机,努力培育青年学生实现职业技能和职业精神高度融合的工匠精神。

(二)创新理念,构建"三匠"核心内涵

以"三匠"育人为载体,将新时代工匠精神具体化、内涵化和目标化。"三匠"育人是指通过铸匠心、砺匠艺、立匠德共同涵养工匠精神,发挥一体化育人模式。铸匠心即内心笃定、守正创新;砺匠艺即精益求精、追求卓越;立匠德即崇尚劳动、爱岗奉献。落实"三匠"育人理念是一项系统性、整体性、持续性工程,贯穿于人才培养的全过程,需要学校、教师、学生和企业行业的紧密合作、整体持续推进,才能实现育人目标。

1. 铸牢匠心,践行核心价值观

一是始终坚持核心价值体系的教育理念,把培育和践行社会主义核心价值观融入教书育人全过程。二是始终坚持职业教育的办学理念,以企业为课堂,练就学生技能水平;以社会为学校,涵养学生素质文化。三是打造"五个一"育人理念,全面促进学生可持续发展,树立一个职业理想、学好一门职业知识、练好一种职业技能、涵养一种艺术品质,热爱一项体育运动,将德育、智育、体育、美育、劳育落到实处。

2. 夯实匠艺,契合人才培养

一是构建富有工业文化特色的人才培养方案,深入开展产教融合,与企业共建订单式培养;打造特色专业文化,建立八大特色专业体系;实施特色人才培养标准,按照行业企业标准培养人才。二是构建富有工业文化特色的职业素质课程体系,以专业文化素养和职业文化素养为核心,通过"四模块五递进"的职业素质课程,将职业价值观、服务质量、责任安全、节能环保和行业法规融入课程中。三是导入工业文化指导学生实训,将企业的文化价值观和新技术、新工艺、新标准的流程与规范及时嵌入实训内容,让学生在实训中学习企业规范、职业准则、职业礼仪,形成正确的职业态度和职业习惯。四是引入企业师傅开展"五导"帮扶,以言传身教的形式,对学生开展实训教导、学业辅导、生活引导、心理疏导、就业指导。

3. 厚植匠德,彰显价值追求

一是构建"三阶四联,一体三环"育人模式。学校以获评重庆市"三全育人"综合试点单位为契机,深化"三为进阶"式现代工匠培养理念,搭建学生全过程育人成长成才阶梯。二是开展"名师带徒"工程。学校组建技能大师工作室2个,国家"万人计划"教学名师、全国高校首批黄大年式教师团队、首批国家级职业教育教师教学创新团队成员担任指导老师,通过师傅带徒弟的方式,将大师们的精湛技术、高超技艺,以及爱岗敬业、甘于奉献的精神融入教书育人全过程中。三是创新课程思政教学模式。学校深化课程改革,将思政教育融入专业课程理论教学、专业综合实践实训和实习生定岗三个环节,在课堂教学中挖掘润物细无声的思政教育,课程考试中融入思政元素的内容赋分。四是传承重庆当地特有的红色革命文化、革命道德,以地域文化为载体,开展以红岩精神、抗战精神、三线精神、三峡移民精神为代表的红色革命文化主题熏陶,引导学生把爱党与爱社会主义相统一、爱党与爱国相统一,传承中国革命道德,永远跟党走,为新时代贡献青年力量。将"铸匠心""立匠德""砺匠艺"内涵一体化融入学校的校园风气、教师师德师风、学生学习风气建设中,激发了教职工干事创业的热情,增强了每一位教师强烈的职业认同感、归属感、自豪感,也树立了每一位同学的母校情怀。

(三)制度保障,提升现代治理水平

学校为了能有序管理,创新了管理模式,强化各项制度规范,尤其是考虑通过将工业制度文化建设与学校现代大学制度文化相结合,以此来确保在建设工业文化体系育人的机制下,不断强化传承与创新优秀工匠精神。

1. 构建工业文化育人的制度保障机制

制定学校校园文化建设长远的发展规划、制定学校"校园文化建设"改革试点工作方案、精神文明建设制度、重庆工业职业技术学院网络舆情监

控管理工作实施办法、学生社团管理办法等为特色校园文化建设提供坚实的制度保障。

2. 构建工业文化育人的现代大学制度

一所现代化大学,需要依法治校、依规治校。学校首先科学拟定有利于学校发展的《职业素质教育分年级育人纲要》《系统构建具有高职教育特色的校园文化生态改革实施方案》等系列文件,修订和完善上百项不合时宜的规章制度,为校园文化硬件设施、内涵建设等整个过程进行更为规范化、高效化的管理提供了制度保障。

3. 构建工业文化育人的专业产业对接机制

牵头组建机械行业智能装备制造(西南)职教集团、重庆智能制造职教集团,深化产教融合、校企合作;建立国家级智能制造公共实训基地和高技能人才培训基地两大平台,服务区域产业转型升级;建立与区域产业链和产业集群紧密对接、良性互动的专业链和专业群,与重庆支柱产业、十大战略性新兴产业的契合度达92.5%。

4. 构建工业文化育人的人才培养方案

与重庆长安集团等300余家企业深入开展产教融合,大力推行现代学徒制、订单式等工学结合人才培养模式,共建30余个订单班;在53个专业人才培养方案的编制中,融入制造文化、汽车文化、IT文化、财经文化、管理文化等8大特色专业文化;按照行业企业要求制订特色人才培养标准,在真实环境中培养人才,开辟工业文化融入学校的主渠道。

(四)浸润环境,打造工业文化大观园

学校通过将工业文化环境文化建设与学校自然景观、工业元素设计等紧密结合,塑造崭新的工业大环境,工业特质一目了然。设计完成学校工业群雕的打造与润色,增加详细解说词,增强群雕的历史厚重感,完成巴渝匠艺园和重庆市工业文化研究中心、工业文化大观园的建设打造,增强工业文化宣传展示,全面引入、处处彰显工业文化元素,实现工业文化全方位融入校园文化建设,塑造良好工业形象。

1. 打造工业文化"一园"

学校深入挖掘校园里硬件环境等蕴含的工业文化方面的元素,一步步打造学校大道、路灯、标志性建筑物、教学楼走廊、实训室内外的优美环境,把"工业文化"的文化内涵融入校园环境之中,提炼像智能电梯制造、机械制造、汽车制造、模具开发、机电一体化等优势专业的工业元素共性,塑造出以此为背景的富有工业特色的校园文化景观。当前,重庆市在各高校广泛推动实施国家级文明校园打造工程。学校在此基础上,进一步完善工业文化大观园、工业文化长廊、工业文化雕塑等系列标志性文化景观建设,进一步完善校区内绿化、园林道路的路牌和建筑物标识的整体策划,实现校园山水园林路的使用功能、审美功能和教育功能的和谐统一。

2. 打造工业文化"N院"

整体打造二级学院的"专业文化"氛围,进行工业文化和职业文化氛围的营造,加强与行业企业的合作宣传与成果展示,按照企业规章、操作程序、工艺流程建设等规律,还原企业真实场景的院系实习实训场地,将校企合作相关企业的管理理念、建设价值、经营模式等内容上墙,让学生直观感受到企业文化。打造院系工业文化历史墙,将二级学院的发展轨迹、历届班子、合作办学、取得的成绩和荣誉等进行宣传展示,用实物与史料反映院系的办学历程,激励学生刻苦学习,立志成才。宣传展示优秀学子的典型事迹,定期更换,宣传身边榜样,引导学生向优秀看齐,加深对身边具有工匠精神的榜样的近距离认识,进一步增强服务社会的意识与能力。真正做到观赏性和实践性相结合,打造专业性强、有特色、有艺术性的景观式的实训实习基地。

3. 打造工业文化的"廊"文化、"室"文化

以工业文化发展时间为轴,串联工业文明大事件和主要人物,打造工

匠精神文化长廊艺术,全方位打造工业文明发展的沉浸式空间,使之成为学校工业文明发展的露天博物馆和学生素质教育基地。打造涵盖教室、实训室、教研室、办公室、会议室为主体的"室"文化,将工业文化理念融入教育、教学、管理,将充分体现工匠精神的"精工利器,匠心铸魂、干一行、爱一行、钻一行"等100多个条幅、标语、名言、画像布置到校园公共文化活动空间,使校园的山水、草木、砖石在精心打造后被赋予了文化育人、环境浸染功能。

(五)知行合一,凸显双高院校魅力

1. 选树身边榜样,发挥模范引领

学校先后培养出了"全国最美教师"、国家"万人计划"教学名师赵计平教授,重庆市教学名师、技能大师李雷教授,学生中涌现出了重庆市道德模范谢张以及身残志坚的学生向滨霖。他们在全校师生中较好地发挥了榜样引领和典型带动作用。

2. 搭建竞赛平台,渗透工业文化

构建富有工业文化特色的创新创业与技能竞赛平台,将创新创业教育和30多个学生技能竞赛项目嵌入专业人才培养方案中,打造链条式全过程竞赛体系,实现师生作品到产品到商品的一站式转换,培养学生的创新精神,开拓创新思维,激发创业意识,形成创新创业的文化氛围,鼓励学生树立职业追求、坚守职业道德,乐做"工匠精神"的传承者。

3. 搭建社团平台,体验工业文化

强化宣传舆论阵地的教育功能,把微信、微博、网站、QQ群等新媒体打造成凝聚青年的有效载体,组建重工国旗班、马克思主义读书会,赠阅主流报刊,实施主流思想进教室、进寝室、进支部。挖掘传统文化的时代内涵,深入挖掘墨子、鲁班、黄道婆等大师的工匠精神,成立巴渝民间工艺研究院,开发《巴渝文化》教材,开展民间工艺大师进校园活动180余场。发

挥主题活动的育人实效,举办科技文化艺术节,树立职业理想;高雅艺术进校园,涵养学生"真、善、美"人文精神;"技能大师面对面",营造劳动光荣、技能宝贵、创造伟大的氛围;"三下乡"社会实践,锤炼学生社会责任意识。学生参与社团文化活动率达100%。

二、实施成效

学校打造新型工匠文化育人模式,以"双高计划"为契机,培育青年学生实现职业技能和职业精神高度融合的精益求精"工匠精神"。学校的工匠文化建设成果具有典型性,特色鲜明,突出服务产业,凸显高等职业教育的特征。学校的工匠精神育人成果先后获得国家级教学成果奖二等奖,全国机械行业和重庆市教学成果奖一等奖,第二届全国职业院校文化素质教育教学成果示范奖。

三、案例评析

重庆工业职业技术学院以"文化"引领、"三匠"育人的核心理念来构建工业文化育人体系。

1. 文化引领,厚植工匠精神

以理念文化为内核,秉承"工成于思,业精于勤"的校训,构建具有重工院特色的工业文化建设体系和人才培养方案。侧重以思政教学为主渠道的铸魂育人,用思政理论教化学生。

2. 创新载体,涵养工匠精神

通过思政课中"铸匠心""立匠德""砺匠艺"这"三匠"共同涵养工匠精神,发挥一体化育人模式,并将"三匠"内涵一体化融入校风、师风、教风、学风建设。

3. 浸润环境,营造工匠氛围

构建工业文化育人的校园文化建设制度、现代大学制度、专业产业对接机制、人才培养方案等系列制度保障机制,营造工匠精神培养的制度环境。将工业文化环境文化建设与学校自然景观、工业元素设计等紧密结合,塑造崭新的工业大环境。打造工业文化"一园"、"N院"、"廊"文化、"室"文化,完成巴渝匠艺园和重庆市工业文化研究中心、工业文化大观园的建设打造,实现工业文化全方位融入校园文化建设,在工业环境氛围中促进环境融化。

4. 模范引领,提升工匠技能

通过选树身边榜样,发挥模范引领;搭建社团平台、竞赛平台,体验工匠精神、提升工匠技能,就是在实践悟化上加强工匠精神培养。总之,学校围绕理论教化、实践悟化、环境融化三方面构建以"文化引领、理念载体、制度保障、环境浸润、知行合一"为特色的工业文化育人体系,契合前期调研高职高专思政课工匠精神培育是学生个体、环境、行为这三种因素之间的连续不断交互作用的过程。

案例四:德技并修,育训融合
——广西水利电力职业技术学院

广西水利电力职业技术学院认真贯彻落实教育部相关文件精神,结合企业满意度、家长满意度和毕业生满意度等指标明晰人才培养标准。通过文化传导、思政体验以及工场实践等三种方式,让学生"看到"劳模校友的典型事例,"听到"爱国英雄、行业先锋的英勇事迹,"做到"自发传承工匠精神。学院将校园文化建设和思政教育、课程思政融为一体,使学生潜移默化地接受爱国主义教育和优秀中华传统文化的熏陶,形成了独具特色的"德技并修,育训融合"的人才培养长效机制。根据麦克思发布的数据显示,学校近三年社会满意度稳步提升,学生就业率保持在95%以上。

一、创新做法

(一)大力营造劳模校友等"明星"效应,倡导"上善若水,自强不息"的水电工匠精神

学校将获得时代楷模、全国道德模范及水利行业技术能手、电力工匠、技能大师、全国劳动模范、全国"人民满意的公务员"等杰出代表的典型事例在各系教学工场走廊上墙,展出优秀校友风采,并充分利用劳模校友的"明星"效应,大力营造爱行业、争先进、创先锋的校园氛围。同时,不定期邀请杰出校友回校,举办"职业榜样"和"杰出校友"先进典型专题报告会,提升青年学生的职业素养,塑造职业精神,坚定文化自信和道路自信,实现职业技能和职业精神培养高度融合。

(二)开展"裸眼 3D 看长征"等思政体验活动,厚植爱国主义,强化担当精神

学校建立育德与育心相融的课程思政体系,构建以课堂为主,校园活动、社会实践、易班网络协同的"一主三辅"素质教育平台,将社会主义核心价值观教育融入人才培养全过程。校企共建"爱国主义、素质拓展、创新创业孵化、就业创业与社会实践"等五类实践教育基地,聚力打造"水情文化馆""水脉文化馆""灵渠水文化育人基地"等实践教学场所和红色文化馆等思想政治体验馆,并利用这些场所、体验馆强大的信息化功能,开展"裸眼3D 看长征""遵义会议亲体验"等活动,让学生树立正确的人生观、道德观和职业操守,厚植爱国主义精神,强化担当精神。

(三)构建"德育—技训—生产"3 合 1 的七大教学工场,创新"双 1234"特色人才培养模式,传承高超技艺

学校紧抓职业教育发展新机遇,主动对接行业企业,与行业企业共同成立八桂水利产业学院、百越电力产业学院、宝鹰建筑产业学院、厚溥产业学院等 4 个产业学院,打造了实景水坝等 7 个教学工场,创新"一项宗旨、一种理念;双重身份、德技并修;三场交替、三师共育;四方评价、四位一体"

的"双1234"特色人才培养模式,促进了理论知识教学、岗位技能训练、企业项目实操深度融合。

学生(学徒)通过在理实一体化教学工场(一场)、员工培训场(二场)及产业学院生产性教学工场(三场)中的专业基础理论学习、岗位基本素质及技能轮岗培训和岗位工作实操综合培训,不断夯实专业基础理论水平、不断提高生产实践技能。通过将教学标准与企业标准相对接、岗位学习过程与生产实践过程相融通、教学内容与工作内容相一致,达到教学环节、培训环节和生产环节的"无缝衔接",让学生(学徒)在教学工场的学习如同置身企业职场的真实环境,实现工作岗位认知和岗位能力提升同步进行,实现毕业与就业的"无缝过渡"。

通过教学工场搭建人才培养环境、科技研发平台、创新成果孵化和产品推广基地,建立"校内导师—企业导师—传承人(工匠)导师"互兼互聘机制,发挥不同导师的专业特长,实现师资水平互促互补,在普通岗位技能人才培养的基础上,以企业导师和传承人(工匠)导师的高水平技艺,培养学生(学徒)的高超技能;在教书育人的基础上,针对行业热点、新技术和发展方向,加强科技研发和创新创业成果培养及孵化,实现高职高专院校的科研创新和社会服务职能,共获专利185项,创新创业奖131项,累计开展社会培训3000人次,实现现代学徒的特色、高效培养。

二、实施成效

多年来,学校构建"333"体系,深入推进文化育人:以红色文化、社会主义先进文化、电力文化这3个文化,理念识别、行为识别、视觉识别"3I"文化建设实践模型,文化认同、文化自信、文化自觉这3个目标,构建"333"模式,建设了具有工匠精神、校友文化、工匠文化的文化长廊。

通过文化传导、思政体验、工场实践"三部曲"育训了大批高技能优秀水电工匠,活跃在祖国的大江南北、大河上下和电厂内外。他们中的大多数已成为所在行业的骨干力量,有的还成了知名专家和高层管理者。学校的1000多名毕业生参与了越南、巴基斯坦等东盟国家及"一带一路"沿线国家的水利电力工程建设项目,他们在输出中国水电技术标准的同时,将中国职教特色品牌和中国工匠精神也传播到世界各地,为母校提升国际影响力做出了贡献,为建设壮美广西、共圆复兴梦想提供了人才和科技支撑。

三、案例评析

广西水利电力职业技术学院"德技并修,育训融合"的人才培养长效机制,通过文化传导、思政体验以及工场实践等三种方式,找到工匠精神培育的重要潜在因素是环境因素,思政课工匠精神培育的根本途径是学生参与工匠活动相关的社会实践。

1. 建育训大工场,强化实践悟化

开展多种形式的实践体验活动,构建"德育—技训—生产"3合1的七大教学工场,创新"双1234"特色人才培养模式。

2. 构建"333"模式,突出环境融化

构建"333"模式,建设具有工匠精神、校友文化、工匠文化的文化长廊,从而让学生"看到"劳模校友典型事例,"听到"爱国英雄、行业先锋英勇事迹,"做到"自发传承工匠精神。

这些做法跟前期我们针对高职高专学生工匠精神培育影响因素基本分析的结论一致,契合课题组提出的高职高专思政课工匠精神培育的创新路径,即融"课堂、实践、文化"于一体、以理论教化、环境融化、实践悟化为具体路径的"三位一体、'三化'合力"的高职高专思政课工匠精神培育创新模式。

案例五:传承与守望
——杭州万向职业技术学院

杭州万向职业技术学院思政教学部深入贯彻和学习习近平总书记"大

力弘扬劳模精神、劳动精神、工匠精神,激励更多劳动者特别是青年一代走技能成才、技能报国之路,培养更多高技能人才和大国工匠,为全面建设社会主义现代化国家提供有力人才保障"[①]的指示精神,大力弘扬和传承劳模、英模和工匠精神,传承和发扬中华优秀传统文化和红色革命文化。在培育和弘扬社会主义核心价值观的过程中,他们下好落细、落小、落实的功夫,培养大学生良好的道德风尚、政治素养和工匠精神,让学生真正懂得传承中国精神,守护自身精神家园。思政团队积极开展"传承与守望,一期一会在万向"系列活动,引导大学生崇敬并学习劳模工匠、革命英雄人物,通过宣讲劳模精神、具有道德事迹的社会道德模范、抗战老兵的革命精神、老省长的志愿之心,在大学生中形成尊重和学习劳模与工匠的氛围,使其牢固树立革命理想,传承优秀传统文化,树立良好的职业道德。

一、创新做法

杭州万向职业技术学院思政教学部立足当地西溪特色,学万向精神,利用高等职业教育培养技能型人才的属性,最突出亮点是开展"传承与守望"大型思政实践活动,将思政课与博物馆有效融合,把思政教育教学工作融入以"非遗"为代表的中华优秀传统文化、革命文化中的工匠精神宣传。

(一)引导"传承与守望"的思政实践悟化

杭州万向职业技术学院思政教学部开展的"传承与守望"大型思政实践活动旨在引领大学生坚定政治信仰,养成职业精神,传承中国精神,守护精神家园。学校自2016年至2023年每年以不同主题开展活动,已连续举办八季,服务学生超万人,邀请的嘉宾有劳模、退休省长、抗战老兵、全国人大代表等。一系列活动构成"大思政"格局。

---

① 习近平致信祝贺首届全国职业技能大赛举办强调:大力弘扬劳模精神劳动精神工匠精神培养更多高技能人才加大国工匠[N].人民日报,2020-12-11.

1. 组建劳模英模讲师团

通过专题报告、座谈会等形式，引导、示范和辐射大学生思想政治教育。主要通过组建讲师团，开展进校园巡讲活动。深入挖掘劳模、英模的典型事迹，遴选有强烈社会责任感和风险精神，具有较强语言表达能力及胜任此项工作的劳模和各类匠人、抗战老兵、优秀志愿者群体、优秀军人，通过让不同行业的匠人走进校园，讲发生在身上的精彩故事，用亲身经历和现身说法感召引领学生，将社会主义核心价值观教育具象化，使广大学生可知、易感、能学。

2. 设立劳模英模育人实践基地，以参观和结对形式建立思政实践基地

通过设立育人基地，引导学生在实践中内化精神，重点在万向集团或其他企业、学校遴选一批产业特色明显、技术优势显著、适合开展现场教学、具有较高影响力的爱国主义教育基地，设立育人实践基地，请其与学校结对，安排学生社会实践、专业实习和参观等活动，培养职业精神，构建多元实践育人体系。

3. 推进劳模英模精神进课堂

组织思政课教师研究劳模英模精神，编写教学参考资料，针对专业课程的难点，邀请在业务上有专长、具有较高理论水平和实践经验的劳模、英模以及杰出工匠进行讲解，制作视频微课程，并通过大学生网络互动社区平台向学生推送。

4. 开展"寻访身边的最美现象"等系列志愿活动

以劳模、英模精神为引领，开展"寻找身边的最美人物"、寻访身边的匠人匠心系列活动。组织学生采访劳模、英模、工匠等人物，整理编撰口述史，讲授劳模、英模、工匠的成才故事和亲身经历，用真情、真事、真话感染、

感动、感化大学生[①];组织学生开展主推征文、演讲比赛;组建学生志愿者服务队,组织学生开展关心志愿服务活动。

(二)促进"传承与守望"的工匠环境融化

将思政课与博物馆有效融合,开发博物馆蕴藏的工匠精神基因密码。通过博物馆与高校思政共建,利用浙江省博物馆丰富的展陈,向高校思政课学子展现浙江的历史文明成就,将爱国主义教育、社会主义核心价值观、浙江精神、工匠精神等思政元素通过各展厅文化一一呈现,将博物馆教育与高校思政教育高度融合,馆校搭建思政共建平台,构建博物馆协同高校有效开展思政教育的长效合作机制。

1. 参观与深度体验相结合的实践基地模式

学校组织学生到浙江省博物馆进行参访学习。前期根据参观内容馆校双方进行了系统的设计,即参访前网上调研、场馆参观、参与社交活动和回校后交流几大模块,制定切实可行的教学方案和教学设计。思政课教师代表利用志愿者便利与博物馆讲解员进行前期沟通,结合"思想道德与法治"课课程内容和省博物馆陈列进行系统教学内容设计,设计相关题目,让学生带着问题进行参观,增强其参观的目的性和有效性。参与社交活动主要是根据省博物馆陈列的展品和文物,设计学生亲自体验的活动。如参观浙江省博物馆武林馆区十里红妆展厅,在前期观看视频介绍、向讲解员详细了解镇馆之宝"朱金木雕宁波万工轿"后,学生在社交活动教室里亲自制作搭建"万工轿",在嫁接轿子花片、描金等一系列过程中,让学生感受该工艺所呈现出来的榫卯结构等特色。在钱江潮展厅,以馆藏抗战时期的武器为蓝本,让学生动手制作"八二式迫击炮"模型,在寓教于乐的活动中蕴含工匠精神的元素。

2. 开设沉浸体验式选修课,深度挖掘历史文化中的工匠精神

经过论证开设特色选修课是馆校共建教学模式的升级。与浙江省博

---

① 任少平,任少伟.新形势下"劳模精神"进校园:价值蕴涵、育人资源开发与推进路径[J].安徽工业大学学报(社会科学版),2018,35(1):118-119.

物馆合作开发选修课"浙江历史文化",根据博物馆馆区陈列展览的内容设计了课堂理论授课、动手劳动实践和博物馆展厅参访3种形式相结合的授课方法,内容涵盖浙江历史文化学习、浙江革命史熏陶、浙江非物质文化遗产实践体验。紧紧围绕与博物馆陈设和精品文物系统设计教学内容。由思政课教师和博物馆讲解员联合授课,增强了课程设置的趣味性和生动性,开阔了学生的视野。考核方式增加学生志愿服务形式,即引导学生用志愿服务回馈社会。在目前已开设了5个学期的"浙江历史文化"选修课上,学生能结合所学,拍摄微课,开展以传统文化革命、文化为主题的征文等一系列活动[①],深度挖掘浙江历史文化中的工匠精神基因。从教学评价来看,学生的获得感和体验感明显增强,牢固树立了劳动最光荣、劳动最崇高、劳动最伟大、劳动最美丽的观念。

二、实施成效

杭州万向职业技术学院思政教学部致力于创新现代思政理论课教学,通过立体式、体验式教学,提升思政课程教育的亲和力、吸引力和凝聚力,努力培养德才兼备的高素质职业技术人才。

"传承与守望"大型思政实践活动在学习强国浙江学习平台、浙江教育报、浙江日报天目新闻、杭州网、钱江晚报、都市快报、人民网思政频道等媒体广泛报道,有较大社会影响力,在浙江省高职院校思政实践教学方面有较好口碑。

三、案例评析

杭州万向职业技术学院工匠精神培育主要打造出"传承与守望"品牌,创新做法主要有以下几点。

---

① 徐燕丽.高校思政课与博物馆有效融合之研究[J].速读(下旬),2019(11):68-69.

1. 开展丰富的工匠育人实践，引导"传承与守望"的思政实践悟化

组建劳模英模讲师团，设立劳模英模育人实践基地，开展"寻访身边的最美现象"等系列志愿活动。

2. 开发馆校合作课程，促进"传承与守望"的工匠环境融化

与博物馆有效融合，开发博物馆蕴藏的工匠精神基因密码；开设沉浸体验式选修课进行深度挖掘历史文化中的工匠精神。

"传承与守望"品牌契合课题组在高职高专思政课工匠精神培育的创新路径中提出环境融化、实践悟化的高职高专思政课工匠精神培育创新模式。

案例六："多维联动""五匠育人"
——浙江经济职业技术学院

为加强工匠精神培育，浙江经济职业技术学院马克思主义学院自2018年7月成立以来，以打造"以文化人、工匠精神培育、国企党建、红色管理"四大特色名片为目标，充分发挥学校工匠精神研究与培育的国家级和省级平台优势，扎实推进劳模精神和工匠精神研究中心工作，将工匠精神培育纳入人才培养方案和课程体系，深入开展工匠精神培育理论研究与创新实践，取得了良好成效。

一、创新做法

工匠精神培育要以"三全育人"为指引，坚持学生主体性与教师主导性相结合、理论与实践相结合，构建组织、制度、队伍、阵地协同，系统化集成的"多维联动"机制。学校的具体做法是：发挥企业大学平台优势，推进校企政行及校内各部门协同；以德技双修的"和谐职业人"为引领，完善学校教学、科研、人才培养、社会服务等各项制度，系统构建工匠精神培育的制度体系;依托工匠精神研究中心,打造包含思政教师、专业教师、德育导师、特聘教授在内的工匠精神培育教师团队;依据大学生成长规律和专业特点,推进思政课堂、实践基地、学生社区等阵地协同,极大拓展了工匠精神培育空间,形成校内外共管、主渠道与多渠道共建的新格局,构筑"产学联",打造"联动体",在产教融合、校内外联动实践中,提高工匠精神培育的系统性、协同性。

(一)植匠心,申报专项课题,做强理论研究

学校围绕立德树人根本任务,基于德技双修的"和谐职业人"培养理念,积极开展工匠精神培育专题研究,营造了浓厚的科研氛围,近年来实施了"浙江制造业转型升级背景下加强技术技能人才软技能培养"等数项工匠精神培育相关的省部级课题研究。学校教师申报的关于工匠精神培育的国家社科基金思政课专项项目成功立项,为做深做实工匠精神培育研究提供了新契机。

(二)炼匠技,锤炼教学技能,提升育人本领

学校实施思想政治理论课教学质量提升计划,大力推进课程教学改革,坚持以赛促教,积极组织学校教师参加各级教学技能比赛,获省级、国家级教学能力比赛奖项8项。学校教师将案例教学引入课程,将工匠精神培育融入思政课教学,不断提升思想政治理论课的针对性和有效性。如在该校思政课教师的全国职业院校技能大赛教学能力比赛参赛作品中,曾展示"工匠精神内涵与时代价值"专题教学,从中国历史上工匠精神、工匠精神内涵、工匠精神时代价值、工匠精神实践四个方面展开课程设计与教学,展现了极佳的教学效果,荣获了全国职业院校技能大赛教学能力比赛一等奖的佳绩。

(三)守匠情,深化主题实践,提升育人成效

学校坚持理论教学与实践教学、第一课堂与第二课堂的有机结合与良性互动,扎实推进以"工匠精神培育"为主题的实践教学。该校马克思主义学院教师秉持科学性、时效性、互动性三性合一的理念,结合工匠精神的时代蕴意设计实践主题,以思政课课程综合实践和暑期"四千工程"大学生科技创新项目为依托,积极开展"培育新时代青年工匠"为主题的各类调查研究,并通过成果分享、作品展示等方式,有效提升了思政课中工匠精神的培育效果。如2020年开展的社会实践项目"传华夏文化之瑰宝,品工匠人生之精髓"获得了省暑期社会实践风采大赛优秀团队;2021年开展的社会实践项目"品读匠心浙江涵养工匠精神"获得了省暑期社会实践"先进团队"。

(四)践匠行,深化产教融合,助力工匠型人才培养

该校具备独特的深化产教融合的平台优势。学校为联合国教科文组织国际职业技术教育与培训联系中心、教育部职业院校文化素质教育指导委员会工匠精神专委会主任委员单位、工信部工业文化研究院院长单位、省职业教育集团工匠精神研究与培育指导工作委员会主任单位,拥有6个国家骨干专业、2个国家级生产性实训基地、1个国家级师资培训基地、1个国家级协同创新中心和1个国家级技能大师工作室,设有浙江工匠培训学院、工匠精神研究中心。学校建有世界五百强企业大学,如物产中大国际学院。学校与物产中大集团、联想集团、吉利集团、顺丰集团等行业引领性企业有着紧密的产学合作关系,在工匠精神研究与实践方面具备良好基础和优势。学校还具备浙江省国资委党校、浙江物产中大集团党校落户学校的平台优势,组织马克思主义学院教师参与研发"工匠精神培育"相关课程,为企业高管授课,培训学员逾1万人次;同时,学校依托省国资委党校等平台,组织了上千名企业优秀学员担任千余名学生的德育导师,手把手指导学生,实现了教育链、人才链与产业链、创新链的有机衔接。

(五)铸匠魂,撰写专题著作,系统总结成果

学校持续推进工匠精神培育相关研究,组织教师发挥专业优势和特长,积极撰写工匠精神研究专题著作。围绕新时代技术技能人才的工匠精神培育,该校进行了大量学术梳理、理论探讨与实践研究,形成了研究专著《新时代技术技能性人才工匠精神培育研究》,申报了教育部《高校思想政治工作研究文库》评选,并于2021年底由浙江大学出版社出版发行。该专著以马克思主义基本原理和贯穿其中的立场、观点、方法为指引,对工匠精神的历史发展、核心内涵,新时代工匠精神的价值意蕴、培育经验、培育路径及经典案例进行了深入探究。

二、实施成效

浙江经济职业技术学院是教育部仅有的4所深化新时代学校思想政治理论课改革创新先行试点高职高专院校之一,设有首批浙江省高校思政课名师工作室。该校马克思主义学院秉持"励志笃行,胸怀天下"的院训,致力于打造"以文化人、工匠精神培育、国企党建、红色管理"四大特色名片,在教学示范、课程建设、师资水平等方面取得突出成效。

(一)以工匠精神为引领打造四块育人金字招牌

该校马克思主义学院通过多年工匠式探索,形成了"四个一",即"一剧""一展""一赛""一讲"思政课品牌活动,充分展示了该校思政课教师"树匠心"组织教学,"育匠人"培育人才。

"一剧"承继了永不变色的红色基因。多年来,该校马克思主义学院数次携手浙江省博物馆共同举办"铭初心颂英烈"浙江红色故事情景剧展示大赛,深入挖掘浙江独特的红色文化资源,通过对剧本的反复打磨,以精彩的演绎让观剧现场的每一位师生体味中国心,感受民族魂。"一展"激活了大学生的使命担当。每年一度的时代主题"手绘报"竞赛,在教师的精心指导和学生团队的深入调研、反复修改完善下,于每年十月在全校范围内通过思政课实践教学成果展进行展示,大大提升了新时代思政课教育教学的针对性与实效性,激活了学生的使命担当。"一赛"搭建了赛教融合的育人体系。该校马克思主义学院先后取得全国高校思想政治理论课教学展示大赛一等奖、全国职业院校教师技能大赛教学能力比赛一等奖、"卡尔·马克思杯"省赛一等奖的佳绩。"一讲"丰富了思政课堂育人实效。该校通过举办"大学生讲思政课"活动,持续推动党的创新理论走近青年活动,充分调动当代大学生学习思政课的积极性、主动性和创造性,鼓励新时代大学生讲好中国故事、传递好青年声音,用"匠人精神"将当代中国马克思主义的道理讲深、讲透、讲活。光明日报客户端、光明日报地方频道、学习强国平台、全国思政理论课资讯平台、中国教育在线、浙江教育报、搜狐网等多家媒体多次对该校的"四个一"思政课品牌活动进行专题报道,综合点击率达100万以上,社会反响良好。该校马克思主义学院教师在多所兄弟院校作主题交流,在新时代高校思政课改革创新与使命担当研讨会、庆祝建党100周年名师讲党史总结表彰大会等会议上作主题发言,介绍如何用工匠精神教书育人的成功经验。

(二)用"匠人精神"强化师资力量

该校马克思主义学院教师秉持匠人精神教书育人和科学研究。教师积极参加各级教学技能比赛,先后获得全国教师职业能力大赛一等奖、全国思政教师教学展示一等奖、浙江省教师教学能力大赛一、二等奖、浙江省第十二届青年教师竞赛二等奖、浙江省各门思政课程备课会说课比赛获奖若干项。成功立项国家社科基金思政课专项1项,教育部人文和思政专项课题5项,各类省级、厅局级课题几十余项。

(三)思政课程与课程思政协同培育"匠心人才"

近年来,该校马克思主义学院围绕培育具有工匠精神人才的共同目标,先后与该校物流与供应链学院、财会金融学院、商贸流通学院等二级分院开展课程思政合作,参加二级分院的课程思政研讨会,担任物流分院课程思政的思政导师,参与国家级教学创新团队建设和国家级、省级课程思政项目研究,形成同向同行协同育工匠的良好局面。

三、案例述评

浙江经济职业技术学院关于"多维联动""五匠育人"工匠精神培育的实践探索。

1. 通过理论教学强化学生对工匠文化的认同

思政课教师结合团队工匠精神研究成果和学生工匠精神素养现状等因素，精心设计教学，通过理论教学，使学生达成对工匠精神的政治认同、思想认同、情感认同。

2. 通过实践活动增进学生对工匠文化的感受

因人、因地制宜地科学设计利用名人名匠、行业专家、劳动模范、优秀校友等职业生活领域的榜样身上蕴藏着丰富的教育资源，通过实践悟化，让学生近距离感受匠心、匠术、匠德的最佳途径。

3. 通过环境建设营造良好的工匠精神培育氛围

校园文化活动、学校环境布置、专业实践、基地实践等因素，在工匠精神培育方面也发挥着环境融化作用。在实践中探寻出工匠精神培育的有效路径，即"五匠育人"。该校通过打造校内外共管、主渠道与多渠道共建的新格局，构筑"产学联"，打造"联动体"，在产教融合、校内外联动实践中，提高工匠精神培育的系统性、协同性。"多维联动"是工匠精神培育的有效机制。在此实践基础上，浙江经济职业技术学院梳理总结出高职高专思政课工匠精神培育的创新路径，深化新时代工匠精神培育研究，进一步完善"工匠精神"培育体系，让"工匠精神"融入教育教学全过程。同时立足思政课堂，依托国资委党校、物产管理学院等产教合作平台，结合当前产教融合新要求，继续推进高职院校工匠精神培育改革创新工作。

在中国从制造大国向制造强国、质量强国乃至社会主义现代化强国迈进的关键时期，习近平总书记指出，要"构建职普融通、产教融合的职业教育体系，大力培养大国工匠、能工巧匠、高技能人才"。[1] 高职高专院校应承担起培育工匠精神的使命，坚持正确的文化建设方向，以立德树人为根本，传承中华优秀传统工匠文化，以培养具有工匠精神的创新型、发展型、

---

[1] 习近平在全国教育大会上强调紧紧围绕立德树人根本任务朝着建成教育强国战略目标扎实迈进[N].人民日报，2024-09-11(1).

复合型高素质技术技能人才为己任,系统构建工匠精神培育体系,凝练极具地域特色、行业特色的工匠精神培育品牌。

案例七:厚德强技,匠心育人
——台州科技职业学院

台州科技职业学院马克思主义学院深入实施文化育人工程、实践育人工程,在服务引导中加强思想教育,大力弘扬勤奋耕耘、踏实肯干、敢于担当、无私奉献的"老黄牛"精神和台州的"大陈岛垦荒精神",以项目化、品牌化和目标化"三化并进",持续构建以培育工匠精神为核心的"厚德强技匠心育人"的思政育人体系。

一、创新做法

(一)项目化整体推进

2017年学校制定并实施了《台州科技职业学院关于新形势下思想政治工作"1101"工程的实施办法》,落实一个主体责任,打造思政墙、立德壁等10个思政载体,完善一系列保障机制,全面推进思想政治教育高质量发展。

1. 落实立德树人根本任务

学校凝练了"厚德强技"的校训,总结出"思想政治教育十法",打造了2000平方米沿江廉政文化带,设置了红色青春学院、台州红色文化学院、思想政治教育研究所、社会治理研究所、台州市嘉木先锋青年宣讲名家工作室、厚德讲堂等实体思政教育阵地。同时,创新思政教育形式,以"台科思政"微信公众号为网络思政宣传阵地,策划思政教育系列网络作品,构建网上网下同心圆。2023年,该校机电与模具工程学院党总支的案例《"红链"引领,"五链"协同,"多元"育人》成功入选浙江省高校校企地党建联建典型案例。

2. 精准凝练学院办学理念

该校党委学习国家职业教育方针政策,分析温台地区经济社会发展新形势、新要求,总结学院的百年办学历史,研究学校优势与特色,坚持"职教性、地方性、高教性"的办学定位,深化产教融合、校企合作,打造互利共赢"双元"育人平台。深入推进中国特色学徒制,订单班、工匠班培养比例达到30%以上,6个案例入选2021年浙江省学徒制典型案例。

3. 评选培育学校工匠典型

学校建立职业技能大赛奖励制度,开展"老黄牛""感动人物"评选、技能大赛获奖选手奖励等活动,组织"工匠进校园",举办工匠事迹报告会,邀请大国工匠、省市劳模等进课堂、进活动,加大工匠典型的宣传教育力度,讲好工匠故事。

(二)品牌化以文化人

实施"老黄牛"的校园文化培育工程,铸师生之"魂"。学校积极培育和践行社会主义核心价值观,大力弘扬中华优秀传统文化这条主线,以文化人,以文育人,先后打造青年励志成长工程、毕业生文明离校主题教育工程、青春榜样示范工程、大学生综合素质提升工程,以及明德讲堂、社团文化巡礼、"礼敬中华优秀传统文化""戏曲进校园""高雅艺术进校园"等一批主题鲜明、亮点突出的文化品牌活动,重点打造"匠人引路匠心筑梦"和"嘉木青年宣讲团"思政育人品牌,进一步丰富了立德树人活动阵地,在课本教材之外构建了学生成长空间,为他们点亮理想之灯、照亮前行之路。

(三)目标化以"匠"聚人

学校充分发挥榜样与模范的"双重合奏",大力弘扬工匠精神。引领师生深入领会育人精神内涵,彰显先进典型的价值导向。推行"校外思政辅导员",把思政育人职责担当落实到教书育人、管理育人、服务育人各个环节。先后聘请十余位浙江工匠、台州工匠担任学校"校外思政辅导员",校内建有"全国技术能手工作室",将凯华产业学院搬入校园内,工匠大师为"工匠班"学生上课,充分发挥工匠大师的示范引领作用,营造学先进、争先进、创先进的浓郁氛围。

二、实施成效

学校"厚德强技匠心育人"工程实施以来,不断凝练品牌特色,打造精品工程,学校产教融合结硕果,学校现场工程师项目入选浙江省第一批现场工程师专项培养计划。学校入选《2023中国职业教育质量年度报告》产教融合卓越高等职业学校东部地区50强。

(一)思想政治教育与校园文化深度融合

在传承自身思政文化基础上,学校积极探索出将思想政治教育与校园文化深度融合发展之路,努力将匠心文化融进人才培养全过程,让"匠心"思政的理念在师生心田孕育、渗透。

(二)职业教育与行业企业需求相对接

学校持续健全德技并修、工学结合的育人机制,强化教学、实训相融合的教学方法,促进教学评价内容与职业资格鉴定相对接,促进职业教育与行业企业需求对接。

(三)"引教入企"与"引企入教"相结合

坚持"引教入企"和"引企入教"相结合,推行企业新型学徒制和"1+X"制度,实施"百教千导"工程,校企人才互聘互培互用,建"校中厂,厂中校",形成了包括创业启蒙教育、创业道德教育、创业职业教育和创业实践教育的"全过程"创业教育体系。

近年来,台州科技职业学院坚持思想引领,将"工匠精神"融入职业教育教学和思政教学全过程,用"老黄牛"精神构建健康向上的精神文化家园,全面凝练"厚德强技匠心育人"思政育人品牌。

三、案例评析

台州科技职业学院打造的"厚德强技匠心育人"思政育人工程,将匠心文化融进学校人才培养全过程,达到"技能固本,人文兴校"之目的。

1. 项目化推进,确保工匠精神培育的有效性

制定完善《台州科技职业学院关于新形势下思想政治工作"1101"工程的实施办法》以及《中共台州科技职业学院委员会思想政治工作责任制实施细则》,明晰重点工作,将年度完成情况纳入绩效考核;推行项目管理制度。以重点项目立项制度推进项目建设、经费支持和成果成效。

2. 品牌化建设,确保工匠精神培育的高起点

该校借助大思政建设,结合学生的学习、生活、社会等活动,重点打造"厚德强技,匠心育人"和"嘉木先锋青年宣讲团"思政育人品牌。

3. 目标化运作,确保工匠精神培育的先进性

学校充分发挥榜样与模范的"双重合奏",大力弘扬工匠精神。引领师生深入领会育人精神内涵,彰显先进典型的价值导向。聘请一批工匠大师担任学校"校外辅导员",发挥榜样与模范的"双重合奏",营造学先进、争先进、创先进的浓郁氛围,大力弘扬工匠精神。本案例契合我们前期关于高职高专学生工匠精神培育影响因素基本分析,围绕环境因素是工匠精神培育的重要潜在因素,在环境融化上有突出亮点。

案例八:"之江匠心"
——浙江机电职业技术大学

浙江机电职业技术大学是一所主要面向现代制造业和战略性新兴产

业培养工科人才的综合性职业本科院校。"匠心"是指师生爱中国、懂中国、愿意为中华民族伟大复兴贡献智慧和力量的家国情怀。学校以"匠心文化""匠心精神"滋养师生身心,以"德技并修,培养大国工匠"为人才培养目标,在将"匠心"融入教育教学全过程的基础上开设"之江匠心"特色选修课,打造"之江匠心"品牌。

一、创新做法

(一)传承工匠特质校训,弘扬工匠精神

浙江机电职业技术大学秉承具有工匠特质的"求实、求精、求新"校训,以"开放办学谋发展、合作育人求质量、服务社会做贡献"为学校办学理念,打造具有"精工"特色的校园文化,全面贯彻全国职教大会精神,大力弘扬劳模精神、工匠精神,助推浙江高质量发展,为实现浙江"两个先行"培养现代化工匠人才。

1. 开展"工匠精神"大讨论

学校组织开展了"弘扬工匠精神,追求闪光人生"的大讨论。机械技术系相应组织召开了主题班会、座谈会等活动,并组织师生观看了《大国工匠》纪录片,学习奋斗在生产一线的"大国工匠"精湛的技艺和积极探求的精神。通过大讨论活动激发学生专心修业、战胜自我、努力付出、磨炼心性、提升品格,自觉习得"工匠精神",努力成为"大国工匠"型高技能人才。教师也认为应当将"工匠精神"运用到日常工作中,通过各类教育教学实践活动,帮助学生练就精湛的专业技能,为国家培养高素质技术技能人才。

2. 培养精工素质人才

浙江机电职业技术大学依托制造业行业背景,以加大职业培训力度、开展现代学徒制试点、深化"金蓝领工程"等为工作抓手,让"工匠精神"在职业教育中"扎根"。以社会主义核心价值观为引领,结合学校定位与专业

特点,各专业建立工匠精神课程思政指标体系,形成工匠精神课程思政"课程链"。举办"弘扬劳模工匠精神,共创美好生活"先进模范进校园活动,邀请杭州劳模聚光科技(杭州)股份有限公司党委书记陈荣平、杭州高新区(滨江)劳模工匠协会副会长鲍雄亮来校做专题报告,第一、第二课堂联动,构建"知识传授、能力培养、价值引领"三位一体的工匠精神课程思政育人模式,培养具有"精巧、精准、精湛与精益求精"的"精工素质"人才。

(二)开设"之江匠心"特色选修课,弘扬工匠精神

浙江机电职业技术大学坚定政治站位,坚持以习近平新时代中国特色社会主义思想为指导,以开设特色选修课作为思政教育创新的突破口。课程结合工匠精神相关专题,从更精准、更专业、更开放的角度,多方面培养学生的工匠精神,提高学生政治素养、专业理论水平,开阔学生的眼界。

1. 建立"之江匠心"课程组

浙江机电职业学院马克思主义学院联合浙江省十余所高校共同编写了《之江匠心》教材。2024年3月,在此基础上,学校成立了"之江匠心"课程组,精选参与教材编写的教学经验丰富的老师开展试教试讲工作。选取2022级部分专业作为试教的试点班级。课程组制订了课程标准,对课程定位和性质、课程目标与设计、课程内容与要求、课程实施建议进行了设计。"之江匠心"课程明确思想味、教育味、精致味、浙江味、时代味五个"味"定位,通过对推进浙江职业教育的高质量发展、浙江工匠精神的科学内涵与培育"之江匠心"时代价值的理论学习,引导学生树立正确的职业观,发扬知识报国、技能强国情怀,不断提升职业道德修养和人文精神,大力弘扬浙江精神,传承和践行浙江工匠精神,努力成为传承新时代浙江精神的大国工匠,为谱写"勇当先行者、谱写新篇章"贡献青春力量。

2. 开展"之江匠心"课程集体备课

浙江机电职业技术大学马克思主义学院与七所参与编写教材的学校代表召开了"之江匠心"课程集备课会,会上校党委宣传统战部部长周琳做

了讲话,并指出:讲好《之江匠心》教材是弘扬浙江精神、践行浙江工匠精神的生动体现,是实现区域性思政教材走向全国的重要探索,是实现浙江工匠人才培养的有效途径。备课组既明确章节分工,又相互配合,统筹把握教材的内涵逻辑与思想精髓,协同配合,共同打造高质量的教案和教学课件,为讲准、讲深、讲透、讲活课程打牢基础。

3. 围绕"之江匠心"展开教学科研

为培养学生的工匠精神职业素养,提高课程教育质量,促进制造业升级,传承和弘扬中国古代工匠传统文化,为高校思政科改革提供理论支持和实践经验,推动教育理念、教学内容和教学方法的创新,该校马克思主义学院教师积极围绕技能型社会背景下工匠精神融入大学生就业观教育的路径、新时代浙江青年工匠精神培育模式与创新策略、高质量发展背景下加强职业院校工匠精神培育的路径等方面开展研究,成功立项教育部高校学生司、共青团浙江省委、浙江省职业与成人教育学会课题三项。

二、实施成效

(一)推动落实"五个思政"

"之江匠心"课程初步实现了"理论支撑与实践结合、课程建设与活动结合、文化传承与延续发展共生";以"匠心"为切入点,育匠心、把匠心落实到学生治学为人、干事创业,推动了课程思政、学科思政、教师思政、学生思政及环境思政的创新和落地见效、落实落细。

(二)形成"实岗双师"育人模式

以"之江匠心"为纽带,使课与课、师与生、企业与学校相通,形成校企联手,发挥企业和校友、学生多维度主体的积极性,形成以"之江匠心"为主题的育人模式。

(三)育人实效得到广泛认可和宣传

《中国教育报》以《精工细作培育优秀"智造"人》为题报道了浙江机电职业技术大学以工匠精神培养人才成效卓著。该校马克思主义学院目前已建成国家级、省级精品在线课程1门,入选浙江省职业教育"十四五"规划重点教材2部,获校级以上思政课教学改革与实践奖励20余项,连续两年获全国高职高专思政工作创新示范案例奖,学校思政课学生满意度达98.76%,位列全省第二。

三、案例评析

浙江机电职业技术大学是国家示范性本科职业院校,学校从"匠心"培育入手,开设"之江匠心"特色选修课,打出"之江匠心"的影响力,创出"之江匠心"思政创新品牌,结合浙江地域实际,将"匠心"培育做深做实。将工匠精神融入思政课教学改革和科研工作,在全校形成人人参与匠心培育的良好氛围。

1. 以具有工匠特质的"三求"校训,培育工匠精神

通过"工匠精神"大讨论,促进学生加深对"匠心"的理解,激发学生的技能报国之志。

2. 以工匠劳模榜样力量,培育工匠精神

通过劳模工匠进校园活动,用生动的匠心故事,工匠劳模现身说法来感动学生。

3. 以"之江匠心"特色课程,培育工匠精神

通过"匠心中国"课程的集体备课和精心授课,将"匠心"思政元素与学生所学专业有机融合,传播工匠精神。

4. 以相关教科研,培育工匠精神

综合提升教师教学设计、思政融入、方法内容、效果创新的素养,强化了全校教师实施课程思政的技巧,也有利于工匠精神融入思政和专业课教学,培养学生工匠精神。

本章选取的八所全国各地的高职高专院校均打造出了工匠精神培育的特色品牌。这些品牌的创建有着以下共同的特点。

一是注重发挥思想政治理论课培育工匠精神的主渠道作用。在思想政治理论课相关专题中融入古今中外工匠精神案例故事,引导学生树立以产业报国的职业理想,激发学生工匠精神意识。部分学校专门开设了工匠精神选修课或优秀校友校本工匠案例,培育学生工匠精神;部分学校着力提升教师的工匠意识和技能,以开展教师技能培训、技能比赛、集体备课、访问工程师、建设示范课堂等方式提升教师的职业技能,创建黄大年教师团队、名师工作室,以期通过言传身教,培养学生工匠精神;还有部分学校开发工匠精神相关选修课程等。以上均体现本课题研究的主题——思想政治理论课在工匠精神培育过程中的价值性。

二是注重在实践实训中提升学生的工匠技能。各校都将工匠精神融入学校办学理念、人才培养目标之中,在专业课教学中通过校企合作打造多种实训实践平台、职业技能大赛、创新创业大赛、工匠大师工作室、班墨工坊、顶岗实习、产业学院、协同创新中心、三下乡社会实践、现代学徒制、工学一体等,帮助学生在各类实训实践中领悟工匠精神,即证明本课题研究之创新方法实践悟化。

三是注重在学校营造与工匠精神相关的环境。这些环境包括现实或虚拟文化场馆,如专业博物馆、专业展览馆、校史馆等,汇集专业内相关工匠事迹或材料;在学校内布置与工匠精神相关的文化设施,如雕塑、"非遗"作品、产业文化园、文化广场、路牌、名言诗画、建筑物标识、工匠或优秀校友园廊,以整体醒目的工匠主题校园景观吸引学生,激发学生对工匠的敬仰和向往;大部分学校都是采用丰富多彩的校园文化活动培育学生工匠精神,如工匠技能节、工匠大师报告会、大讲堂,学生社团活动,企业文化、传统文化等各类文化节,学生作品展,微党课、微思政课比赛等,使学生在校内外工匠主题硬件设施、文化环境之中得到潜移默化的熏陶。这些证明了本课题研究之创新方法环境融化。

　　这些共同的经验集中反映了本课题研究工匠精神培育创新方法之有效性，即以理论教化、实践悟化、环境融化为具体路径，科学构建融"课堂、实践、文化"于一体的高职高专思政课工匠精神培育创新模式。

　　当然，各高职院校因为历史传承、所处区位或行业、办学特色、校园文化等差异，在理论、环境、实践三个环节中存在差异，有些重在教学和科研创新，理论教化更有特色；有些重在与专业相关的实训实践创新，实践悟化特色更突出；更多的是营造敬业精进的校园文化环境，或利用有利的地方文化、行业文化、校史文化教育学生；还有一些院校与企业、政府合作建设工匠或专业、行业博览场馆，服务校内外，彰显环境融化。实际上，这三个环节并不是截然分开、相互割裂、相互脱节的，育人的对象是社会现实中的学生，借助大思政，结合学生的学习、生活、社会等活动，打造工匠文化环境氛围，开展工匠精神教育，把三个环节融合实施，能够达到显性和隐性教育、理论与实践相统一，育人实效性更强。因此，部分高职高专院校则将理论、环境、实践这三个环节融为一体，打造出育人品牌。

　　通观这些案例，我们认为，利用思想政治理论课培育工匠精神，首先，要厘定培育目标。结合高职高专院校各专业人才培养特点，深入贯彻立德树人理念，形成高职高专院校善学求新、责任担当、精益求精、专注敬业的"匠心、匠德、匠技、匠才"四位一体人才培育目标体系，在深刻理解工匠精神内涵的基础上加强工匠精神实践。其次，要构建有机协调的工匠精神培育大思政格局。思想政治理论课为培育学生工匠意识、工匠精神的主渠道，起着社会主义核心价值观、职业价值观引领、理想信念支撑、历史文化基因、民族精神、时代技术培育、国情教育、职业道德和法律规范等方面的重要引领作用，保证做到坚持政治性和学理性、价值性和知识性相统一，坚持育人与育才相统一。但思想政治理论课开展工匠精神培育，并不仅指狭隘的孤立的思政理论课教学，也需要学校党委高度重视工匠精神培育工作，从全校角度统一领导和部署，思想政治教师与教务处、督导室、实验实训中心、二级学院和教学团队、政府部门、企业、社区、家庭有机结合，在教学、管理、服务各环节合力打造默契的大思政育人环境。再次，要创新工匠精神理论和实践教学,优化培育手段。通过提升技能比赛、培训、实践等方式提升师资能力,改进教学方法,创新教学平台。贯彻落实校企深度融合理念,将工匠精神融入高职院校人才培养的全过程,合理设置工匠精神课程结构和课程体系、拓展培育途径、充实培育资源、科学制订培育评价标准,在理论和实践教学优化动态平衡中,获得理论教化、实践悟化之功效,提升工匠精神培育质量。最后,要优化工匠精神主题环境。充分利用传统和新型媒体展开舆论宣传,大力营造推崇工匠精神的"匠心、匠技、匠德、匠艺"氛围,形成"劳动光荣、技能宝贵、创造伟大"的时代风尚,将工匠精神融入校园文化建设之中,加强由物质文化、精神文化、制度文化和行为文化所组成的工匠精神主题校园文化建设。

参考文献

(一)图书类

孔安国传,[唐]孔颖达正义,黄怀信整理.尚书正义[M].上海:上海古籍出版社,2007.

黄元吉.道德经讲义[M].北京:九州出版社,2014.

克劳福德.摩托车修理店的未来工作哲学:让工匠精神回归[M].粟之敦,译.杭州:浙江人民出版社,2014.

理查德·桑内特.匠人[M].李继宏,译.上海:译文出版社,2015.

陈鼓应注译.庄子今注今译(中)[M].北京:中华书局,2009.

迟双明编译.孔子家语全鉴[M].北京:中国纺织出版社,2016.

郭庆藩.庄子集释[M].北京:中华书局,2006.

淮南子集释(中)[M].北京:中华书局,1998.

黄炎培.提出大职业教育主义征求同志意见[M].北京:人民教育出版社,2018.

李民,王健.尚书译注[M].上海:上海古籍出版社,2004.

李泽厚.论语今读[M].天津:天津社会科学院出版社,2008.

毛泽东.毛泽东选集(第二卷)[M].北京:人民出版社,1991.

秋山利辉.匠人精神[M].陈晓丽,译.北京:中信出版社,2015.

司马迁.史记卷一[M].北京:中华书局,2006.

闻人军.考工记译注[M].上海:上海古籍出版社,2008.

吴毓江.墨子校注[M].北京:中华书局,2006.

习近平.高举中国特色社会主义伟大旗帜 为全面建设社会主义现代化国家而团结奋斗——在中国共产党第二十次全国代表大会上的报告[M]北京:人民出版社,2022.

习近平.在全国劳动模范和先进工作者表彰大会上的讲话[M].北京:人民出版社,2020.

杨伯峻.列子集释[M].北京:中华书局,1979.

杨伯峻.论语译注[M].北京:中华书局,2015.

中国老区促进会编.中国革命老区[M].北京:中共党史出版社,1997.

朱熹.四书章句集注[M].北京:中华书局,1983.

(二)论文类

Joshi A，Kale S，Chandel S，et al. Likert Scale：Explored and Explained[J].2015，7(4):396-403.

Paanakker H L. Values of Public Craftsmanship[J]. The American Review of Public Administration,2019,49(8):884-896.

曾茂林,曾丽颖."大国工匠"跨界成长及其综合职教轨迹研究[J].教育发展研究,2019,39(01).

常晓媛.论工匠精神与劳模精神[J].中国劳动关系学院学报,2019,33(01).

陈爱华."工匠精神"融入高职思想政治教育探究[J].广东轻工职业技术学院学报,2018,17(02).

成海涛.工匠精神的缺失与高职院校的使命[J].职教论坛,2016(22).

程迪.高职院校思想政治教育培育工匠精神的现状与路径研究[J].兰州教育学院学报,2018,34(06).

程海水,徐莉.新时代企业家精神:内涵、影响因素及培育路径[J].企业经济,2022,41(07).

程兆宇.工匠精神与高职院校技能型人才培养的融合研究[J].教育理论与实践,2022,42(09).

方阳雪,陈超颖.包容型人才开发模式对员工工匠精神的影响[J].科研管理,2018,39(03).

冯宝晶.高职院校加强工匠精神培育的必要性与主要路径[J].教育与职业,2021(14).

韩美凤,高小涵,徐春明.新时代工匠精神融入高校创新创业教育的策略研究[J].沈阳建筑大学学报(社会科学版),2021,23(05).

郝天聪.指向一体化的高质量职业教育人才培养路径探析[J].中国职业技术教育,2022(07).

胡冰、李小鲁.论高职院校思想政治教育的新使命——对理性缺失下培育"工匠精神"的反思[J].高教探索,2016(05).

黄超.工匠精神融入职业院校大学生思想政治教育研究[J].江苏高职教育,2023,23(01).

黄君录.高职院校加强"工匠精神"培育的思考[J].教育探索,2016(08).

江延球.工匠精神、劳模精神与企业家精神的内在一致性[J].企业改革与管理,2021(08).

蒋炜,马丽梅.协调育人视域下高职德育实践中工匠精神的培育策略[J].江苏经贸职业技术学院学报,2023(02).

蒋炜.当代工匠精神的缺失及培育[J].设计艺术(山东工艺美术学院学报),2017(01).

匡瑛.智能化背景下"工匠精神"的时代意蕴与培育路径[J].教育发展研究,2018,38(01).

李宏伟,别应龙.工匠精神的历史传承与当代培育[J].自然辩证法研究,2015,31(08).

李进.工匠精神的当代价值及培育路径研究[J].中国职业技术教育,2016(27).

李朋波,靳秀娟,罗文豪.服务业员工工匠精神的结构维度探索与测量量表开发[J].管理学报,2021,18(01).

李群,唐芹芹,张宏如,等.制造业新生代农民工工匠精神量表开发与验证[J].管理学报,2020,17(01).

李淑玲.智能化背景下工匠精神的新结构体系构建——基于杰出技工的质性研究[J].中国人力资源开发,2019,36(08).

李小鲁.对工匠精神庸俗化和表浅化理解的批判及正读[J].当代职业教育,2016(05).

李旭.基于企业文化视角的工匠精神、劳模精神和企业家精神关系分析[J].中小企业管理与科技,2019(10).

李艳.高职学生"工匠"精神素质培养"五心"构成要素分析[J].高教学刊,2016(23).

李政.新时代企业家精神:内涵、作用与激发保护策略[J].社会科学辑刊,2019(01).

林柏成、陈树文.实现中国梦进程中的工匠精神研究[J].商丘师范学院学报,2017,33(08).

刘建军.工匠精神及其当代价值[J].思想教育研究,2016(10).

刘燕.劳模精神、劳动精神、工匠精神融入高职院校思政课教学的思考[J].思想理论教育导刊,2021(11).

刘远举.工匠精神离不开企业家精神[J].同舟共进,2017(01).

刘志彪.工匠精神、工匠制度和工匠文化[J].青年记者,2016(16).

刘志彪.工业化与创新驱动:工匠精神与企业家精神的指向[J].新疆师范大学学报(哲学社会科学版),2018,39(03).

罗春燕.日本工匠精神的意蕴、源起、缺陷与启示[J].职业技术教育,2018,39(18).

潘墨涛.政府治理现代化背景下的"匠人精神"塑造[J].理论探索,2015(06).

彭花,贺正楚、张雪琳.企业家精神和工匠精神对企业创新绩效的影响[J].中国软科学,2022(03).

彭维锋.新时代劳模精神、劳动精神、工匠精神的理论内涵与实践导向[J].江西社会科学,2021,41(05).

祁占勇,任雪园.扎根理论视域下工匠核心素养的理论模型与实践逻辑[J].教育研究,2018,39(3).

钱俊、钱琛.工匠精神融入职业院校大学生思政教育的路径探究[J].学校党建与思想教育.2018(18).

乔娇,高超.大学生志愿精神、创业精神、工匠精神与感知创业行为控制的关系研究[J].教育理论与实践,2018(38).

乔娇、高超.大学生志愿精神、创业精神、工匠精神与感知创业行为控制的关系研究[J].教育理论与实践,2018,38(30).

孙凯宁,孙勇.高职院校思政教育培养学生工匠精神的路径探析[J].教育与职业,2021(24).

王帮俊,冯朝磊,朱荣.大师是如何炼成的:扎根理论视角下工匠大师成长核心要素解构[J].中国矿业大学学报(社会科学版),2021,23(04).

王帮俊,冯朝磊,朱荣.大师是如何炼成的:扎根理论视角下工匠大师成长核心要素解构[J].中国矿业大学学报(社会科学版).2021,23(04).

王慧卉.工匠精神的育人环境研究——以应用技术型高校大学生为中心[J].苏州市职业大学学报,2018(4).

王思雯.切磋琢磨,乃成君子——从"切磋琢磨"看《论语》中的君子形象[J].文教资料,2016(19).

王志强.工匠精神融入高职院校思政教育的逻辑、方式与实现机制[J].职教论坛,2022,38(08).

肖纲领,万彻雪,李俊.身份认同理论视域下高职学生工匠精神培育的问题与路径[J].中国职业技术教育,2022(07).

肖群忠,刘永春.工匠精神及其当代价值[J].湖南社会科学,2015(06).

肖薇薇、陈文海.工匠精神衰微的现代性困境与超越[J].职业技术教育.2016,37(25).

萧早荣.职业发展视域下高职学生核心素养的培养要求及路径[J].教育与职业,2021(16).

徐耀强.论"工匠精神"[J].红旗文稿,2017(10).

阳作林.高职院校大学生工匠精神式微的表现、成因及其应对[J].教育与职业,2020(23).

杨英.人的全面发展视域下高职学生工匠精神培育研究[J].教育与职业,2022(05).

叶桉,刘琳.略论红色文化与职业院校当代工匠精神的培育[J].职教论坛,2015(34).

叶龙,刘园园,郭名.传承的意义:企业师徒关系对徒弟工匠精神的影响研究[J].外国经济与管理.2020,42(07).

叶龙,王蕊,唐伟.以"思"为生:技能的本质与新时代工匠精神的重构[J].清华大学学报(哲学社会科学版).2019,34(04).

尹成鑫,和震,任锁平.劳模、工匠精神融入高职文化素质教育的有效路径探究[J].中国职业技术教育,2021(36).

尹秋花.高职院校工匠精神培育的现实困境与实践路径[J].教育与职业.2019(06).

于洪波、马立权.高职院校培育塑造学生工匠精神的路径探析[J].兰州教育学院学报,2016,32(08).

于忠武,范锐彦.高职院校劳模精神、劳动精神、工匠精神融合培养路径研究[J].天津职业院校联合学报,2022,24(08).

喻文德.工匠精神的伦理文化分析[J].伦理学研究,2016(06).

贠哲,胡师,刘远嘉.工匠精神在高职学生思想政治教育中的渗透[J].智库时代,2019(04).

张健.工匠精神与职业精神的比较与澄明[J].职业技术教育,2017,38(15).

张健.黄炎培职业教育思想下高职学生工匠精神培育研究[J].教育与职业,2023(07).

张敏,张一力.从创业学习者到网络主宰者:基于工匠精神的探索式研究[J].中国科技论坛,2017(10).

张培培.互联网时代工匠精神回归的内在逻辑[J].浙江社会科学,2017(01).

张文,谭璐.新时代职业教育工匠精神的新内涵、价值及培育对策[J].教育与职业,2020(07).

张业华.工匠精神视角下大学生创新意识的培养[J].西部素质教育,2017,3(12).

张玉华.高职院校思政课开展工匠精神教育的必要性、着力点与实施路径[J].思想理论教育导刊,2021(05).

赵晓东,陈立民,李蔚佳.立德树人视域下高职教育人才培养的再审视[J].职教论坛,2021,37(03).

朱永跃,马媛,欧阳晨慧.工匠精神研究述评与展望[J].江苏大学学报(社会科学版),2019,21(05).

附录1　高职高专学生工匠精神及培育现状调查问卷

（学生版）

尊敬的×××：

　　您好！非常感谢您在百忙之中参与此次问卷调查！本次调查需时大约7~10分钟。请您根据自己的实际情况对每一个项目做出选择。本次问卷匿名收集,收集的数据仅供课题研究使用,不会外泄任何资料,请您务必真实填写,勿有遗漏。衷心感谢您的支持！

——××××××课题组

　　1. 学校：_____
　　2. 性别：(1)男　(2)女
　　3. 出生日期：___年___月
　　4. 年级：(1)大一　(2)大二　(3)大三　(4)其他
　　5. 所学专业：(1)农林牧渔大类　(2)资源环境与安全大类　(3)能源动力与材料大类　(4)土木建筑大类　(5)水利大类　(6)装备制造大类　(7)生物与化工大类　(8)轻工纺织大类　(9)食品药品与粮食大类　(10)交通运输大类　(11)电子信息大类　(12)医药卫生大类　(13)财经商贸大类　(14)旅游大类　(15)文化艺术大类　(16)新闻传播大类　(17)教育与体育大类　(18)公安与司法大类　(19)公共管理与服务大类
　　6. 目前您所学的专业名称(高考录取通知书专业全称)_____
　　7. 兼职/实习经验：(1)无　(2)有
　　8. 累计参加工作(兼职/实习)时长(　　)月

问卷一

指导语：下面是一些描述个人在日常学习或工作中行为的句子。请您根据自己的真实情况作答，不用过多考虑，在相应的数字上划"○"。数字代表你与所描述内容的符合程度，从"非常不符合"到"非常符合"共 5 个等级（1 非常不符合；2 比较不符合；3 基本符合；4 比较符合；5 非常符合）。

序号	题　目	非常不符合	比较不符合	基本符合	比较符合	非常符合
1	当我在做一件事情时，我常常能够做到聚精会神。	1	2	3	4	5
2	做事的时候，我完全沉浸其中。	1	2	3	4	5
3	当我专心做一件事情时，我感到很快乐。	1	2	3	4	5
4	有时我做事很投入，以至于忘记了时间。	1	2	3	4	5
5	我认为干一行就要爱一行。	1	2	3	4	5
6	我不清楚自己喜欢从事什么工作。	1	2	3	4	5
7	做事时，我总是精力充沛，充满活力。	1	2	3	4	5
8	为了做好一件事情，我不会计较个人得失。	1	2	3	4	5
9	我平时做事严谨细致。	1	2	3	4	5
10	我倾向于在细节上进行反复研磨或优化。	1	2	3	4	5
11	我善于有条理地去处理问题。	1	2	3	4	5
12	我总是不能把事情安排得井井有条。	1	2	3	4	5
13	我会不断挖掘或找寻自我提升空间。	1	2	3	4	5
14	我常因粗心大意而出错。	1	2	3	4	5
15	我倾向于把事情做得完美。	1	2	3	4	5
16	对于每件事，我都力求做到最好。	1	2	3	4	5
17	我常常以比较高的标准要求自己。	1	2	3	4	5
18	我倾向于按照现成的方法去完成任务。	1	2	3	4	5
19	我一有机会就会尝试新的做事方法。	1	2	3	4	5

续表

序号	题目	非常不符合	比较不符合	基本符合	比较符合	非常符合
20	我宁愿做那些有把握的事情,而不愿意冒风险。	1	2	3	4	5
21	我崇尚用灵活巧妙的办法解决问题。	1	2	3	4	5
22	遇到问题时,我会尽量尝试不同的方法。	1	2	3	4	5
23	我有强烈的好奇心。	1	2	3	4	5
24	我更愿意做一些按部就班的工作。	1	2	3	4	5
25	对未知的东西我总是充满兴趣。	1	2	3	4	5
26	我喜欢富有挑战性的任务。	1	2	3	4	5
27	无论学习还是工作,我喜欢钻研难题。	1	2	3	4	5
28	遇到难题时,我会想尽办法去解决。	1	2	3	4	5
29	我对学习专业知识没什么兴趣。	1	2	3	4	5
30	我具备敏锐的洞察力与较强的动手能力。	1	2	3	4	5
31	我常常主动学习新知识。	1	2	3	4	5
32	我会主动寻求提升自己的技能和能力。	1	2	3	4	5
33	为了提高自己的专业技能,我会去刻意练习。	1	2	3	4	5
34	我善于学习和借鉴别人的经验。	1	2	3	4	5
35	我经常反思自己的学习和工作。	1	2	3	4	5
36	我几乎不会花时间去总结经验。	1	2	3	4	5
37	在完成团队合作的任务时,我常常主动挑起重担。	1	2	3	4	5
38	团队分配给我的任务,无论我是否喜欢,都会做好。	1	2	3	4	5
39	我是一个勇于担当的人。	1	2	3	4	5
40	我会尽心尽责地做好每一件事情。	1	2	3	4	5
41	我会尽量认真地完成一切分配给我的任务。	1	2	3	4	5
42	我做事情常常半途而废。	1	2	3	4	5
43	我坚持自己认为正确的原则,不会为了达到个人目的而偏离或放弃原则。	1	2	3	4	5
44	即使遇到事情不顺利,我也不会气馁,能够坚持不懈。	1	2	3	4	5
45	当确定目标后,我会一直坚持下去,直到达成目标。	1	2	3	4	5
46	我在日常学习生活中表现得很有毅力。	1	2	3	4	5

问卷二

以下是关于学校工匠精神培育现状的描述,请根据实际情况和您的真实感受做出选择,选择结果没有优劣之分。

1. 您就读的大学重视培养学生的工匠精神吗?(　　)

   (1)非常重视　　　　(2)比较重视　　　　(3)不够重视

2. 您认为以下哪种途径对您工匠精神提升作用显著(请选择1～3项)。(　　)

   (1)思政课学习　　　(2)专业课学习

   (3)专业实训实习　　(4)学生活动

   (5)技能竞赛　　　　(6)校园环境熏陶

3. 您就读的大学是否有校企合作机制?

   (1)有　　　　　　　(2)没有　　　　　　(3)不清楚

4. 您就读的大学邀请劳模、工匠技能大师等专家来校做专题讲座的频率是?(　　)

   (1)经常　　　　　　(2)很少　　　　　　(3)从不

5. 您就读的大学校园环境布设中展示工匠精神相关内容的频率?

   (1)经常　　(2)有时　　(3)偶尔　　(4)从不

6. 您就读的大学校园环境布设中关于展示工匠精神相关内容方式有(多选题)(　　)

   (1)文化长廊　　　(2)宣传橱窗　　　(3)校史馆

   (4)展览大厅　　　(5)电子宣传屏　　(6)校园景观

7. 您大学阶段有否参加过校级以上的技能竞赛?(　　)

   (1)有　　　　　　(2)无

8. 您大学阶段是否修过有关工匠精神的课程?(　　)

   (1)有　　　　　　(2)无

9. 您认为,大学思政课在工匠精神培养方面的作用如何?(　　)

(1)非常大　　　(2)比较大　　　(3)一般　　　(4)几乎没有

10. 您所学的大学思政课有否将工匠精神培育融入教学过程?(　　)

(1)有　　　　　(2)没有　　　　(3)不清楚

11. 通过大学思政课的学习,您了解了弘扬工匠精神对于推动中国制造业转型升级的重大意义。(　　)

(1)非常不符合　　(2)比较不符合　　(3)基本符合
(4)比较符合　　　(5)非常符合

12. 通过大学思政课的学习,您认识到时代新人应以工匠精神肩负起历史使命。(　　)

(1)非常不符合　　(2)比较不符合　　(3)基本符合
(4)比较符合　　　(5)非常符合

13. 通过大学思政课的学习,您领会到工匠精神的坚守有助于自我价值的实现。(　　)

(1)非常不符合　　(2)比较不符合　　(3)基本符合
(4)比较符合　　　(5)非常符合

14. 通过大学思政课的学习,您加深了对"敬业"的认识。(　　)

(1)非常不符合　　(2)比较不符合　　(3)基本符合
(4)比较符合　　　(5)非常符合

15. 通过大学思政课的学习,您增强了改革创新方面的自觉意识。(　　)

(1)非常不符合　　(2)比较不符合　　(3)基本符合
(4)比较符合　　　(5)非常符合

16. 您的大学思政课教师在讲授过程中,有否引用中国传统工匠案例?(　　)

(1)有　　　　　(2)没有　　　　(3)不清楚

17. 您的思政课老师爱岗敬业,精益求精。(　　)

(1)非常不符合　　(2)比较不符合　　(3)基本符合

(4)比较符合　　　　　(5)非常符合

18. 大学思政课有否邀请工匠大师进行"成长分享"？（　　）

(1)有　　　　　　　(2)没有　　　　　　(3)不清楚

19. 大学思政课实践中,有否安排工匠精神体验活动？（　　）

(1)有　　　　　　　(2)没有　　　　　　(3)不清楚

20. 您就读的高校有否将思想政治理论课的实践融入学生实训、实习阶段？（　　）

(1)有　　　　　　　(2)没有　　　　　　(3)不清楚

21. 您最希望老师在课堂上运用哪些方式培养工匠精神？（　　）（多选）

(1)案例分析法　　　(2)知识讲授法　　　(3)实训法

(4)参与讨论法　　　(5)其他

附录2　工匠精神培育现状调研
（工匠大师版）

尊敬的×××：

　　本次调查是对工匠精神培育现状及效果的相关调查，请您根据您对工匠精神的理解和真实感受作答。完成本次问卷填写约需5分钟。本次问卷采用匿名方式进行，收集的数据仅供课题研究使用，不会外泄任何资料。

　　衷心感谢您的支持！

——×××××课题组

1. 您的性别
2. 您的学历
   ○专科以下　　○专科　　○本科　　○硕士研究生及以上
2. 您的职业技能等级
   ○无　　　　　○初级工　　　　○中级工
   ○高级工　　　○技师　　　　　○高级技师
3. 您的工作年限
   ○1～5年　　　○6～10年　　　○11～15年
   ○16～20年　　○20年以上
5. 您曾获得的代表性荣誉（奖励）

　　_____

6. 您所在的省域（省级）

　　_____

7. 您所在单位所属产业
○农、林、牧、渔业　　　○采矿业　　　　○制造业
○电力、燃气及水的生产和供应业　　○建筑业
○交通运输、仓储和邮政业　　○信息传输、计算机服务和软件业
○批发和零售业　　　　　　　○住宿和餐饮业
○金融业　　　　　　　　　　○房地产业
○租赁和商务服务业　　　　　○科学研究技术服务和地质勘查业
○水利、环境和公共设施管理业　○居民服务和其他服务业
○教育　　　　　　　　　　　○卫生、社会保障和社会福利业
○文化、体育和娱乐业　　　　○公共管理和社会组织
○其他_____

8. 您认为推动全社会弘扬工匠精神的关键举措是什么？
○加快完善工匠型高技能人才的支持政策和激励措施
○树立以工匠精神为内核的企业文化
○夯实工匠精神培育的教育基础
○营造有利于弘扬工匠精神的环境和氛围
○重视家庭的教育熏陶

9. 您认为所在地区关于工匠型高技能人才的支持政策和激励措施是否完善？
○非常完善　　○比较完善　　○不够完善　○不清楚

10. 您认为当前社会对工匠精神宣传是否充分？
○非常充分　　○比较充分　　○不够充分　　○不清楚

11. 您认为哪些制度有利于工匠素养的提升？（多选题）
○加大"工匠"奖励荣誉力度　　○拓宽"工匠"晋升发展通道
○完善"工匠"薪资待遇政策　　○提高"工匠"政治地位
○其他_____

12. 您认为下列哪些属于企业培养员工工匠精神的有效方法？
○思想政治教育　　○企业文化渗透　　○绩效奖励
○荣誉表彰　　　　○职位晋升　　　　○师徒传承

○榜样示范

13. 您认为您所在企业在将工匠精神融入企业文化建设方面做得如何？

○非常充分　　○比较充分　　○不够充分　　○不清楚

14. 您是否认为大学阶段是培养学生工匠精神的最佳时机？

○非常同意　　○比较同意　　○基本同意

○不同意　　○非常不同意

15. 您觉得当下高职院校重视培养学生的工匠精神吗？

○非常重视　　○比较重视　　○不够重视　　○不清楚

16. 您认为下列哪些属于学校培养大学生工匠精神的有效方法？

○思政课堂教育　　　　　　○专业教育

○人文通识教育　　○专业实训实习

○工匠大师校园讲座　　　　○技能竞赛

○企业专家进课堂　　　　　○"工匠精神"相关校园环境布设

17. 您认为现在高职院校通过加强校企合作、产教融合以更好培养学生工匠精神的实际成效如何？

○成效非常好　　○成效比较好　　○成效一般

○没什么成效　　○不清楚

18. 您认为影响上题所述成效的主要制约因素在于

○学校设定的方案科学性不够,操作性不强

○学生主动性不足

○企业积极性不高

○国家各级部门尚需出台、完善相应的配套机制

19. 您认为当前高职院校通过加强校企合作、产教融合以更好培养学生工匠精神的主要作用体现在哪里？

_____

20. 您认为高职院校思想政治理论课有没有必要致力于大学生工匠精神的培养？

○有必要　　　　○没有必要　　　　○不清楚

21. 您认为目前高职院校思想政治理论课教学对大学生工匠精神的培养作用如何？

　　○作用显著　　　○作用一般　　　○没作用　　　○不清楚

22. 您认为高职院校思想政治理论课教学对大学生工匠精神的培养主要作用体现在哪里？

_____

_____

后 记

中国特色社会主义进入新时代,我国经济已从高速增长阶段迈向高质量发展阶段。建设质量强国是满足人民美好生活需要的重要途径,也是提升我国产业发展在全球产业链、价值链中的位置和国际竞争力的重要举措。拥有现代科技知识、精湛技艺技能和较强创新能力的高素质技能人才队伍是新质生产力的重要组成部分,是建设质量强国的重要基础,对推动经济高质量发展具有重要作用。

党的十八大以来,党中央大力倡导在全社会弘扬工匠精神。党的十九大报告明确提出:"建设知识型、技能型、创新型劳动者大军,弘扬劳模精神和工匠精神,营造劳动光荣的社会风尚和精益求精的敬业风气。"党的二十大报告将大国工匠、高技能人才纳入国家战略人才力量,充分彰显加强新时代高技能人才队伍建设的重要性。2024年3月5日,习近平总书记参加十四届全国人大二次会议江苏代表团审议时指出:"大国工匠是我们中华民族大厦的基石、栋梁","我们要实实在在地把职业教育搞好,要树立工匠精神,把第一线的大国工匠一批一批培养出来"。[1]

为了更好地培养高职高专院校学生的工匠精神,担当起高等职业院校培养高素质技术技能人才主阵地的责任,充分发挥思政课的主渠道作用,我一直以来潜心于高职院校学生素质能力提升研究,曾出版《高职学生"软技能"培养的教育体系构建与实践》《新时代技术技能人才工匠精神培育研

---

[1] 人民日报.习近平总书记在参加江苏代表团审议时的重要讲话引发代表委员热烈反响——因地制宜发展新质生产力(奋进中国式现代化)[EB/OL]. https://politics.gmw.cn/2024-03/07/content_37190848.htm.

究》等专著。作为浙江省首批高校思想政治理论课名师工作室负责人，我积极组建教科研团队，着力开展"以高职院校思政课改革创新提升高等职业院校工匠精神培育实效性"专题研究，并于2020年成功申报国家社科基金高校思想政治理论研究专项项目——"基于工匠精神培育的高职高专思政课改革创新研究"。项目立项后，我和团队成员进行了系统的理论研究和实践探索。

历时两年多，课题组在全国范围抽样选取了30所职业院校，面向选取的学生样本开展了工匠精神培育现状调研与工匠精神测度，收到有效问卷5978份；对来自省内不同企业的104位工匠大师进行工匠精神培育现状的相关调研，收到有效问卷104份；调研分析了11个高职高专院校思政课工匠精神培育创新实践的典型案例。

在充分调研和科学分析的基础上，课题组精心编制了工匠精神测度量表，填补了国内高职高专学生工匠精神测度量表的空白，为工匠精神研究奠定了坚实的数据和方法论基础，推动工匠精神研究向实证化、定量化方向发展，有助于动态评估和追踪高职高专院校学生工匠精神的个体发展差异，精准评价高职院校学生工匠精神培育效果，从而制定更具针对性、有为有效的培育方案。课题组从"大思政课"的视野提出了融"课堂、实践、文化"于一体，以理论教化、环境融化、实践悟化为具体路径的"三位一体、'三化'合力"的高职高专思政课工匠精神培育创新模式，并经实践检验成效明显，有助于进一步深化产教融合，促进教育链、人才链与产业链、创新链的有机衔接，共同培养高素质技术技能型人才，能为政府部门作出高素质技术技能人才培养相关决策提供建议。课题组系统总结、凝练研究成果，撰写成本专著《基于工匠精神培育的高职高专思政课改革创新研究》，并成功申报浙江省2024年"高校思想政治工作研究文库"。

本专著是分工合作的成果。首先由梁丽华教授初拟具体章节的提纲，按照分工由各章执笔人拟写具体章节目的提纲，经过课题组的集体研讨，确定了写作大纲。根据定稿的大纲，各章执笔人形成初稿，由梁丽华教授审读初稿并提出明确具体的修改建议。课题组进行了认真的集体研讨，明确进一步修改完善的思路和重点。各章执笔人再次进行修改。全书由梁丽华、杨兴江、应丽卿统稿。各章的具体执笔人如下：

第一章"研究综述"（浙江经济职业技术学院姚硕）；

第二章"高职高专院校思政课工匠精神培育的时代价值"（浙江经济职业技术学院孙伶俐、梁丽华）；

第三章"高职高专思政课工匠精神培育的目标指向"（浙江经济职业技术学院应丽卿、梁丽华）

第四章"高职高专学生工匠精神核心指标与测度量表的编制"（浙江经济职业技术学院罗献明、曹远波）；

第五章"高职高专学生工匠精神培育现状分析"（浙江经济职业技术学院曾菁慧）；

第六章"高职高专思政课工匠精神培育的机理探析与路径创新"（浙江经济职业技术学院杨兴江）；

第七章"高职高专思政课工匠精神培育的实践探索"（浙江经济职业技术学院应丽卿）；

第八章"高职高专思政课工匠精神培育典型案例述评"（浙江经济职业技术学院石华玲、台州科技职业技术学院赵效萍）。

在研究过程中我们参考了国内外有关的著作及论文，借鉴了其中不少有价值的成果，在此谨向原作者表示由衷的感谢！向在研究过程中给予大力支持并为专著作序的浙江农林大学钱志权教授、浙江省总工会张卫华副主席、浙江大学出版社、浙江经济职业技术学院等个人和单位表示诚挚谢意！向全力支持问卷调查工作的104位浙江工匠大师、全国30所高等职业院校以及提供思政课工匠精神培育典型案例的10所高等职业院校表示特别感谢！

梁丽华

2024年6月